本书为重庆市教委重庆市研究生教育教学改革研究项目“全境教育:外语类文学研究生国学教育与培养研究”(项目编号:YJG173062)结项成果之一

全境教育
与研究生国学素质培养

罗益民　刘　佯　等◎著

西南大学出版社
SWUP
国家一级出版社　全国百佳图书出版单位

图书在版编目(CIP)数据

全境教育与研究生国学素质培养 / 罗益民等著. --重庆：西南大学出版社，2023.12
ISBN 978-7-5697-2087-7

Ⅰ.①全… Ⅱ.①罗… Ⅲ.①国学—研究生教育—教育研究—中国 Ⅳ.①Z126

中国国家版本馆CIP数据核字(2024)第019852号

全境教育与研究生国学素质培养
QUANJING JIAOYU YU YANJIUSHENG GUOXUE SUZHI PEIYANG

罗益民 刘 佯 等◎著

责任编辑：钟小族
责任校对：鲁 艺
装帧设计：魏显锋
照 排：杜霖森
出版发行：西南大学出版社
网 址：http://www.xdcbs.com
地 址：重庆市北碚区天生路2号
邮 编：400715
电 话：023-68868624
印 刷：重庆美惠彩色印刷有限公司
成品尺寸：145 mm × 210 mm
印 张：8
字 数：201千字
版 次：2023年12月 第1版
印 次：2023年12月 第1次印刷
书 号：ISBN 978-7-5697-2087-7

定 价：39.00元

序言

全境教育与外语类文学、翻译研究生
国学教育的必要性与规划构想

一、研究背景：新形势下的人文教育要求

基于西南大学文旭教授大力提倡和实践的全人教育理论，根据研究实际，本书提出了属于全人教育范畴的一个新概念：全境教育。1921年8月，日本教育家小原国芳在“八大教育主张”演讲会上首次提出了全人教育理论。1929年玉川学园创立后，全人教育理论在该校付诸实践。该理论包括六个方面，即学问、道德、艺术、宗教、身体和生活，又具体分为“十二教育信条”。

目前，全人教育理论已经受到广大学者的重视。截至2019年7月5日，知网上以“全人教育”为关键词的中文论文已有789篇。文旭教授以他主持的国家重大课题为契机，将全人教育理论运用于教学、人才培养、教材编写与研究中，取得了全面的进展。他于2016年在《东北师范大学学报·社会科学版》上，以“全人教育与英语专业人才培养”为题，发表了阶段性成果。他指出，我国的英语专业教育重视基本知识的传授和基本技能的训练，这种教育显然是把学生当作“工具人”来培养的，忽视了学生的整体发展。他认为，应该“基于综合，立于专业，归于个性”，把学生培养成既懂专业知识，又熟悉基本技能，同时人格健全而完整的人。

那么，怎样把全人教育的理论投入实践的土壤，让其生根、发芽、开花和结果呢？本研究提出“全境教育”的理论模式，重点针对以外语类文学（含翻译）研究生为主的实践对象，期望全人教育理论能够在这个亚理论的支撑下，得到充分的发展，产生真实的效应。

全境教育适用于所有的学习者。它强调国学与西学平衡而不偏废，避免盲目崇外的失衡现象，以良好的学术生态建设教育之路，采用国学与西学融合的策略，在不忘传统、不忘本体的前提下学习它山之石，期望实现体用结合，全面推进研究生教育。

目前外语专业研究生教育存在的问题，主要有以下方面：

(1)**学科的职业性西化**：外语学科的职业性质，决定了它的学习者的精力长期沉浸在语言学习之中，语言表达能力和思维能力都侧重于外国语言，而母语能力却逐渐减弱。学科内所强调的重点，比如听说读写译，都是外语的，没有充分重视母语的作用。这已经成为一个严重的且需要着力纠正的问题。

(2)**学术的西化与时髦风尚**：如今，我国从学科体系到学习的操作方法都严重西化。以外语学科为例，不论是语言类、文学类还是教育类的专业，学术研究、学科建设以及教育教学都深受影响，缺乏创造力。比如翻转课堂理论一出，国内即良莠不分地汲汲跟风。要纠正这一错误倾向，坚定文化自信，增强文化自觉，就必须在教育中增加国学因素。这对于外语学科的发展，尤其是承担学术研究和文化传承重任的研究生教育，可以说是有效的途径。

(3)**去经典化与表达能力降低**：去经典化的文化与教育倾向带来的直接后果，是母语甚至目的语的口语和书面语表达能力降低。通过对《中国社会科学》《哲学研究》《外国文学评论》《外语教学与研究》《中国翻译》等权威期刊的调查，我们发现国学基础差、去经典化与西化倾向，是表达能力尤其是汉语作为母语表达能力降低的主要原因。

总之，目前的研究生教育尤其是外语学科教育，存在严重的西化问题，甚至影响到其他学科的教学和人才培养。显然，这是一个迫在眉睫的问题。要解决这个问题，需要从人才培养方案、过程实施、效度检测以及未来发展等环节进行考虑。

二、外语学科进行国学教育的必要性

外语学科进行国学教育，除跨院系选课外，根据自身学科的范围、内容和方法设计自成体系、自有特色的课程，是非常必要的。

中国语言文学学科在理论研究、文本分析、评论以及创作等方面，都具有高度的体系性、宏大的规模性和深入的专业性。外语学科自身也有繁重的任务，研究生必须通晓西方自古希腊以来的各种文艺理论、思想潮流、语言现象的流变，以及各个时代的经典作品，甚至英语、意大利语、法语、德语、西班牙语等语种中的相关成果，都应该有所涉猎。作为工作语言的外语，学习、使用起来自然不如母语顺手，在文字方面他们就要花很大的力气去攻克和提高。因此，外语学科进行国学教育，和中文学科是有很大区别的。这倒不是说，外语学科的就成不了专家。像朱光潜那样的通才，可不是囿于某一个学科的。他的《诗论》，就理论建树而言，即使中文学科的人也很难超越。

然而，从某种意义上说，外语学科的人肩负着影响学术史行进方向的使命。比如莎士比亚作品的翻译，偌大的中国，了解莎士比亚最好的版本的人非常少。如果我们至今没有像样的莎士比亚译本，全民都依赖读原著去了解莎士比亚这个早已被几乎所有国家、所有民族分享的文化巨人，那是怎么一种情形？关键性术语或概念要是翻译不准确，会影响它在整个目的语民族的传播。翻译的重任，责无旁贷地落在了外语学者的身上。

外语学科的学者和学生，在思维与文化上受到至少两种外语的干扰。这样就存在一个现象：外语越来越好，而母语越来越差，而且母语还受到外语的干扰和阻碍。学外语常常涉及翻译。翻译最基本的原则，就是忠实。自古以来，不论哪位翻译家，不论他采取什么样的角度，都必须遵守忠实原则。忠实原则不论怎么改头换面，被贴上什么样的名字，其精神实质不会变。

但是忠实原则可能会带来另外一个问题:拿来主义。照搬外国的名称和说法,会干扰母语的再现和表达。钱锺书提出了一个中庸的“化境”。可是怎样才可以达到“化境”?这对大多数人来说,都是极为困难的事情。目前,纵然有人强调国学的重要性(也就是母语的重要性),然而国人对西学过于跟风,“言必称希腊”,造成了事实上对母语文字和文化的轻视,在文化、教育和思想领域主要表现为两种倾向:第一,国际化推进过度,对西方文化的信任高于对母语文化的信任;第二,对现代、当代和后现代的重视,高于对传统的重视。这两种倾向的直接后果是,文字创造与表达均倾向于与国学和传统相背离的方向。从各个学科的中译成果和目前学术与非学术写作的文风来看,都是与国学相背离的。虽然我们在世界各地建立孔子学院,推动中华优秀传统文化“走出去”,但是弘扬传统文化的精神还没有真正建立起来。所以,实施全人教育是具有积极意义的起步。

在思维上,从事外语学科的人一般都具有多语种、多角度的思维方式。这在一定程度上是一件可喜的事情,但要实现“橘生淮北不为枳”也有相当程度的困难。如何以外语文化为它山之石来攻己之玉,是外语学习者、使用者面临的难题。同时,把所学外语文化用于自己的文化土壤中,使其适得其所,也是存在难度的。如今,数不胜数的翻译文献不能在母语文化中被顺畅地理解和接受。这虽然有客观原因,但也有人为因素。钱锺书提出的“化境”之说,是有相当的道理的。否则,就像食品没有得到消化,最终只能作为垃圾排出。

研究生需要使用外语进行工作。他们的阅读,为了写作、研究而搜集、整理和利用资料,无一不受到外语及其承载的文化的影响。以英语文学和翻译专业的研究生为例,除英语外,还会涉及古希腊语、拉丁语、意大利语,更不用说德语、法语、西班牙语了。语言是存在于不同的语法体系里的。汉藏语系和以拼音文字为主的印欧语系是有很大的不同的。语法是一种思维结构,也是一种习惯。除了文字本身的构造以外,语法作为第二种要素,构成了语言使用者的思维习惯。外语与母语之间一定会存在互相干扰的因素,这就是别国文字在引入本国后,会与母语表达有差距甚至有冲突的原因之一。

国学是已存在的优秀文化。作为有五千年历史的文明古国,我们不可能寄居在另一种文化的屋檐下,以另一种语言为官方和生活语言。文化是一个民族的身份证。没有文化,就没有身份,也就没有地位。英国文学之所以有声望,是因为他有全球闻名的莎士比亚等大文豪。一个民族没有值得传承下来的文化,也没有值得他人学习和借鉴的地方,就失去了独立存在的文化身份。中国不仅有传统文化,而且它是举世闻名、源远流长的伟大文化。在全球化的今天,中国文化在国外的广泛传播就是其存在价值的体现。要保持这种文化价值,就要保持它的本体性,而不是被其他文化侵扰或者替代。学国学,用国学,让国学走出去,为的就是保持它的价值。

从审美的角度来看,差别更能引起好奇心和审美动力。如果全世界只有一种语言,丰富多彩的词汇就会越来越少,可供人欣赏和享受的作品自然也就减少了。因此,汉语需要保持自然逻辑。所谓归化的翻译策略,并非要主动消灭源语言及其所承载的文化。但“忠实”和“信”的原则带来的另一个效应,就是母语在一定程度上被掩盖了。

以上详述了在外语学科研究生教育中进行国学教育的必要性。以下将讨论外语学科国学教育的人才培养方案设计和规划问题。

三、外语学科国学教育人才培养方案设计和规划

在理论上厘清了国学对于全境教育的意义和价值后，接下来要做的就是投入实践中去。教师不仅要在教学过程中运用相关理论，还要让教学大纲和培养方案具体化。在培养方案里，可以把文化自信的指导思想和国学为用的实际原则，具体化为研究生教育的育人原则。

在设计好培养方案之后，要把理论和原则转化为具体的课程设置。课程设置应考虑到母语的优势价值和国学的经典价值，设计一组可以运用到外语学科中的课程。比如：(1)中国哲学思想文化史；(2)《诗经》注疏阐释与选读；(3)《文心雕龙》的学理结构与选读；(4)《古文观止》选读；(5)《论语》集释与今译选读；(6)唐诗宋词选读；(7)经史子集阅读研究导引。这些课程涵盖了整个国学的基本脉络，也有对经典著作的深入阅读。这样不仅对国学的概貌有所了解，还对代表性著作有深入的学习。

设置好课程后，就需要建设师资队伍。国学课程不能只是学生根据喜好自行选择的选修课，而应该按照合适的比例，放入培养方案之中。这样就涉及师资来源和师资建设的问题。师资建设是人才培养的必备基础。罗蒙诺索夫说，第一个大学教师必定从未上过大学。但是，有了大学以后，大学教师就必须是上过大学的人。对于外语学科中国学课程的师资，我们想到的第一个方案就是从中文学科要人才。但是这又涉及另一个问题。中文学科虽有比较文学与世界文学，但兼及中西的人基本上没有。所以，我们考虑了另一个方案，就是外语学科自己培养人才，有两条路可以走：一是去中文系进修或者正式学习；二是选拔外语学科中兼及中西的人才。前者需要一定的时间；后者虽然最理想，但可惜的是这样的人才极为稀缺。目前，很多文学院系的比较文学与世界文学学科过于依赖译文，忽视原著；而外语学院则走向另一个极端，过于

重视原文的本体作用,忘记了母语文化的作用。

当然,外语学院也有兼通中西学问的人才,在曾经的西南联合大学,这样的人才是常见的。但就现实而言,这样的人才比较缺乏。有一个很好的办法,很多人却视而不见。比如,一位老师开一门新课时,他未必就是这方面的行家里手。但是,他可以边教边学,一边做学生,一边做先生,也能很快成长起来。如今网络媒体技术发达,在线学习资源丰富、便捷,可以说是应有尽有,无所不包。教师要进行学习也是极为方便的。这些资源,不论是课前准备,还是课后复习,都是唾手可得的。所以,只要具有相关或潜在素质的人,都可以纳入师资队伍。只要动起来,必定就走在前行的路上了。

培养方案、课程和师资确定下来后,就可以正式投入教学过程了。教学过程中,教案准备、教学方法、教学管理等,都可以通过集体讨论来加以解决。

四、外语学科的国学教育范围、内容、方法与效果

外语学科自然不同于汉语言文学学科。西南大学外国语学院在1985年曾开设过汉语课程,包括古代汉语、现代汉语、中国现当代文学等,在本科阶段实施。而在研究生阶段,虽然引进了北京大学英语系的培养模式,把学生课外阅读与课程教学结合起来,但国学方面却是空白。笔者在指导的硕士生、博士生(含访问学者、进修生)小范围内,列了一个简要的书目,包括中西哲学、学科基本理论,其中的《诗经》和《文心雕龙》,就是国学著作。但这仍然是以自我阅读为主,未进行系统的课程学习,更不存在与学生培养体系相结合的机制。这项学习活动后来发展成为(省)市级人文社科基地的“苇间风”(学术)沙龙,如今颇有规模。但是,国学嵌入外语文学和翻译专业研究生的教学,还是一种探索。

外语学科的国学教育,不可能具有中文学科那样的系统性、全

面性、专业性和职业性。在系统性方面，课程的规模更小，偏重于经典文献的阅读和理解；在全面性方面，理论、历史、评论方面的课程在一定程度上缩减，重点放在经典阅读、思想和语言营养的吸收方面，培养阅读、写作、表达等能力；在专业性方面，外语学科不可能达到中文学科那样的规模和深度，不可能深入各个领域、各个方向上，而是把培养和提高母语表现力作为重点；在职业性方面，只在不影响核心培养目标的情况下，补充国学知识。

因此，外语学科国学教育的重点任务有两个方面：(1)一定程度的理论引导，如前文列举的第1和第7项；(2)国学经典的阅读、阐释和理解，比如《诗经》《论语》《文心雕龙》和唐诗宋词等。

如果要编写经典阅读所需的教材，应包括历史背景、作者简介、文本版本、注疏校勘、文本阅读和理解等，其中文本阅读和理解是重中之重。根据研究生的知识基础和学习需求，国学教育既要重视对基础的把握，也要重视理解与创造性思考。在这个原则之下，教学要做到讲授和预习、复习相结合，使经典文本能够真正在学习者身上生根、发芽、开花、结果，最终为其所用。

在效果检测上，我们将课堂检测与课后检测紧密结合，促使学生真正学到手。由此生成的学习任务，可以设为课程考核的各项因子。同时，我们将国学教育纳入研究生学习考核范围，确保其真正有效。

五、外语学科国学教育效度检测与发展思考

效度检测是教育的一个重要环节。一种教育方式，无论是理论形态还是方法论的方式，只要进入实践，都需要进行检测。效度检测有多种多样的方法。比如就考试的形式来说，可以是考试、考查或写论文；就考试的媒介来说，可以是传统纸质试卷，也可以是在线操作。考试的内容，可以是论文，也可以是文言文翻译。对这些检测结果，可以采用统计软件、语料库等进行进一步的效度检

查,由此来界定项目的有效性,为今后的工作提供指南。

从发展的角度看,外语学科研究生的国学教育是值得长期注意的事情。从小处看,它可以提高研究生教育质量;从大处看,对保护民族文化精髓具有重大的价值。目前,在教育方面,我国积极推进与国际接轨,在许多国家建立了孔子学院;在宣传与文化交流方面,积极推进经典外译工作。比如,2018年3月的博洛尼亚书展上,我国推出了《中国年》《我的大英雄》和"给孩子讲莎士比亚"系列丛书等英文图书。

我们要以母语文化为体,外来文化为用。只有以体为主,以用为辅,体用结合,二者才能相得益彰,既可以继承和发展中华优秀传统文化,又与世界达成了相通。

笔者担任博士教研室主任多年,培养中外硕士、博士、博士后近二十年,担任重庆市人文社科重点研究基地副主任,重庆市莎士比亚研究会会长,重庆市翻译家协会副会长,从事翻译研究、词典学研究、美学史与美学理论研究、英美诗歌与戏剧研究,主攻莎士比亚研究,已撰写或主编著作五种。主编的"给孩子讲莎士比亚"系列丛书和"让孩子读莎士比亚"系列有声绘本已经获得广泛的认可,一个重要的原因就是将母语文化的精神气质融入西方文化当中,让读者有浓厚的亲切感。该丛书第一辑已被皇家柯林斯出版集团译为英文版本。这一事实充分说明,要实现"走出去",就要继承传统文化的优秀品质,使其从精神实质上与西方文化互为表里。

在本书中,我们关注的是外语学科研究生教育中的西化趋势和国学教育减弱的问题,对其成因进行了深入探讨,并提出了解决的办法。这些办法渗透到从课程设置到教学评估的各个环节。我们期望西学与国学可以兼顾,互相促进。这有利于双方的互补,有利于学科的发展。

全境教育的提出，得益于由罗杰斯人本主义教育理论衍生而来、由日本教育家小原国芳提出的全人教育理论。它提倡培养完美和谐的人的教育(或培养“全人格”的教育)。

我们提出的全境教育理论，力图保持知识体系的平衡和完善，中学与西学的融通。实现这种融通，可以保证知识体系的有机性和合理性。所谓“境”，是指人的知识体系的语境(context)，具有文化属性。就目前我国的文化传播来说，这是讲好中国故事所必需的。

项目负责人罗益民提出了本书的理论架构，并负责代序和跋的撰写以及统稿等事宜。刘佯负责统稿和格式规范方面的校订，并撰写了导论和第一章。第二章由史敬轩教授撰写。第三章由张雪梅博士撰写。第四章由朱法荣教授撰写。整个撰写过程中，各位作者本着分工与合作的原则，在体例、行文风格方面尽量保持一致，尽力做到言必有据，不凭印象立论。

作者努力做到实事求是。书中若有不周之处，或者力所不及之处，欢迎读者批评指正。

罗益民

2023年10月23日

目录

导 论

从新中国成立之初风靡全国的俄语学习热到改革开放后的全民学英语大潮，从外语教材的引进与合作开发到电视和广播外语节目的制作与播放，中国的外语教育始终与国家的政治、经济和文化发展同步。七十余年来，我国外语教育结合国情不断开拓创新，并积极引进国外先进的外语教育理念，从最初的以语言基础为本、关注语言体系和知识传输，到逐渐以语言功能为本、注重语言交际和沟通，再到21世纪以来以人为本、重视语言实践的外语教育观，形成了独具特色的外语教育理论和实践范式。

以人为本的外语教育观进一步明确了教育的育人功能，切实回答了培养什么人、怎样培养人和为谁培养人这三个教育的根本问题，是中国教育在信息时代、全球化背景下的重大进步。2017年1月20日，教育部和国务院学位委员会联合发布的《学位与研究生教育发展“十三五”规划》指出，研究生教育作为国民教育体系的顶端，是国家人才竞争和科技竞争的重要支柱，是实施创新驱动发展战略和建设创新型国家的核心要素，没有强大的研究生教育，就没有强大的国家创新体系。2020年7月29日，在北京召开的全国研究生教育会议上，习近平总书记强调，研究生教育在培养创新人才、提高创新能力、服务经济社会发展、推进国家治理体系和治理能力现代化方面具有重要作用。各级党委和政府要高度重视研究生教育，推动研究生教育适应党和国家事业发展需要。

研究生教育肩负着人才培养和创新创造的重要使命,是国家发展、社会进步的重要基石。深化外语专业研究生培养模式改革,除了进一步优化学科课程设置外,还应积极促进科教融合和产教融合,着力增强研究生的实践能力和创新能力。具体来说,外语专业研究生教育既要培养学生的语言能力,包括学习习惯、学习方法和学习策略等,又要锻炼学生的逻辑思维和创新思维,更要提升学生的文化理解和鉴别能力,帮助他们形成平等的文化意识、理性的跨文化理解和交流能力,使他们在情感、态度和价值观方面有体验、有思考、有成长、有坚守。

日本著名教育理论家小原国芳创办了玉川学园,并在学园中实践他的全人教育思想。他指出,教育的内容必须包含人类的全部文化,因此,教育必须是绝对的全人教育。他认为,人类文化由学问、道德、艺术、宗教、身体、生活六个方面构成(小原国芳,1993)。

自2014年起,我国学者文旭倡导"教单科、育全人",主张英语专业的学生应多读经典,融通中西语言文化,能很好地用英语传播中国文化,讲好中国故事(文旭,等,2020)。这是全人教育理论在我国外语教育中的发展与创新,最终落脚点是坚持为我所用,是从有利于中华民族伟大复兴的高度认识和推进外语专业研究生教育。具体落实到课程体系构建上,就是基础课程、发展课程和支撑课程兼顾,通识课程和跨学科课程并举。外语专业研究生导师是课堂的组织者和学习的引导者,在教学实践中要实行国学与西学融合的策略,在自身文化的大语境下做到体用结合,全面推进研究生教育。

2019年4月29日,教育部、中央政法委、科技部、工业和信息化部、财政部、农业农村部、卫生健康委和中国科学院等单位在天津联合召开“六卓越一拔尖”计划2.0启动大会，强调要发展新工科、新医科、新农科和新文科。何莲珍(2021)认为，新文科建设的核心要义在于立足新时代，回应新需求，促进文科融合化、时代化、中国化、国际化，引领人文社科新发展，服务人的现代化新目标。对于外国语言文学和翻译专业的研究生来说，学科融合已是大势所趋。语言的听、说、读、写、译只是最基本的学科素养，研究生阶段的学习要以会通古今、中外交融为目标，这与全境教育的核心理念是完全一致的。

全境教育的“境”，是指语境。“外国语言文学”一级学科包括外国语言学、外国文学、区域与国别研究等，这些专业的学习要求以外国语言和外国文学为核心学科，同时又不能脱离学习过程中与其他专业融合的现实。这是对历史的继承，也是对现实的尊重。全境教育以学科融合助力外语教育的创新发展，积极发掘中国语言文学和外国语言文学的亲缘关系，探索国学与西学的有机融合。这一理念的逻辑出发点就是打破传统人文学科课程的隔膜和割裂状态，以开放的姿态培养研究生的感知能力、思辨能力和审美能力，为他们的科研工作提供具有更多可能性的研究思路和创新源泉。

全境教育重点关注外国语言文学和翻译专业研究生教育实践中国学知识的落实，“走出去”与“文化自信”的实施问题，以及具体的教学内容、方法、效果及效度检测等。它适合所有学习者，有助于纠正研究生教育中外语学习与学术研究的弊端，尤其是外语学科的职业性西化、学术的西化与时髦风尚、去经典化与表达能力的降低。

一、职业性西化及其解决办法

在传统观念中，外国语言文学作为一门学科，多被定位为培养外语人才的工具性学科，而非人文学科或社会科学学科。国内长期的外语教育实践中，无论是专业性外语院校，还是综合性大学的外语系，外语专业研究生的培养目标、培养方式和课程设置等都围绕语言基本功展开，外国语言文学学科的人文性和学术性并未得到应有的重视。

2014年3月29日，习近平总书记在柏林与德国汉学家、孔子学院教师代表和学习汉语的学生代表座谈时指出，在世界多极化、经济全球化、文化多样化、国际关系民主化的时代背景下，人与人沟通很重要，国与国合作很必要。沟通交流的重要工具就是语言。一个国家的文化魅力、一个民族的凝聚力主要通过语言来表达和传递。掌握一种语言，就掌握了通往一国文化的钥匙。这充分说明，外国语言文学作为一门学科的人文内涵和价值已经得到广泛认同与重视。

随着时代的进步，外语已经不仅是单纯的交流工具，还是重要的研究工具，在吸收借鉴人类创造的优秀学术成果和先进理论方面具有不容忽视的作用。透彻地了解其他国家和民族的价值体系和话语体系，有助于讲好中国故事、弘扬中国文化和价值观。从这个意义上说，外国语言文学学科不仅是语言文化的桥梁和纽带，还能提供理论借鉴和研究支持，与其他人文社会学科一起参与中国特色话语体系建设（宁琦，2019）。为更加有效地推进中国的现代化建设，作为一级学科的外国语言文学必须在保持传统优势的基础上，进一步挖掘学科潜力，积极探索符合新时代国家战略和社会发展需要的人才培养模式和科学研究模式，弥补中外人文交流的不足，在人类文明成果的传承和创造方面积极作为，培养能在国际交流中守正创新的高素质人才，同时为世界文明贡献优质的学术研究成果。

外语学科是我国高等学校人文与社会科学学科的重要组成部分，是推进中国人文学术国际化的重要力量。需要特别指出的是，外国语言文学是人文化综合学科，不仅仅是学外语的专业。这一学科定位决定了外语专业研究生的培养不能停留在本科阶段语言基本功（如听、说、读、写、译）的沉浸式修习上，而要不断尝试与其他学科融合交叉，开阔视野，突出人文性。更重要的是，研究生教育的融合交叉并不是课程的简单累加，更不是资源的随意拼凑，而是让学生在全面发展的基础上融通中外，实现“一加一大于二”，增进核心竞争力，实现个性化发展，即不做附庸，坚守阵地，在新的历史条件下有创新、有作为，在国际外语学术体系和话语体系中形成独立、包容和自信的中国特色、中国风格和中国气派（王俊菊，2021）。

只有坚持语言教育与学术研究并重，学科本体和研究工具兼顾，理论研究与实践应用共举，外国语言文学才能在新的历史时期确立“人文为本、多元发展”的学科定位，在新时代做出非凡的贡献。具体来说，人文为本能为人文教育奠定扎实的基础，为学科发展提供理论框架；多元发展鼓励语言学、文学、翻译学和文化研究等人文学科进行跨学科研究，同时也支持语言学相关科学与自然科学的交叉融合。

据报道，在教育部组织的全国第四轮学科评估中，北京大学共有21个一级学科被评为A^{+}，位居全国高校之首，外国语言文学也在这次评估中显示出扎实的学科力量，成为国内高校外语教育和外语人才培养方面学习和借鉴的榜样。该校外国语言文学一级学科下有11个二级学科，包括外国语言研究、外国文学研究、翻译研究、国别与区域研究、比较文学与跨文化研究等。经过百余年的探索和发展，北京大学外国语言文学学科既注重语言学科特有的工具性特点，同时又始终把外国语言文化研究置于重要位置，与该校的中国文学、中国历史和中国哲学等学科互为依存、互为补充，具有深厚的人文学术传统和开放包容的国际视野。这与全境教育的理念和实践路径可谓不谋而合。

全境教育的目标，就是培养博古通今、中外兼顾的一流外语人才。全境教育的实践路径，就是技能培养与学术研究并重、关注中国与研究外国并重、本土化与国际化并重。全境教育致力于引导和支持外国语言文学专业开展有中国特色的外语语言文学研究，既包括中国立场、中国视角下的外语文学研究，又包括用外语传播中国智慧和中国文化。在“双一流”建设背景下，培养一流的国际化外语人才必须追求内涵式发展，坚持兼收并蓄、博采众长，特别要重视培养学生的中国情怀，使新一代的国之栋梁以中国主张、中国方案和中国思想解决世界性难题，具备促进中外人文交流与跨文化理解的实力。

当前，英语是使用范围最广的国际通用语，必定会对各国的语言文化造成冲击。而外语专业研究生由于在本科阶段时以听、说、读、写、译等能力培养和外语国家的社会历史文化学习为主，母语学习反而减弱，在语言表达和思维方式上不可避免地受到外国语言及文化的前摄抑制作用，甚至对本民族语言文化产生认同危机。换言之，外语专业研究生由于长期学习外国语言及文化，在表达上会呈现出“西化汉语”的倾向，具体来说，就是频繁使用吸收了西方语言元素的新词和句式。这些新词和句式借助互联网和新媒体以极快的速度广泛传播，会在潜移默化中影响人们对本民族传统文化价值的认同。

早在20世纪20年代，著名诗人吴芳吉(1923)就反对“直用西洋文法以为语文”，国学大师、文学评论家吴宓(1923)也认为汉语欧化是中国文法的大忌，“读之者殊觉茫然而生厌恶之心”，可见从西方语言中“借”来的词汇和语法并不被当时的知识分子接纳。在百余年的汉语发展史中，“欧化”的思想与实践伴随始终，并且作为一个最重要的影响因素，在相当程度上决定了现代汉语的基本面貌、精神与走向(刁晏斌，2019)。

梳理近代学术史，我们发现，以学术独立促进民族复兴一直是国内学人的崇高愿望。在民族危亡关头，学术独立作为救亡图存的工具被寄予厚望，在政治高压下它又被当时的知识分子看作安身立命之本。胡适曾希望以教育促进学术独立，并提出“学术为体，教育为用”的思路。中华文明历史悠久、底蕴深厚，传统文化中积淀着中华民族最深沉的精神追求。在外语专业研究生教育中推进国学教育，培养民族尊严和家国情怀，是具有非凡意义的固本工程和铸魂工程。

国学经典中有“勿以善小而不为”的告诫，“君子坦荡荡”的为人之道，“玉不琢，不成器”的成才之径，“谁言寸草心，报得三春晖”的感恩之情；唐诗宋词，各极其美，各臻其盛，信手拈来，皆是佳句。全境教育通过制订国学经典阅读计划，筛选优秀国学篇目，在各年级分层次设置不同的修习内容，定期开展研究和讨论活动，以笃志正心、崇德弘毅的人格修养教育启发研究生深入挖掘优秀传统文化的时代价值，在潜移默化中将讲仁爱、守诚信、崇正义、尚和合的美德注入血液和灵魂，用中华优秀传统文化中的大仁大爱、大德大能培根铸魂，启智润心，为未来的国之栋梁打好精神底色，最终内化于心、外显于行。

根据发生的社会环境和后果，我们把语言接触分为直接接触和间接接触。直接接触往往是在地理相邻或处于同一个社会的条件下发生的，比如中国境内各民族之间的语言接触等。间接接触是在地理空间分离的条件下发生的，是远距离、跨地域、非面对面的接触。现代汉语中的欧化现象是间接接触的结果。对此，中国现代语言学奠基人之一王力曾在《中国现代语法》和《中国语法理论》两部著作中，都以专章《欧化的语法》系统论述中西语法杂糅的现象。他特别指出，做翻译时顺着原文的词序相对省力，因而译文最容易欧化，译品、准译品和以西语为腹稿的作品是欧化语法的来源(王力，2015)。由此可见，汉语语法欧化的主要途径是翻译。在语言接触时间为常数的情况下，外语专业研究生双语使用的程度越高，语言接触的强度就越大，语言特征的跨语言迁移就越广泛、越深刻，这是外语学科不可避免的现象。全境教育正是基于语言接触的特点和现代汉语语法欧化的实际，倡导加大中国优秀传统文化的输入力度，努力规约外国语言与翻译对汉语的前摄抑制作用，引导和训练外语专业研究生逐渐从“欧化”过渡到“本土化”，摆脱对欧美学术体系的依赖，立足国学，真正做到融会贯通、学术独立。

二、学术的西化与时髦风尚及其出路

研究生是以科学研究为主要任务的学术精英，也是国家学术研究队伍重要的后备力量，他们的成长关系着国家与民族的未来。曾有人对教育部某直属大学2000—2016年间教育学原理专业硕士研究生的780份学位论文进行文本分析，结果显示对方法论做出阐述的学位论文寥寥无几，明确指出理论基础的不到一半，运用频次高的基础理论分别为结构主义、建构主义、人本主义、行为主义、实证主义和后现代主义等（毋改霞，2018）。这些分析结果一方面说明研究生学术研究范式正走向多元化，另一方面也说明研究生在学术研究上存在显著的西化倾向，对西方思想和理论缺乏理智的学术态度。

研究生学术研究的基本模式、基本路径、基本方法和具体问题，都与学术话语有很大的关系，其中最大的问题就是过于西化（高玉，2011）。中国当代文学理论深受西方文学理论影响，不但大部分术语和范畴都来源于西方，而且对文学现象的阐释也是西方式的，如异化、存在、文本、语境等术语使用频繁，系统论、接受学、精神分析学、现象学等在研究方法中扮演着重要的角色，全球化问题、生态问题、后现代问题等则是备受关注的学术问题。总而言之，不论是学术思潮，还是研究方法、学术问题，都具有浓厚的西方话语色彩。

如今，我国外语学科从学科体系的上层建筑到学习的操作方法都存在西化倾向，如翻转课堂理论一出，国内即汲汲跟风。究其原因，一是因为外语学科的培养模式长期以来过于强调职业性西化，二是因为中国传统文化教育的缺失导致新时代的外语专业研究生知识结构失衡。纠正这一错误倾向的最有效的方法，便是重建文化自觉，树立文化自信。落实到教学内容中，就是增加国学教育课程。国学教育对于外语学科的发展，尤其是对于承担学术和文化重任的研究生教育而言，可以说是非常有效的途径。

不可否认，西方话语有明显的优点，它对中国现代思想文化的贡献也是有目共睹的，但问题的关键在于，西方话语置身于中国学术的土壤，也会出现水土不服的情况。譬如在阐释中国文化特别是伦理道德时，西方话语就会显得很不自然，甚至苍白无力。原因是不言自明的，任何话语都有其普遍性和特殊性，西方话语也不例外。当西方话语用于阐释中国现象时，总会不同程度地变调或走样，这就是矛盾的特殊性。中国数千年的文明已经融入汉语话语体系之中，以汉语话语体系解读中国文化现象更为自然和贴切。从这个角度来讲，中国当代学术话语体系的重建离不开国学教育，只有从民族文化的深厚积淀中汲取养分，阐释中国现象和表达中国观点时才会更为透彻、更为有效。

1840年鸦片战争以来，西方文化开始涌入中国，与中国本土文化发生了剧烈的碰撞。当时的学者提出了“中学为体，西学为用”的主张，以应对文化格局的变化。19世纪五六十年代，冯桂芬提出了“中学西用”思想的具体实施方案，即“以中国之伦常名教为原本，辅以诸国富强之术”（冯桂芬，1994），也就是说，在以中国传统思想为本位的基础上，辅之以西方国家的富国之道，以适应现代化对中国的冲击。20世纪90年代中期，美国政治学家塞缪尔·亨廷顿（2009）提出“文明的冲突”一说，认为“中学为体，西学为用”既非纯粹的本土化，也非全盘西化，这样的选择实际上不限于中国，在其他国家和地区也是客观存在的文化事实。可见，文明的融合、文化的交叉是各民族、各国家的普遍现象。如何在新的时代背景下发展和创新本民族文化，已上升为民族和国家的时代命题。

全境教育主张的“中学”和“西用”有别于一个多世纪前的“中学西用”。如今的“中学”经历了一个多世纪的发展，既有传统文化，也有马克思主义中国化的要素，是既能与人类命运共同体对接，又为世界所认同的“中学”。而“西用”，也并非单纯的器物之用，还包括学习西方国家的强国之道，包括如何培养人才、如何形成有利于创新的社会环境等，这些都是构成“体”的关键。1973年6月22日，毛泽东在中南海会见马里国家元首特拉奥雷时说，西方资本主义国家创造了文化，创造了科学，创造了工业，现在我们第三世界可以利用他们的科学、工业、文化（包括语言）的好的部分（中共中央文献研究室，2013）。他提到了科学和工业，也提到了文化，而文化是属于“体”这个范畴的。

总而言之，全境教育所倡导的“中学西用”是对“中学为体，西学为用”的继承和创造性发展，落实到教学环节中主要有两方面的内容：其一，我们在学习外国语言时，不能生搬硬造，更不能滥用，而要竭力从外国语言中吸收我们所需要的好的东西；其二，我们要学习和继承国学中优秀的成分，并充分地加以利用。外语专业研究生要树立正确的学术研究价值观，深刻认识中国当代学术话语和西方学术话语的平等、互补关系，尤其是要继承和发扬国学中独具特色的部分，比如运用“气”“韵”“意”“骨”等来评判现当代文学作品，就是对传统的继承和发扬。

如今，汉语已经成为全世界的热门语言，我们的话语权也日益提高，这为中国学术走向世界奠定了良好的基础。全境教育的“境”，就是为外语专业研究生创造多元的文化环境，调动古今中外的优质语言文化资源，推动外语专业研究生教育遵循文化规律，从而面向世界。

三、去经典化与表达能力的降低

2010年发布的《国家中长期教育改革和发展规划纲要(2010—2020年)》,提出要着力培养信念执著、品德优良、知识丰富、本领过硬的高素质专门人才和拔尖创新人才,大力推进研究生培养机制改革,充分发挥研究生在科学研究中的作用。研究生教育受到前所未有的重视。

2012年,有研究团队在中山大学、华南理工大学等四所高校中开展了问卷调查,涉及十二个学科的八百名研究生。结果显示,研究生基本科研能力结构要素的重要度评价存在学科差异;在科研创新能力、动手操作能力和语言表达与人际交往能力这三个结构要素中,文科、理科和工科的重要性程度差异显著;对于文科研究生而言,语言表达与人际交往能力尤其重要(陈木龙,张敏强,2013)。语言表达能力在研究生科研能力结构中占据着重要的地位,因此,应该在培养的各个环节融入语言表达训练,以切实帮助外语专业研究生提升双语(母语和一门外语)甚至是多语表达能力,这样他们在撰写论文、作学术报告、开题和答辩等环节能更加得心应手。

然而,当前外语专业研究生的语言表达能力状况堪忧。中央电视台和国际语言文字工作委员会联合主办了以普及汉语知识为节目内容、以传播中华优秀传统文化为节目宗旨的原创文化类节目《中国汉字听写大会》。节目参与者中不乏研究生,但他们却集体表现出汉字书写水平下降的现象,一些常用汉字的书写正确率也极低。在书面语言方面,研究生也存在种种缺陷,如学术写作东拼西凑、逻辑不清,口头表达思路混乱,甚至不着边际(施太庚,2004)。

当前,网络文化风暴正以前所未有的速度席卷整个世界。网络文化风暴信息量大、时效快,对研究生的生活和学习产生了极大的冲击,也对传统文化和经典阅读产生了严重的影响。网络文化的去经典化与西化倾向,是降低外语专业研究生表达能力尤其是母语表达能力的主要原因之一。对此,王余光(2001)认为,网络文化带来的屏幕阅读,即在电脑或电视屏幕上的阅读,往往是浮光掠影的,信息支离破碎,必然会导致词汇量贫乏或词不达意,而经典著作阅读对人们思维的系统性和语言表达大有裨益。因为国学经典不仅仅是文化的经典,也是语言的经典。它们经过了历史淘洗,超越了时空局限,凝聚了民族语言艺术的精华,潜心阅读和领悟后必定有助于提高语言表达能力和审美鉴赏力。

全境教育以经典母语作品为核心教学内容,重在提升外语专业研究生的母语素养与能力,使他们能够规范、熟练且具有创造性地运用母语表达思想、书写心灵,传承和创新民族文化,建立起对传统文化的认同,激活民族文化自信心和自豪感。中华文化源远流长,从《诗经》《楚辞》到诸子百家的散文,从唐诗、宋词到元曲,无不辞章精美、内涵丰富。外语专业研究生接受国学经典教育,就是站在中华文化的基石上去感知中华民族之魂。

科学研究需要思辨能力。思辨能力的培养是研究生阶段的重要任务,它能够促进人的整体发展。知识储备不足会直接阻碍思辨能力的发展,这一点在文献综述写作中表现得尤其明显。北京外国语大学中国外语与教育研究中心曾对十九名外语专业研究生进行深度访谈,通过了解他们攻读硕士学位期间的学习和论文写作经历,聚焦文献综述的写作过程及感受,探讨学术写作语境中元思辨能力的构成要素及其内涵。研究发现,元思辨能力包括行为目的、角色定位和知识观三个要素,行为目的体现在个人发展认知层面，角色定位和知识观体现在写作任务管理层面（濮实，2018）。这项研究对研究生思辨能力的培养很有启发意义。

全境教育所提倡的经典阅读，可以引导学生从认知发展层面开展自我教育、自我培养和自我提升，改善思辨的内容、方式和程度，激励他们运用学科知识，主动思考知识来源，形成对知识价值的认识，系统地表达自己的知识观。母语综合素养的提升是写作能力提升的前提。只有对母语经典著作进行深入研读，学习者的阅读能力、理解能力、鉴赏能力和评价能力才能提升到更高的层次，语言表达、交流沟通能力才能得到改善。阅读在调动和强化主体的能动性、想象力和创造意识方面具有独特的优势，这是任何其他形式的学习都无法取代的。阅读不仅能获取知识，还能在潜移默化中接受道德教育，促进自我内省，是一个人精神成长的必经之路。

在教学方法上，全境教育主张不但要读国学经典，还要借助教师的专业引导和深入分析，深化外语专业研究生的语言意识，激活母语知识储备和修养，重新唤起学生对母语的兴趣与热爱，重组和强化母语知识结构，形成规范的语用观念与合宜的语体意识。当代外语专业研究生普遍存在对文言文的畏难情绪，所以在教学过程中，一定要特别重视现代汉语与文言文的贯通。现代汉语是在文言文的基础之上形成的，其审美范畴与评价标准也是在以文言文为主体的语言实践历史中逐渐形成的。全境教育提倡阅读国学经典，正是要汲取传统的经验以促进当代汉语实践。

享誉世界的知名高校如剑桥大学、耶鲁大学、哈佛大学、哥伦比亚大学等，以及国内不少著名高校都将经典文本阅读看作实施通识教育、培养“全人”的最好方法（尹晶，2021）。考虑到我国外语专业研究生的认知特点、生活体验水平和心理成熟程度，全境教育尝试由小到大、由点及面地引导学生对主流价值观进行感性了解和理性思辨。比如，我们可以开展历时性阅读，分析外国经典文学作品所展现的英雄、爱情和人性等主题；同时，对比阅读相同或类似主题的中国经典文学作品，引导学生深入思考西方国家的文化背景与道德标准、时代主题与道德要求、行为动机与社会环境等问题，从而筑牢学生的道德根基，塑造正确的社会观念，培养高尚的社会情怀。面对风云变幻的国际形势，全境教育致力于将思辨能力和跨文化交际能力培养融入国学教育全过程，使外语专业研究生能够在学好专业知识的同时，筑牢母语基础和国学素养，在国际视野中深刻理解和树立社会主义核心价值观，真正在教学中融合"智育"与"德育"。

四、解决办法:国学阅读与国学培养

英国文艺复兴时期的哲学家、散文家弗朗西斯·培根在《谈读书》中这样写道:"读史使人明智,读诗使人灵秀,数学使人周密,科学使人深刻,伦理学使人庄重,逻辑修辞之学使人善辩:凡有所学,皆成性格。"[①]这段话说明阅读是人类认识世界最基本的方法之一,也是人类获取知识的重要途径。每个国家都非常重视母语教育,因为母语素养既是个人文化底蕴的根基,也是国家文化复兴的根基。虽然教育技术日新月异,教育模式推陈出新,但教育以人为核心的本质并未改变。从微观层面来看,母语素养在人应具备的诸多素养中有着特殊的地位,它能提高表达能力和思维水平;从宏观层面来看,个人母语素养的提高关乎民族优秀传统文化的继承与弘扬。提高母语素养最有效的办法就是母语阅读,尤其是母语经典文本的阅读。

经典文本之所以能够在时间的长河中历久弥新,是因为它们在内容、思想和创作手法上有独到之处,是文学文本和文化文本的统一。同一个文本既可以是文学文本,呈现作者的想象力和艺术才华,留给读者难忘的人物和情节;也可以是文化文本,展示文化意义上的人伦精神和历史面貌,体现民族共同体的生存哲学、人性思考和价值观念。通过阅读经典文本,外语专业研究生可以形成对文学文本的语言、内容和思想的认知,然后在文化框架下理解文

① 这段话出自王佐良译《谈读书》,英语原文为"Histories make men wise; poets witty; the mathematics subtile; natural philosophy deep; moral grave; logic and rhetoric able to contend. Abeunt studia in mores."见《培根随笔集》(*The Essays of Francis Bacon*),New York: Charles Scribner's sons, 1908, p. 234.

本，进行更深层次和更广视域的思考与批判。《三国演义》描写了东汉末年到西晋初年近百年的历史风云；《水浒传》满腔热情地歌颂了起义英雄的反抗斗争；《西游记》以唐僧取经这一历史事件为蓝本，深刻反映了明代的社会现实；《红楼梦》则是中国封建社会的百科全书，是一部具有世界影响力的小说。这些经典之作具有永恒的艺术魅力，反复阅读能使学生更广泛地了解社会历史，体悟其中的语言之美、构思之妙。同时，经典著作彰显民族精神，能培养学生的思辨能力和跨文化交际能力，既能增进对不同民族文化的认同，又能坚定对中华优秀传统文化的自信。

全境教育所倡导的国学教育，要求尽可能地包含各种体裁的国学经典作品，在语言和文化两方面都具备示范性，如《诗经》《古文观止》《论语》《红楼梦》和唐诗宋词等。在课堂教学中，教师要对这些作品进行鉴赏分析，让学生了解评判标准，掌握相应文体的写作要领和语言表达技巧，学会对作品所承载的文化内涵进行深度解读，从而提高母语素养。对于外语专业研究生来说，文体意识是语言素养中非常重要的一环，是提高语言能力的关键。当前研究生写作中普遍存在的种种弊病，正是缺乏文体意识所致。

优秀的作者往往具备敏锐的文体意识。他会根据不同的文学体裁，有意识地选择语言和修辞；为达到理想的表达效果，他会兼顾用语规范和创新重组。外语专业研究生在学习经典文本时，要充分认识语言交流与语言现象的复杂性，超越对修辞手法的简单掌握，追求更高层次的语言与文采，真正了解语言风格，把握文体特征，进行规范性和创造性兼顾的创作。

值得一提的是，文言文在母语能力的提高中起着至关重要的作用。以冯友兰撰写的《国立西南联合大学纪念碑》碑文为例，该文的文言句式为全文平添了一种庄严雅正的气韵。特别是写到“可纪念者,盖有四焉”时,运用了一大段气势磅礴的排比,将特定历史时期读书人的历史使命与中华民族所面临的考验结合起来,文白相融的语言凝练而又雄阔。倘若这篇碑铭全文用白话文写作,势必无法达到这样显著的审美效果。所以国学教育中不能缺少古典文本,外语专业研究生也应尽可能多地阅读古典文学作品,从中汲取对研究和写作有益的部分。

2014年3月26日,教育部印发的《完善中华优秀传统文化教育指导纲要》指出,要坚持弘扬中华优秀传统文化与学习借鉴国外优秀文化成果相结合,既要高度重视培育学生的民族自信心、自豪感,又要注重引导学生树立世界眼光,博采众长。在大学阶段,以提高学生对中华优秀传统文化的自主学习和探究能力为重点,培养学生的文化创新意识,深入学习中国古代思想文化的重要典籍,理解中华优秀传统文化的精髓,强化学生文化主体意识和文化创新意识。此外,教育部积极鼓励把中华优秀传统文化教育体系融入课程和教材体系,支持有条件的高校开设中华优秀传统文化必修课,并纳入学分管理,并组织知名专家编写中华优秀传统文化读本。由此可见,全境教育所提倡的国学教育与教育部关于中华优秀传统文化教育的指导思想是高度一致的。

在具体实施环节,全境教育主张为外语专业研究生开设“外语学科国学课程原理”作为国学核心课程,授课内容选取具有代表性的典籍,包括《论语》《诗经》《文心雕龙》和四大名著等,尤其注重把母语的优势价值和国学的经典价值融合到外语学科中去。为配合课程教学,课题组拟编撰《外语专业研究生国学读本》作为教材,并将课程纳入研究生的主文献研读课程,实施中期考核和最终评定。在教学管理方面,传统的治学方法如精读、背诵等要贯彻始终。精读有助于词语的积累、语感的形成和对作品风格、文采、韵味的感受。背诵能将语言材料内化为学习者的知识储备,提升思维能力和领悟能力,进而优化外语专业研究生的知识结构。这就是林则徐所谓的“常读始能记,常记始能用”。

外语专业研究生还应从学科的角度,特别关注海外汉学家对中国文化的阐释,即汉学(或中国学),这也是国学的一个重要组成部分。海外汉学家的学术眼光、研究方法与我们不同,但也有共通的地方。外语专业研究生要有足够的自信去看待他者眼中和笔下的中国文化,积极参与同行间的对话与讨论,以比较阐释学的思维方式和话语习惯助推中国文化走出去。

新世纪的国学,是古今中外关于中国研究的学术总和(韩经太,2010)。外语专业研究生修习国学,是为了保证国学在民族性与世界性的历史关系中不再重蹈思想和学术闭关自守的覆辙,不再陷于失语的泥淖。事实上,学术界关于母语缺失的讨论,以及去他者化、重塑民族文化主体地位的努力,都反映出国人对于民族语言及优秀传统文化的焦虑。如今的国学已经是国际化背景下的国学,外语专业研究生只有将国学教育作为一种学术实践,采用内省和躬行的方法,才能在日积月累中具备相当的知识广度和思想深度,实现创新思维与德行养成的有机结合。全境教育切中了思想文化建设的命脉,将国学教育、问题意识和创新人才培养整合起来,力求培养和造就有思想、能力强的新时代高级外语人才。

参考文献

陈木龙,张敏强,2013. 研究生科研能力结构模型的构建及胜任特征分析[J]. 高教探索(1):100-104.

刁晏斌,2019. 汉语的欧化与欧化的汉语——百年汉语历史回顾之一[J]. 云南师范大学学报(哲学社会科学版) (1):27-38.

冯桂芬,1994. 采西学议:冯桂芬 马建忠集[M]. 郑大华,点校. 沈阳:辽宁人民出版社.

高玉,2011. 中国现代学术话语的历史过程及其当下建构[J]. 浙江大学学报(人文社会科学版)(2):140-151.

韩经太,2010. 新世纪"国学"主体的实践理性自觉[J]. 中国文化研究(4):17-24.

何莲珍,2021. 新文科与外语学科建设——综合性大学的探索与实践[J]. 中国外语(1):8-9.

毋改霞,2018. 研究生学术研究价值取向的危机与应对[J]. 研究生教育研究(3):19-24.

宁琦,2019. 综合性大学一流外国语言文学学科定位与建设路径探索[J]. 外语界(1):17-22.

中共中央文献研究室,2013. 毛泽东年谱(1949—1976)[M]. 北京:中央文献出版社.

濮实,2018. 学术写作中元思辨能力的构成要素研究[J]. 外语界(6):28-35.

塞缪尔·亨廷顿,2009. 文明的冲突与世界秩序的重建[M]. 周琪,等,译. 北京:新华出版社.

施太庚,2004. 研究生语言文字表达能力小议[J]. 江苏高教(4):128-129.

王俊菊,2021. 新文科建设对外语专业意味着什么? [J]. 中国外语(1):1,24

王力,2015. 中国语法理论[M]. 北京:中华书局.

王余光,2001. 论阅读传统经典[J]. 北京大学学报(哲学社会科学版)(1):110-116.

文旭，卫平，胡强，等，2020. 外语教育的新理念与新路径[J]. 外语教学与研究 (1)：17-24.

吴芳吉，1923. 再论吾人眼中之新旧文学观[J]. 学衡（21）：30-58.

吴宓，1923. 通论：论今日文学创造之正法[J]. 学衡（15）：14-41.

小原国芳，1993. 小原国芳教育论著选（下）[M]. 刘剑乔，由其民，吴光威，译. 北京：人民教育出版社.

尹晶，2021. 经典阅读与思政教育——英国文学课程思政体系之尝试性建构[J]. 中国外语 (2): 84-90.

第一章　职业性西化与国学水平降低

在中国，外语教育一直受到普遍重视，因为它不仅服务于国家对外开放的基本国策，是增强国际竞争力的重要手段，同时还能提高国民素质。新中国成立70余年来，外语教育事业与社会发展同呼吸、共命运，取得了丰硕的成果。

20世纪50年代，为适应国家政治与经济建设的需求，外语教育在语种规划上，大力发展俄语教育，培养了一大批精通俄语、学习和借鉴苏联科技文化的专业人才（沈骑，2019）。1964年11月14日，中共中央和国务院同意国务院外事办公室、文教办公室、国家计划委员会、高等教育部和教育部五个部门联合上报的《关于外语教育七年规划问题的报告》和《外语教育七年规划纲要》，提出扩大外语教育的规模，加大其他语种在外语教育中的比例，确定英语在学校教育中为第一外语。1978年8月29日至9月10日，教育部在北京召开全国外语教育座谈会，总结了新中国成立以来外语教育的经验，研究了加强外语教育、提高外语教育质量的办法和措施。会后下发的文件《加强外语教育的几点意见》特别强调，高水平的外语教育不仅是实现四个现代化、加强与世界各国人民友好往来的需要，同时也是提高整个中华民族科学文化水平的重要途径。自20世纪80年代以来，外语教育以英语为主，兼顾通用语种。2001年，教育部开始推动非通用语种学科发展。截至2018年，北京外国语大学已基本开齐175个与我国建交国家的官方用语专业

(文秋芳,2019)。外语教育的语种数量显著增加,说明国家培养语言人才的资源由少到多、逐渐丰富,培养语言人才的能力也有了很大提升,国家语言能力逐步增强。

新中国成立初期,外语课程强调掌握基本知识和基本技能,即所谓“双基”。20世纪六七十年代,我国高校外语教学先后引进了听说教学法和交际法,注重培养学生的外语交际能力。进入21世纪后,外语教育关注学科核心素养的养成,尤其重视培养学生的综合语言应用能力,并兼顾学生的情感态度、价值取向和文化意识。教师同时致力于对外语学习过程的监控和对学生学习方法的引导。因为这种教育方式需要兼顾知识技能、情感态度和价值取向、学习过程和方法三个维度,所以被称为“全人教育”。

全人教育对我国的素质教育有一定借鉴作用,得到了一定程度的推广,经过实践的检验和考量,被证明是能够较广泛地适用于我们国家的一种教育理论(刘炳赫,于伟,2019)。它的核心理念是“全人”,即重视人的全面发展,关注人的综合素质。全境教育是在外语专业学生中实现全人教育的具体路径,是提高学生综合素质的有效举措。全境教育主张多元文化与本土文化并举,鼓励外语学习者主动融入世界各国文化,浸入式感知不同民族文化的价值观,尊重世界文明的多样性,保持对世界文化的平和、开放和宽容心态,这些都是对全人教育的继承和发展。全境教育的理念不仅适用于外语专业研究生,在其他学科也有推广价值。

2013年,国务院学位委员会第六届学科评议组编写的《学位授予和人才培养学科简介》对各学科的概况、内涵、范围和培养目标等进行了界定和规范,为学位授予单位加强学科建设、制订培养方案和开展学位授予等工作提供了参考,为各级教育行政部门开展学科管理提供了依据。其中的“0502外国语言文学”学科简介明确了学科范围，清楚地描述了所属13个学科方向涉及的研究领域及具体研究内容。这13个学科方向有两大显著共性：第一，关注“语言”和“文学”两大研究领域；第二，明确将“语言对比与翻译”作为研究内容（常俊跃，2019）。这与1999年发布的《授予博士硕士学位和培养研究生的学科专业简介》中规定的学科研究范围一脉相承。可见，这是外国语言文学学科的优势领域，也是多年形成的传统。

在传统观念中，外国语言文学多被定位成培养外语人才的工具性学科。不论是专业性外语院校，还是综合性大学外语系，外语专业研究生的培养目标、培养方式和课程设置等都围绕语言基本功展开，语言和文学一直被认为是最根本的学科内涵（文秋芳，2019）。随着中国社会经济发展和“一带一路”倡议推进，外国语言文学学科的人文内涵与价值得到教育界越来越多的认同和重视，外国语言文学学科定位的人文性与学术性转向在外语界也获得越来越多的响应和支持（宁琦，2019）。人们对外国语言文学这门学科的看法发生了转变，它已经不仅是服务于人类交际的工具性学科，同时也是重要的研究手段和途径，在中国的现代化建设中发挥着重要作用。

2013年12月30日，习近平总书记在中共中央政治局就提高国家文化软实力研究进行第十二次集体学习时指出，要以理服人，以文服人，以德服人，提高对外文化交流水平，完善人文交流机制，创新人文交流方式，综合运用大众传播、群体传播、人际传播等多种方式展示中华文化魅力。2018年8月21日至22日，习近平总书记在全国宣传思想工作会议上再次强调，要推进国际传播能力建设，讲好中国故事、传播好中国声音，向世界展现真实、立体、全面的中国，提高国家文化软实力和中华文化影响力。这一系列重要讲话精神体现了双向文化交流的理念：一方面要吸收、借鉴人类创造的优秀学术成果和先进理论观点，透彻了解其他国家和民族的价值体系和话语体系；另一方面，要传播和弘扬中国文化和价值观。从这个意义上说，外国语言文学学科不仅是文化的桥梁和纽带，还能提供理论借鉴和研究支持，与其他人文社会学科一起参与中国特色话语体系建设（宁琦，2019）。为更加有效地推进中国的现代化建设，外国语言文学学科必须在保持传统优势的基础上，进一步挖掘学科潜力，积极探索符合新时代国家战略和社会发展需要的人才培养和科学研究模式，弥补中外人文交流的缺陷与不足，在人类文明成果的传承和创造方面积极作为，培养能在国际交流中守正创新的高素质人才，为世界文明贡献优质的学术研究成果。

作为我国高等学校人文与社会科学学科的重要组成部分，外国语言文学学科是推进中国人文学术国际化的重要力量。外国语言文学是人文化综合学科，因此研究生培养不能停留在基础知识和基本技能的习得上，而要不断开阔视野，跨学科融合交叉，突出人文性。尤其值得注意的是，外语专业研究生教育的融合交叉不是简单的课程累加，更不是培养资源的随意拼凑，而是让学生在全境教育的理论框架下开展多语境学习，实施跨语境研究，在中外语境中融会贯通，这样外语专业的核心竞争力才能得以增强，外语专业研究生独具特色的个性发展方能实现。长此以往，外国语言文学学科的研究生定能有创新、有作为，参与构建并助力形成在指导思想、学科体系、学术体系和话语体系等方面的中国特色、中国风格和中国气派（王俊菊，2021）。只有坚持语言教育与学术研究并重，学科本体和研究工具兼顾，理论研究与实践应用共举，外国语言文学才能在新的历史时期确立“人文为本、多元发展”的学科定位，在新时代中国特色社会主义建设中做出非凡的贡献。具体来说，“人文为本”能为人文教育奠定扎实的基础，为学科发展提供理论框架;“多元发展”鼓励语言学、文学、翻译学和文化研究等人文学科内部的跨学科研究,同时也支持区域与国别研究、宗教研究、语言学与统计学研究等社会科学和技术科学的交叉融合。

在双一流建设背景下,国际化外语人才的培养必须追求内涵式发展,坚持兼收并蓄、博采众长,特别重视培养外语专业研究生的中国情怀,使新一代的国之栋梁以中国主张、中国方案和中国思想解决世界性难题,具备促进中外人文交流与跨文化理解的实力。全境教育正是基于这样的理念与初衷,致力于引导和支持外国文学、语言学和翻译学专业的学生开展有中国特色的语言文学研究,既包括中国立场、中国视角下的外国文学研究,又包括外语语境下中国智慧和中国文化的对外传播研究,这与中华民族伟大复兴的总目标是高度一致的。

第一节　课程结构中国学相关课程比例失调

慕课、微课、录播系统、交互大屏……新时期的外语教师只需要一键导入课程，就能轻松完成备课。同样，学生只需要一部与互联网相连的手机，就可以进行外语阅读、口语操练、视频观看，利用零碎时间就能轻松完成学习任务。在新时期外语学习泛在化的背景下，外国语言文学学科作为建构中国特色学科体系的重要组成部分，沿用了几十年的外语专业研究生培养方案、课程结构、质量评价等已无法适应诸多的新情况，需要做出调整。

社会转型为各领域的发展提供了千载难逢的契机，全境教育正是在这样的情况下应运而生。具体实施起来，教师应加强对课程的规划和对学业的引导，通过科学的课程和扎实的教学帮助学生夯实基础语言能力，在各个教学环节一以贯之，积极改变学生的情感态度，让他们在学习过程中提升自己的思维品质。全境教育在实践环节中，既要注重语言学科特有的工具性培养特点，同时又要始终把文化研究置于重要位置，从而形成与中国文学、中国历史和中国哲学等学科互相依存、互为补充的学科格局，兼顾深厚的人文学术传统和开放包容的国际视野。

《礼记·大学》中记载："汤之《盘铭》曰：'苟日新，日日新，又日新。'《康诰》曰：'作新民。'《诗》曰：'周虽旧邦，其命维新。'是故君子无所不用其极。"日新其业，革故鼎新，这是天地万象变化日新所昭示的真理。全境教育的创新之处，在于一个"境"字。如果说全人教育的主体是身为学习者的学生和身为教育者的教师，那么全境教育在秉承"全人"精神的基础上，将教育的侧重点转为教学实施环节的“语境”。这自然与外国语言文学的学科特点和优势有关,但同时也是一种富有勇气的创新。

1. 全境教育视域下的外语专业研究生课程设置

众所周知,语境作为文学领域最富争议和最具影响力的话题,相关研究一直备受学界关注。从社会学、修辞学到逻辑学等学科,语境的概念界定纷繁复杂,例如“全知语境”“预设语境”“超定式语境”等等,不一而足。语言学的基本常识告诉我们:言语行为和语言交往只有在一定的语境中才能实现,语境是承载言语行为和语言交往的“可行性基底”(刘伟,郭贵春,2016)。德国哲学家、法兰克福学派第二代的中坚人物尤尔根·哈贝马斯在论及语言的有效性要求时也强调,没有语境,语言的有效性就无法发挥,语言交往归于失败。语言交往理论认为,语境包括语言语境、社会语境和实践语境,这些语境在话语交流的整个过程都会涉及。生活世界是语言交往的间接语境,它决定了语言交往双方的实情、人情和心情,即客观世界、社会世界和主观世界(哈贝马斯,1984)。语境具有一种本体论的实在性,外语学习离不开语境,高层次的研究生阶段学习更是如此。全境教育正是充分考虑语言学习的基本规律,重视外语研究者作为学习者的普遍性和特殊性,最大程度地兼顾直接语境和间接语境,以期达到最佳的教学效果。具体实施起来,体现在以下方面:

首先,全境教育注重课程设置的完善。多年来,国内高校外语专业研究生的课程设置和教学方式主要是以适应对口人才培养的需要为指导思想来安排,与生源、师资、教学传统以及硬件设施等密切相关,形成了各具特色的培养方案。但在全国范围内,外语专业研究生的培养有一个起码的要求:不能停留于本科的水平,不论是理论修养,还是实践能力,都必须有所提高。从研究生导师、任课教师和相关职能部门的角度来考虑,教学要求和课程设置的基本出发点是外语专业研究生理应具有的知识结构和能力结构，夯实学生的学科核心素养，不能盲目跟风，更不能受一些外围因素的影响。不论是语言学、文学，还是翻译学，以下四类课程是必不可少的：(1)专业核心理论；(2)学科史；(3)专业鉴赏与批评；(4)专业实践。其中专业核心理论课程往往是必修课，因为语言学理论、文学理论、翻译理论和文化研究方面的课程有助于筑牢知识结构中的理论基础，而各专业用于提高中外文语言实践能力的课程则是能力结构的基础。

由于条件所限，课程设置真正从形式到内容都达到这个要求是很不容易的，但并非不可能。全境教育主张教学内容要有足够的内涵，并致力于提高课程的理论水准。例如，翻译方向的研究生课程中，核心理论课主要是中外翻译理论和翻译批评理论。前者包括中国古典翻译理论(或称为中国传统翻译思想)、中国现当代翻译理论和国外主要翻译理论流派，后者除了在翻译理论框架下开展的翻译批评外，还包括应用于翻译批评的语言学理论、文学理论和美学理论等。长期以来，受我国传统学术研究方法和专业性质的影响，外国语言文学学科内部的交互深度有限，语言学、文学、翻译和文化研究这几个专业方向彼此间的融合也不够。文学理论的哲学性和社会性比较强，在翻译研究中运用起来往往过于表面化，如翻译修辞研究往往停留于语言内部的因素，最典型的便是词法和句式，这是需要特别注意的。文学方向和翻译方向也应加强语言学理论的学习和应用。实践证明，语言学基本功比较好的研究生，逻辑思维能力往往比较强，在课程论文和学位论文撰写中理论线索更为清晰。

其次，全境教育高度重视研究生的科研意识。让研究生具备一定的科研意识，掌握必要的科研方法，这是所有学科研究生教育的根本任务之一。但文理科的科学研究还是有显著的差异，文科的科研更倾向于借助特定的理论对某个尚未解决的问题进行有创新、有价值的探讨。在外语专业研究生培养中，任课教师讲授理论课时，不但要介绍该理论的来龙去脉和核心思想，还要结合与之相关的研究方法展开，这样学生从哲学到具体研究方法的各个层次都会有所了解，有助于培养方法论意识和周密的逻辑思维习惯。倘若在课程设置上能兼顾中外语言研究方法论，研究生便能在学习过程中自觉、自发地从对比视角观察不同方法论的逻辑肌理，在实践层面更有效地开展研究，真正做到外语研究的知行合一。

最后，全境教育强调学生信息意识的培养。在具体探讨某个选题时，教师要指导研究生将一切与之相关的信息和资料都尽可能地搜集起来，这样便于全面审视已有的研究成果，确定选题的可行性和价值。在世界范围内，外语专业研究生培养都有这样一个惯例：入学后导师会开列专业书目，明确哪些是专业必读书，哪些是专业选读书，哪些是根据研究兴趣设置的补充阅读书，并指导研究生注意专业知识的积累和文献信息的甄别。全境教育理念下的外语专业研究生培养特别重视获取信息的手段，包括网络检索和传统的书刊文献梳理，这与新时代研究生教育的理念与路径是高度一致的。

自2003年起，笔者在外语专业研究生中开列了“八本红宝书”[①]经典选读书目，其中的《诗经》《文心雕龙》等为中国国学典籍及相关入门书。经过二十年的经验积累和实践检验，这种经典阅读被证明是积极有效的。阅读经典文学作品，可以把握该民族文学艺术的脉搏，领略其中的精华，也可以作为它山之石引以为鉴（罗益

① “八本红宝书”包括中国最早的诗歌总集《诗经》、南朝文学理论专著《文心雕龙》、冯友兰的《中国哲学简史》(*A Short History of Chinese Philosophy*)英文原版及汉译本、刘润清的《西方语言学流派》、姚小平的《西方语言学史》、朱光潜的《西方美学史》和英国哲学家伯特兰·罗素的《西方哲学史》。

民,2004)。依靠阅读国学典籍,外语专业研究生的国学功底得以加强和提高,中西理论功底得以融会贯通,有助于在学术写作中找到新角度,在开展学术研究时发掘新思想,并最终产出新成果。

研究生的学习方式与本科生相比有较大的不同。本科阶段往往以知识输入为主,课程设置以"双基"为导向,开设的听力、口语、泛读、精读、写作和翻译课程都是以训练学生的基本语言技能为目标,内容上以语言知识为主。研究生阶段更注重培养学生的自主学习能力和思辨创新能力,在课程设置上应以学生的综合素养为根本出发点,兼顾专业书籍和国学典籍阅读。事实上,那些学得主动、思维活跃、学习效率高的学生,在论文写作中往往能提出自己独特的见解,并有所创新。这些学生的普遍共性,就是阅读面广,语言功底扎实,思辨能力出色,尤其是在导师的点拨下,他们总能快速发现问题,严谨地分析问题,并圆满地解决问题。

外国语言学涉及的内容广泛,并且越来越多地与其他学科融合,其中数学、哲学、心理学等学科的知识对外语学习和研究的帮助很大。研究生阶段要求对所学内容的理解更为深入,对理论的运用更为自如,这不但要依靠专业知识,而且需要较广的知识面和多层次的知识结构。但令人遗憾的是,长期以来我国高校的外语专业研究生知识面相对有限,知识结构很不平衡,这就导致他们在选择研究课题时学术视野狭窄,研究范围很难突破,甚至有研究生开展研究时力不从心。究其原因,主要是研究生仍然以专业知识的学习和专业技能的掌握为核心,没有养成广览博收的学习习惯,因而知识面窄,学术视野狭隘。培养方案中的课程设置也没有充分考虑到学科之间的融通关系。在外国文学教学中,不妨从文化差异视角来考虑课程设置,引导研究生学习外国文学作品及文学史,这样有助于突破思维和文化观念的局限,不但能帮助研究生切实掌握专业知识，相对深入地领悟外国文学的特点，还能促使他们在文学作品鉴赏中做出客观公允的判断。具体来说，外国语言文学专业的研究生课程中应包含中国文学史和外国文学史，便于学生系统了解中外文学的发展历程、代表作品和基本特点，熟悉诗歌、散文、小说等文学体裁，并运用文学理论进行对比分析。这种跨文化视域下东西方文化的研习有助于引发学生对中外文学与文化进行探索与反思，让他们对作品的内涵有更深入、更透彻的了解，从而真正领会不同文化背景下文学作品的精髓。

2.外语专业研究生课程中的体用关系

改革开放40余年来，外语教育为国家培养了大量高素质的外语人才，但从教育理念到培养实践都存在尚未破解的难题。“中体西用”思想不失为一种符合国情且富有实效的人才培养思路。

“中体西用”思想最早见于冯桂芬1861年写成的《校邠庐抗议》，后来洋务派代表人物张之洞在《劝学篇》中明确提出“中学为内学，西学为外学；中学治身心，西学应世事”（谢放，1995）。当时兴建了一些外国语文学校，即所谓的新式学校，但在这些学校里，汉语学习是“内学”，用于“治身心”，因而一直受到高度重视。这样的教育思想使外语学习者虽置身外语环境中，仍然能坚守自己的文化身份，同时又借助西学摆脱了重理轻艺的封建思想束缚。

在“中体西用”思想的指导下，晚清的外语教育造就了大批当时急需的复合型人才，有力推动了军事和科技进步。如当时的福建船政学堂在开展教学时，就紧密围绕造船和驾驶专业；湖北自强学堂为了推动当地的茶叶贸易，特别重视商务内容的讲授，这些出于实用目的的外语教育最终培养出了复合型人才。同时，这种教学模式也造就了严复等学贯中西的通才，这一点尤其值得深思。

专才的造就，源于对外语工具性的充分重视；通才的培养，源于对外语人文性的兼顾。京师同文馆要求学生必须每天上午与周日全天学习汉语，下午才学外语，不学习汉语者将面临严厉的惩罚（高晓芳，2007）。上海广方言馆将经学、史学和词章列入课程，着重提高学生的古文修养和写作能力（付克，1986）。这些举措的共同之处，在于重视汉语学习，强调通过汉语人文知识的输入奠定学生的人文底蕴，培育学生的人文精神，从而造就了学贯中西的学者。这是从教学实践中总结出来的宝贵经验，至今仍有参考价值。近年来，外语界很多学者都对外语教育的工具性和人文性表达了关切。在外语教育实践中，只有找到工具性和人文性的平衡点，才能培养出实践能力强、人文素养高的优秀外语人才。

20世纪上半叶，中国不乏学贯中西、熔铸古今的学者和文坛巨匠。那时候研究国学的学者，如胡适、陈寅恪等，外语水平颇高，兼及中外。学外语的学者，如吴宓、杨宪益等，国学根基也十分深厚。有不少文学家也从事翻译工作，如林语堂、茅盾等。翻译家也兼顾创作与研究，如朱光潜、季羡林等。朱生豪在杭州之江大学就读时，主修中国文学，以英文为副科，于战乱中辗转流徙，贫病交加，但仍笔耕不辍，译出莎士比亚戏剧31种，其质量和风格卓具特色，时隔多年仍令人赞赏不已。这些学者之所以能成为学界仰望的大师，很大程度上是因为他们的母语和外语能力卓越，能徜徉于文史哲之间，故能融会贯通，纵横中外。

20世纪80年代后，随着这些前辈逐渐玉树凋零，学兼中外的学者已是凤毛麟角了。在外语界，学习具体语种的只知道具体语种语言且不说，就是学习语言学理论的也只知道袭用英文例子（潘文国，2001）。外语学习者长期浸润在外语中，脱离母语及母语文化久矣！著名语言学家、教育家吕叔湘先生也曾对“两张皮”①现象发出浩叹，但这个问题至今没有得到根本解决。外语专业的研究生知识面狭窄，对中国传统文化涉猎有限，即使他们的语言能力出色，在对外交往中也会缺乏底气。更重要的是，研究生阶段的重点应从语言能力转到研究能力。一个具体的体现，就是看研究生能否做到用汉语清楚明白地阐释外国语言学理论，从而判断他是否真正理解了这个理论，而不是机械地照搬。客观地说，国学功底薄弱不但会制约外语专业研究生的职业发展，更会使他们在开展专业研究时捉襟见肘，制约他们的学术创新。

全境教育致力于真正解决“两张皮”问题，试图推动外语教育在总体设计上做出调整，以发展的眼光看待国学，为民族文化的认同感和内聚力提供源头活水。中国的诗词曲赋集中体现了人文风格和审美情趣；历史典籍关注社会兴衰，讲究经世致用；传统小说戏曲侧重世间百态。深入阅读这些国学经典，研究生们的道德品格将得以提升，经典作品中的义理精神也将逐渐融入他们的生活。从这个意义上讲，将国学经典纳入外语专业研究生课程，是显性教育与隐性教育的和谐统一。只有实现精神上的富足，拥有深厚的文化底蕴，外语专业研究生才能挖掘出外国语言背后深层的文化寓意，并分析外语文化的内在价值，将母语文化和外语文化做理性对比和分析，求同存异，形成辩证的思维模式和文化价值观。

要彰显外语教育的人文性，强化人文教育，就要创新专业知识类课程。课程设置首先要考虑的是层次问题，只有知识层次清楚，设计结构合理，学生的知识面才能得到拓宽，知识结构才能得到优化。全境教育主张围绕语言、文学和文化的核心内容设置必修课，

① 吕叔湘先生指出的“两张皮”现象，是说汉语学者不懂外语，外语学者对国学知之甚少。

根据学科规律和学生的需要设置选修课,帮助学生实现内涵式发展。全境教育注重学科交叉,尤其重视加强国学素养,实现学科间的沟通与合作。外语专业的学生在学科交叉和融合方面有一个天然的优势:外语基础扎实,通过一定的努力能实现外文原著阅读,领略外国文学作品的原貌和外国文化的精髓,这是珍贵的直接体验。汉语是我们的母语,外语专业研究生也可通过查阅工具书或其他途径坚持研读国学经典,夯实汉语基础。这一得天独厚的优势正是外语人文性的集中体现。外语专业研究生的课程设置中,培养外语实践能力的课程是必不可少的。笔者多年来从事莎士比亚研究和教学,发现教学实践中的戏剧表演和诗歌朗诵有助于提高学生的文学和美学素养,而演讲和辩论则能加强学生的哲学素养和思辨能力。这些有利于提高学生人文素养的活动,既能有效促进专业知识的学习,又能丰富校园文化生活。将外语实践教学纳入外语专业研究生的课程体系已是大势所趋,目前国内不少高校都将其纳入学业评价体系,这与全境教育的基本理念与实施路径都是高度一致的。

外语专业研究生受益于外国语言文学学科的独特性,能够融合世界各民族文化的优点和长处,学术研究具有跨文化视野,必定能为传播中华优秀传统文化、促进人文交流贡献力量。2013年8月19日,习近平总书记在全国宣传思想工作会议上指出,宣传阐释中国特色,要讲清楚每个国家和民族的历史传统、文化积淀、基本国情不同,其发展道路必然有着自己的特色;讲清楚中华文化积淀着中华民族最深沉的精神追求,是中华民族生生不息、发展壮大的丰厚滋养;讲清楚中华优秀传统文化是中华民族的突出优势,是我们最深厚的文化软实力;讲清楚中国特色社会主义植根于中华文化沃土、反映中国人民意愿、适应中国和时代发展进步要求,有着深厚历史渊源和广泛现实基础。外语专业研究生是未来的中华文化对外传播的主力军和中坚力量,讲清楚中国特色发展道路、中国特色精神追求、中国特色文化软实力和中国特色社会主义的历史渊源和现实基础,需要发挥学科优势,以修习的外国语言为用,以中华优秀传统文化为体,向世界展示中华智慧,传播中国声音。

2014年10月15日,习近平总书记在文艺工作座谈会上指出,传承中华文化,绝不是简单复古,也不是盲目排外,而是古为今用、洋为中用,辩证取舍、推陈出新,摒弃消极因素,继承积极思想,“以古人之规矩,开自己之生面”,实现中华文化的创造性转化和创新性发展。21世纪的中国坚持改革、扩大开放,与世界各国有着密切的联系。在全球化背景下,我们弘扬民族性,输出中国元素;同时,我们从世界多元文化体系中摄入养分,积极吸纳先进的技术和文化。近年来,国家积极推动中华文化“走出去”,致力于向世界阐释、推介更多具有中国特色、体现中国精神、蕴藏中国智慧的优秀文化。作为国家培养的高层次人才,外语专业研究生是未来中外文化交流的主力军,需要通晓中国传统文化,洞悉中国现当代文明,以满足“走出去”的需要,在对外交流和对外文化传播中讲好中国故事,传播好中国声音,向世界展示一个真实、立体、全面的中国。在经济全球化的背景下,中国的经济实力不断增强,国际影响力不断扩大,但仍然需要积极引进世界先进的科学技术,借鉴和吸收其他国家的先进文化,以满足社会经济发展的需要。外语专业研究生是国家建设中不可缺少的中坚力量,必将在国际事务和国际竞争中发挥重要作用。

3.国学课程的实施策略

国学以儒家文化为内核,兼顾诸子百家,包含了中华优秀传统文化的基本精髓。就内容而言,包括经学、史学、文学等,是高校文化传承的重要内核(刘凤霞,2020)。国学课程的主要内容是国学经典,引导研究生学习国学,既可以涵养情操,培养家国情怀,又有助于坚定文化自信,传承民族精神。

国学经典浩如烟海,全境教育主张择要遴选。中国古代文学作品重在“诗教”“言志”“载道”,这一点在中国最早的诗歌总集《诗经》中有着最为集中的体现。众所周知,《诗经》在先秦被称为《诗》,因收录诗歌305篇[①]又被称为《诗三百》,西汉时被尊为儒家经典,始称《诗经》,并沿用至今。在中国文学史上,《诗经》具有崇高的地位和深远的影响,奠定了中国诗歌的优良传统。在内容上,《诗经》分为风、雅、颂三部分,以朴素、真切和生动的语言对周朝的政治状况、社会生活和民俗民情展开了现实主义的叙写,体现了积极的人生态度和强烈的道德意识。在表现手法上,《诗经》采用的赋、比、兴一直被后世诗人继承和发展着,成为中国古代诗歌的重要特点。《诗经》创立的四言诗也深刻影响了以后历朝诗歌的创作,五言诗、七言诗就是对四言诗的突破。在节奏韵律方面,《诗经》开创了诗歌的押韵形式和韵部,为后世提供了经典范式,在诗歌创作史上具有重要价值与意义。

自16世纪以来,来华的传教士开始把《诗经》译介到欧洲。五百多年来,《诗经》在全球主要语种中都已有全译本,有些译本还多次再版,受到许多外国友人的青睐。在世界汉学界,诗经学也一直是研究热点。《诗经》在中国文学史上具有举足轻重的价值,将它列入外语专业研究生的必读书系列是必要的。一方面,研究生可以通过阅读《诗经》,领悟中国传统诗歌的独特魅力,领会国学思想文化源流的核心组成部分,深化民族身份认同和个人主体意识。另一方面,研究生可以此为参照,观察外语文学作品中相关的内容和

① 《诗经》现存305篇,另有6篇有目无诗。

表现手法，在中西文化对比的基础上深刻理解其他民族的价值观，提升自身人文素养。

与《诗经》同时列入研究生必读系列的，还有南朝文学理论家刘勰的专著《文心雕龙》。众所周知，《文心雕龙》是我国第一部有完整体系的文学理论批评著作（陈新，1982）。清代思想家章学诚在《文史通义》卷五《诗话》中曾对比《文心雕龙》和钟嵘的《诗品》："《文心》体大而虑周，《诗品》思深而意远，盖《文心》笼罩群言，而《诗品》深从六艺溯流别也。"《文心雕龙》全面总结了齐梁以前的美学成果，细致地论述了语言文学的审美本质及美学规律，涉及文学史、文体论、作品论、作家论和鉴赏论，涵盖了文学理论批评的主要问题，理论的深度和广度都是世所罕见的。

外语专业研究生，不论是语言学专业、文学专业，还是翻译专业，都有必要精读《文心雕龙》，这是由外语学科的属性决定的。在语言学习中，外语能力必须以母语为前提（路新民，2005），这是公认的事实。母语基础好的学生学习外语时往往理解能力更强，学习效率更高，学习效果也更好。从这个角度讲，外语专业研究生研修《文心雕龙》，不但能更好地领悟中国古典文学之美，提升人文素养，还能促进外语学习。母语既是传统文化的血脉，也是贯通过去与未来的桥梁，像《文心雕龙》这样堪称汉语典范的文学理论著作，值得反复阅读、细细领会，它能助力外语学科研究生的跨文化学术交流，有效促进语言对比或文学研究，甚至成为研究生学术创新的增长点。

学术写作是外语专业研究生的必修课程之一。不少教师在批阅课程论文时，常常感叹很少看到辞章雍容、情理兼备的文章，而逻辑混乱、词不逮意的文章却比比皆是。将《诗经》《文心雕龙》这些著作列为必读书目或开设相关课程，由专业教师定期组织研读、开展研讨,是有百益而无一害的。国学是多元的精神文化体系,如儒家主张进德修业、外王内圣,道家追求清静无为、逍遥独立。国学经典中,写作手法堪称典范的作品数不胜数,如屈原的文笔热烈浪漫,柳永的曲词绮丽婉约,这些都值得外语专业研究生仔细阅读、反复揣摩。只有掌握了传统文化的精髓,他们才能在学业上做到融合古今、会通中西。

长期以来,我国高校外语课程体系中鲜见中国传统文化类课程。除汉语言文学专业外,其他专业的课程中除大学语文外,很少涉及国学,在考核或考察环节对母语的要求也不高,甚至没有相应的要求。这或许能够解释为什么如今的外语专业研究生并没有达到与学历相当的汉语水平。20世纪五六十年代,复旦大学外语系曾让外语专业的学生与中文系的学生一起上课,还积极引进了中文系的一些课程,如中国古代文学史、汉语写作和文学概论等,培养出了一批中英文功底都很深厚的学者,如陆谷孙和汪榕培等。事实上,古今中外那些外语学得好的人,都有扎实的母语文化根底。早期来华的传教士利玛窦具有很高的母语文化素养,也能用中文进行著述;中国的林语堂、严复、王佐良等也是如此,在学习外语之前,他们的国学根底都十分深厚。

我们都知道,听说是口语层面的,读写是书面语层面的。因此我们需要考虑,外语专业研究生的培养应该侧重口语还是书面语?有很长一段时间,媒体争相批评“哑巴英语”,于是大家开始强调口语训练。现在,许多学生能说一口标准流利的外语,其语音语调之地道堪比外国人,可问题也出现了:学生的书面语表达能力薄弱了。如今,硕士生导师指导学生论文时,很大一部分时间和精力都花在了语言改错或润色上。有的学者把这种口语尚可、读写欠佳的现象称为“文盲外语”。口语和书面语能兼顾是理想的境界,但培养的重点到底是口语还是书面语？如果二者必须择其一，我相信大多数学者宁可要“哑巴英语”。因为流利而言之无物的口语只有在国外生活或旅行时能派上用场，到了学术交流的场合就束手无策，更不要说对国家的文化建设和对外传播做出贡献了。不论是“哑巴英语”还是“文盲英语”，都促使我们反思外语专业研究生的培养思路，并试图找到解决问题的办法。

翻译类课程的设置也说明中西方的外语教育理念存在显著差异。欧洲现代语言教学委员会理事、新概念英语的创始人路易斯·乔治·亚历山大曾提出这样的外语学习理论：没听过的不说，没说过的不读，没读过的不写。按照他的逻辑，外语学习的一般顺序是“听、说、读、写”，而“译”并未纳入他的语言学习基础构架。换句话说，“译”被认为是更高层次的要求。中国人学外语，讲的是“听说读写译”，“译”是必不可少的。潘文国(2019)认为，中外语言的差别远远超过西方语言之间的差别，所以在西方语言学家们看来不十分重要的“译”，在中国看来就特别重要，必须花大气力去对待。以前由于没有专门花功夫去对待，结果导致了两种现象：第一，在社会上，人们普遍将学外语和会翻译等同起来，认为学外语的必然就会做翻译；第二，在学术界，翻译专业并没有作为一个不同于外语专业的专业来建设，缺少作为一个新专业的总体设计。

翻译专业的总体设计需要考虑学科定位和学科建设。我国的翻译专业发展迅速，短短十几年就有几百所高校开设，但是对许多问题尚未进行深入思考。全境教育主张将翻译作为一个专业，而不是专业里的一门课程。当然，翻译是外语基本技能中的一项，对于外语专业的研究生而言，是必须掌握的一项技能，否则他们的知识结构和技能就是不完备的。学外语必须学翻译，这是不争的事实；但会外语并不等于会翻译，这也是不争的事实。比如公示语翻译，从本质上说，它就是在类似语境中寻找对应的贴切表达，不可能字对字地一一译出。文学翻译也必须立足整个语篇，创造性地再现原作内容。这些都需要打破语言的桎梏，打通文化的关联。

双语交互性是翻译专业不容忽视的特殊性。翻译至少牵涉两门语言，因此母语在翻译专业中的地位比在外语专业中更重要。母语能力是翻译专业的生命线，汉译外时，母语能力决定了译者对原文的理解；外译汉时，母语能力又决定了译文的接受度。可以肯定地说，母语能力有限的译者，是难以胜任汉外互译的。

汉语水平下降是外语专业研究生中普遍存在的问题，应该引起足够的重视并采取相应的对策。我们现在的语文教学中，读写层面是严重滞后的。比如有些地区提倡上小学前不接触汉语拼音方案和汉字读写，小学四年级的识字量仅为两千，语文的学习要求越来越低，这不可避免地造成了新时代外语专业研究生的母语功底总体薄弱。想要改变现状，帮助研究生夯实国学根基，首先要做的便是将母语置于与外语同等重要的地位。具体的实施路径，就是在外语专业研究生的培养方案中加入相应的国学核心课程。唯有做出这种自上而下的调整，外语专业研究生才能在课程和课外拓展阅读两个方面投入足够的时间和精力去学习。

中华文化“走出去”的时代要求，给外语教学提出了新挑战和新任务。外语不仅是一门学科，更是文化表达的载体。在对外交往和传播中，外语专业的人才不但要有良好的外语沟通能力，还要有扎实的母语底蕴，这样才能建设中国话语体系，增强中国的国际传播能力和在国际上的话语权。新时代外语专业研究生的课程设置也面临一系列新问题：怎样通过教学让学生深入了解中华文化？如何开展研读和讨论使学生谙熟中华民族的历史？怎么实现外语课程中汉语文化素养的有效融入？如何帮助学生树立高度的文化自信？

外语教育离不开人文教育。高等学校外语专业研究生不仅要培养扎实的语言能力，深厚的文化素养也至关重要。作为国家迫切需要的高端人才，外语专业研究生将来在工作岗位上身处跨文化交流语境，面对来自其他国家和民族的交流对象，会真切感受到不同文化的差异。只有坚定文化自信和民族文化身份，才能跳出思维定式，认真审视中华民族的传统文化，客观理性地思考、批判外语文化观念和价值取向。外语专业研究生的授课教师应在教学环节中加强引导，通过分析文本中的文化现象，挖掘其背后的文化意义，有机融入中华优秀传统文化教育，多角度深化研究生对博大精深、包罗万象的中华优秀传统文化的认同与传承，为不断提高国家文化软实力和中华文化影响力做出应有的贡献。

第二节 外国语言与译文的前摄抑制作用

自改革开放以来,外语教育在国内受到普遍重视,外语专业研究生的培养也取得了一些成绩,但也存在一些问题,其中最为严重的便是母语文化在外语教育中的缺失。仔细审视我国目前广泛使用的外语专业研究生教材就不难看出,涉及中国文化的微乎其微,教学内容以外国的物质文化、社会生活、风俗习惯等为主。实际上,在涉外交往中,外国人不仅期待我们能理解他们的文化,同时也希望了解中国文化。母语文化学习没有跟上,对外交往就会陷入尴尬的境地。一些外语专业研究生能就莎士比亚、马克·吐温与外国人侃侃而谈,但说起孔子和儒家思想却左支右绌,讨论起世界人民喜爱的中国古典名著《西游记》《水浒传》《红楼梦》则纳屦踵决。这些现象只是冰山一角,但其中折射出的外语教育问题值得我们去认真思索。

外语教育的能力目标,可分为三个层次:语言能力、交际能力和社会文化能力(袁芳,2006)。语言能力即语言知识,交际能力是在语言能力基础上的运用和提高,社会文化能力是外语教育的高层次目标,是一种运用已有的知识及技能有效地加工社会文化信息,使人格更加完整、潜能发挥得更加充分的能力(胡文仲,高一虹,1997)。前两种能力体现了外语的工具性;第三种能力体现了外语的人文性,会对前两种能力产生积极影响。所以,高等院校外语专业要着眼长远,立足国际,不断更新教学理念,创新教学模式,加强研究生的社会文化能力培养。作为国家培养的高端外语人才,外语专业研究生唯有勤学苦练,具备良好的外语知识、技能和国际视野，同时又精通中国文化，才能与其他专业人才共同建构本土性价值体系和话语体系，真正承担起国家文化发展的使命，推动中国文化走出国门、走向世界，同全球其他国家和民族平等对话、高效交流，展示中国作为文化强国的气象和风度。

国学教育在外语人才培养中的缺失，导致大量的外语专业研究生对现代汉语知之甚少，对古代汉语望而却步。不少学生不能用母语清楚、准确、规范、流畅地表达思想感情的现象并不少见，有的甚至动笔就错别字连篇，语病累累，更别说通过母语的学习来养成优秀的文化品格了（王梅英，1998）。在外语专业研究生的知识结构中，汉语表达能力已处于明显的弱势。从小的方面来看，这必将影响青年一代的成长和发展。从大的方面来看，国家和民族的语言综合实力也会受到很大的影响。

就外语专业而言，单方面重视研究生的外语学习，忽视汉语能力的培养，会不断放大和加剧外国语言对汉语的前摄抑制作用，并最终导致研究生的汉语写作能力下降。培养外语高端人才的初衷是什么？是服务于国家的发展，民族的复兴。试想，我们自己都不珍惜、不保护本民族的语言，谁还会真正了解我们的文化？谁还会真正热爱我们的语言？

外语专业研究生的培养目标，分对内和对外两个方面。对内，要能够学习和引进国外先进的理论和技术，开拓国内学术研究领域；对外，要能向国外介绍和宣传中国，提升中国的国际传播能力，提高中国在国际上的影响力。可是，只懂外语却不精通母语的人，如何能够担此大任？

语言是一个国家、一个民族文化的载体。汉语在外语专业研究生教育中的缺失，让我们警醒自己：丧失了对汉语的驾驭能力，我们学习外语又有何用？汉语是中国人的母语，也是中华文化的灵魂，如果我们因为学习外语而忽略了汉语，实在是得不偿失。在文化多元化的背景下，只有坚持以民族传统文化为本位，我们面对全球化的交流与融合时，才能保持独特的民族精神，使积淀深厚的中华文化焕发出新的活力，在和谐稳定的国际环境中与世界文化有效衔接、有机融合。

令人欣慰的是，越来越多的学者意识到母语的重要性，强调母语在外语教学中的作用，呼吁大家要警惕母语危机。有的学者已经开展实践，尝试在外语教学中进行母语教学。加强汉语学习，能让学生深刻感受到汉语的独特魅力，体会到中华文化的博大精深，帮助外语专业研究生形成正确的文化价值观。

1. 文化自觉意识的缺失及影响

文化自觉是文化自信的基础，文化自信是文化自觉的结果。只有建立在高度文化自觉基础上的文化自信，才能指引中华民族走向伟大复兴（苏运蕾，2020）。在新的历史条件下，外语专业研究生唯有对中华文化在世界文化中的历史地位有清醒的认识，对民族文化的发展特点有全面的了解，对中华文化的历史发展趋势有正确的体认，才能形成和发展真正的道路自信、理论自信、制度自信和文化自信，主动担当起中华民族伟大复兴的历史责任。

著名社会学家、人类学家费孝通（2004）认为，文化自觉是指生活在一定文化中的人对其文化有“自知之明”，明白它的来历、形成过程、所具有的特色和它发展的趋向。文化自觉不带任何“文化回归”的意思，不是要“复旧”，同时也不主张“全盘西化”或“全盘他化”。文化回归是指文化范式和文化样态的逆时流动，如孔子提出恢复周代的礼仪而不是回归周代的制度，即所谓“克己复礼为仁”（《论语·颜渊》）。全境教育理念中的文化自觉，是指在世界文化多元化进程中，各民族努力保护本民族文化，并在传统文化的基础上发展创新。换言之,文化自觉既要保护和传承本民族的文化,同时也要致力于消除不同文化之间的隔膜,促进彼此的交流和沟通,增进国家与国家之间、民族与民族之间的友谊。

在费孝通构建的文化自觉体系中,最关键的核心点是自我觉醒、自我反省和自我创造(陈宇飞,2011)。建立文化自觉并非易事,我们要认识本民族的文化,尽力理解和接触其他民族的文化,才能在多元文化体系中确定本民族文化的地位,并与其他民族文化和谐共处。在这个过程中,本民族文化和其他民族文化皆不可偏废。只有全面了解、准确把握,才能形成真正的文化自觉意识。这就是费孝通提出的“各美其美,美人之美,美美与共,天下大同”。

文化自觉能激发我们热爱中国文化,推动中国文化走向世界。中国文化有着深厚的底蕴和丰富的形态,但由于文化意识薄弱,我们对传统文化的开发、保护和传承是远远不够的。自20世纪初的新文化运动起,国内就有一些激进的西方文化主义者追求西方的价值观念。随着改革开放步伐的加快,从小学到中学,外语(尤其是英语)教育都被放在了前所未有的重要位置。到了大学和研究生阶段,外语仍然是必修课。而国学教育却逐渐淡化,很多专业都没有开设国学课程。在这样的背景下,外语学习被过度强化,在很大程度上对中国语言和文化造成了消极影响,人们的文化自觉意识也逐渐减弱。

外语学科立足于中国土壤,是在跨文化的高度上开展人文教育,因而在外语教育中,人文素质教育尤其重要,这是外语学科的特殊之处。从这个角度来看,外语教育也涉及思维训练、人格培养,尤其是在文化交流与冲突中进行主题丰富、跨越文化障碍的人文素质培养。然而,我们不得不承认,在很长一段时间里,外语都被当作一门工具学科，以培养学生的听、说、读、写、译能力为主要目标。忽视人文修养和人文关怀的直接结果，就是学生的思维能力、价值观和批判力都未得到同步提升。尤其危险的是，个别学生不加分辨地全盘吸收西方文化，这对人格发展难免产生消极影响。面对文化差异与观念冲突，他们往往表现出价值观迷茫、心理素质薄弱等，正如著名历史学家余英时（1994）总结的“浮慕西化而不深知西方文化的底蕴，憎恶传统而不解中国传统为何物”。

要纠正这种弊端，弥补外语教学中人文教育的缺失，首先要做的就是加强国学教育，将中国传统文化融入外语教学中，帮助学生站在世界文明的高度去领会中国文化。全人教育以人的全面和谐发展为目标，不仅重视知识的传授，还注重开发人的潜能和天赋，造就具有创新精神、科学态度和健康身心的新时代建设者和接班人。全境教育是在全人教育思想基础上发展起来的新理念，在具体教学实践中关注学生自我价值的实现，主张培养学生崇高的人文精神、正确的价值观和世界观，在中西语境中实现智慧、情感与道德的高度融合。这与和谐发展的理念高度契合，也是培养全面发展的人的重要举措。

从丛（2000）指出，我国的英语教学普遍存在一个重大问题，即“中国文化失语症”现象。她认为，我国的英语教学在增大文化含量上有一种共通的片面性，即仅仅加强了对英语世界的物质文化和制度习俗等精神文化内容的介绍，而对于作为交际主体的一方的文化背景——中国文化之英语表达，基本上处于忽视状态。的确，在国际学术交流中，有的中国学者在与外国学者沟通时，很难自如地展示泱泱大国的学者所应具有的文化素养和文化人格。特别是当国际友人怀着敬意探询儒、道或其他优秀传统文化时，这些学者却表现得心有余而力不足，既无法清晰地阐释其内涵，也无法旁征博引地去说明。这种交流语境中的“中国文化失语症”正是我国外语教育的一大缺陷。

如何真正克服这种缺陷？全境教育理念下的国学经典教育不失为一种有效的解决途径。近年来，笔者所在的教学团队将全人教育和全境教育理念引入外语专业研究生课外阅读，要求学生通读有关中国哲学、历史、文学的中英文经典著作，并部分纳入课内研讨环节，以此提升学生的认知和思辨水平，同时加强对学生的思想引导，受到研究生和教师的普遍欢迎。借助英语来修习中国文化的精髓，既能扩大学生的知识面、开阔视野，又能提升他们的专业素养，激发学习兴趣，可谓一举多得。

在文化交流日益频繁的今天，中国文化在国际交流中的地位逐渐提高，这促使外语教育工作者反思现行的外语专业研究生培养方案和课程设置。显然，以前那种偏重外国语言文化输入的教学方式与实施路径已经无法适应如今各国各民族文化多元互动的需求了。培养学生的跨文化交际意识，让他们能够自觉地弘扬中华优秀传统文化，才是解决“中国文化失语症”的有效办法。

外语专业研究生是文化的使者，肩负着传播中国文化的重任。2000年颁布的《高等学校英语专业英语教学大纲》明确要求，外语专业的学生应能比较流畅地向外宾介绍中国的名胜古迹和国家的政策方针等。在外语人才培养的高级阶段，跨文化交际能力是必备的能力之一。然而，在日益频繁的国际交流活动中，我国外语专业研究生用外语传播中国文化的能力却不容乐观。原因是多方面的，比如到目前为止，为外语专业研究生开设中国文化概论课程的高等院校只是少数，而西方古典文化、欧美现当代文化这些课程却比比皆是。外国文化课程与中国文化课程严重失衡，必定会导致学生的跨文化交际能力有限。跨文化交际涉及两种或两种以上文化之间的交际,母语和外语之间的互动非常频繁。试想,研究生如果没有读过《诗经》《文心雕龙》《红楼梦》,他们如何与外国人讨论中国诗歌的起源?如何在国际会议上阐释中国古典文论?如何利用自己的学科优势和语言特长讲好中国故事,传递好中国声音?

跨文化交际能力中的跨文化意识是人们对自身、本族文化和异族文化的感知(杨盈,庄思平,2007)。单方面强调外语交际能力,本质上是文化输入的失衡,这样做势必影响外语人才的培养质量,也会影响跨文化交际的顺利进行。外语专业研究生是较高层次的跨文化交际人才,应具有较高的跨文化意识,能辩证地认识和理解文化差异,在面对文化冲突和干扰时能正确、得体地参与互动。

全境教育尤其注重立足多元语境审视问题,既要熟悉母语文化,了解本民族传统文化中的风俗习惯、思维方式和价值观念,又要尝试换位思考,以宽容的态度、开阔的胸襟对待不同民族间的文化差异。全境教育主张将跨文化能力的培养渗透到研究生教育的每个环节,通过设定课程目标、教学内容和教学活动,对学生进行世界观、人生观教育,引导他们熟悉跨文化交际规则,吸收和接纳外国语言文化,并与母语文化相融合,从而做到在国际交往中行为得体、沟通高效,主动传播中国文化。

2. 文化自信与国学修养

英语在中国的广泛使用,不仅牵涉语言本身的地位问题,还涉及文化身份认同。母语是我们文化身份的标志。20世纪30年代,日本占领东北,成立伪满洲国,推行日语和奴化教育,就是要逼迫国人丧失文化自觉意识和家国情怀。如此惨痛的历史教训告诉我们,当语言突破符号系统的意义表达范畴,上升到民族国家话语构建的高度时,语言问题已经不仅仅是语言学的问题了,而且是关涉民族文化身份认同的政治问题。

自20世纪八九十年代至今，英语在我国的教育体制中占据了重要的位置。全国各地都有幼儿园以双语教学为特色；中小学阶段，英语是主要学科；大学阶段，英语是必修课；到了研究生阶段，英语依旧受到高度重视。在国内，英汉夹杂的话语方式随处可见，“PK”“out”这些英语词汇频繁出现在电视节目和日常口语中，这些都是汉语文化受到冲击的具体体现。面对全球化进程中汉语地位的弱化，我们必须对汉语的使用情况保持清醒的认识，在学校教育中引导学生热爱中华民族的语言文化，保护汉语的纯洁性。

文化是一个国家和民族凝聚力与创造力的重要源泉。外语专业研究生要有意识地促进传统文化的号召力与吸引力，使中国文化重获生机与活力，否则，中国文化在其他民族文化的强势冲击下会逐渐式微，进而影响到国家的政治稳定与社会发展。中西方文化之间存在诸多差异，如价值观、思维方式等，涉外活动中文化误读几乎无法避免。这种误读给中国文化的传播带来了负面影响，甚至造成中国文化在国外遭受冷遇甚至排斥。

随着我国与世界各国的文化交流日益频繁，国家迫切需要系统掌握外国语言、深刻了解中外文化并能创新中国文化的外语高端人才。外语专业研究生具有得天独厚的学科优势，能够从外国文化的角度来观察和分析中国文化，因此可以体会和领略其他学科研究生难以企及的思想。也正因为如此，外语专业研究生应具备舍我其谁的勇气与毅力，认真学习外国语言和文化，同时全面深入地钻研中国传统文化，在对外交往中促使外国人理解和认同中国文化，消除对中国文化的误解，扫除文化交流的障碍，成功实现跨语境的良性互动，努力将中国文化发扬光大。

美国学者乔舒亚·库珀·雷默在《中国形象：外国学者眼里的中

国》(2006)中指出,中国目前最重大的战略挑战,都与国家形象相关。习近平总书记注重国家形象的塑造,提出要建设好文明大国形象、东方大国形象、负责任大国形象和社会主义大国形象。中国是文明古国、礼仪之邦,这四种大国形象不仅是我们深厚文化传统底蕴的象征,更是民族文化多元和谐、政治清明稳定、经济繁荣发展的体现。外语人才尤其是高端外语人才有责任借助自己的专业优势,寻找中国文化与世界文化的对接口,以中国传统文化为依托,坚持中华文化"走出去"战略,在世界舞台上维护中国的国际形象,努力实现中国文化走向世界的目标。

全境教育把文化自信的指导思想和国学为用的实际原则,具体化为研究生教育的育人原则(罗益民,朱法荣,2021:162)。它所主张的国学教育,致力于传承中华文脉,深入挖掘传统文化的内涵,培养富有中国心的外语人才,增强国家的软实力;做有世界竞争力的学术,提升中华文化的国际影响力。

全境教育落实在外语专业研究生培养实践上,主要表现为以下四个方面:基本功、知识面、专业能力和人文素质。基本功包括外语语言知识和技能。知识面包括人文学科知识和科学技术知识。专业能力强调获取和运用知识的能力以及分析问题、提出独立见解和创新的能力。人文素质包括思想道德素质和心理素质等。自国内开设外语专业以来,外语基本功一直受到高度重视,即使到了研究生阶段,外语基本功的培养仍然是主要的教学目标之一。从课程设置来看,研究生阶段与本科阶段相比,课程涉及的知识面更广,要求达到的专业素养也更高。与此同时,研究生阶段也注重人文素质的培养,尤其强调研究生的语言对比和文化价值探索能力,以此加强外语专业研究生的文化自觉和文化自信。全境教育所倡导的文化素质是中西合璧、古今贯通,中国文化与外国文化并举，不厚此薄彼。因此，课程组开列的必读书目中有中国古典文本《诗经》《文心雕龙》，也有《中国哲学史》汉语、英语两种版本。

国学大师吴宓在清华大学多次代理外文系主任，他要求外文系的同学须同时具有深厚的中国文学根基，尤其鼓励外文系的学生选修中国文学系的课程：

> 本系对学生选修他系之学科，特重中国文学系，盖中国文学与西洋文学关系至密，本系学生毕业后，其任教员或作高深之专门研究者，固有其人，而若个人目的在于：(1)创造中国之新文学，以西洋文学为圭臬，或(2)编译书籍，以西洋之文明精神及其文艺思想介绍播布于中国，又或(3)以西文著述而播布中国之文明精神及文艺于西洋，则中国文学、史学之知识修养，均不可不丰厚。故本系注重与中国文学系联络共济，惟其联络不在形式，即谓本系全体课程皆为与中国文学系相辅以行者可也。
>
> （徐葆耕，1995）

吴宓认为，外文系的学生选修中国文学系的课程，可实现三大目的：第一，以西洋文学为参照，创造中国的新文学；第二，编译外文书籍，在国人中传播西洋文明精神和文艺思想；第三，习得外语后，用外语写作，向西洋人宣传中国文明精神。外语专业研究生承担着创新中国文化、引入西方文明和传播中国文化的重任，走上工作岗位后是文化使者，是中西文化交流的桥梁，选修国学课程非常必要。

讲好中国故事、传播好中国声音是对外语专业研究生实践能力的考验，考验他们能否学以致用，能否在实践中发现问题、提出问题，能否富有创造性地解决问题，能否将问题上升到理论高度，形成研究课题。换言之,外语专业研究生要做到既能对内输入,又能对外输出;既能坚定信念守正,又能大胆开拓创新;既能从实践中来,又能回到实践中去。

弘扬中华优秀传统文化、坚定文化自信是"走出去"的基本内涵,加大文化素质培养的力度,才能扩大中国文化的国际影响力,使更多的国家认识中国,了解中国文化,尊重中华文明,树立积极正面的国际形象。外语专业研究生要能突破传统文化的既有疆域,大胆融入现代元素,这对提高中华优秀传统文化在其他民族文化中的接受度大有益处。

外语专业研究生除了具备较高的中国文化素养和创新能力外,还应当博闻强识,具备较高的外国文化素养。在外语专业研究生的知识结构中,中国文化和外国文化相辅相成,缺一不可。从目前的教育状况来看,英国文化得到了高度的重视,本科阶段开设的英国文化、跨文化交际等课程在整个课程体系中占有相当大的比例,但到了研究生阶段,这种涉及文化素养的课程却明显减少了,内容也缺乏深入的研究,因此学生很难将理论与实践相结合,很难做到辩证认识中国文化和外国文化之间的差异,导致文化底蕴薄弱、民族自信心与认同感不足。

习近平总书记发表在《求是》杂志上的《坚定文化自信,建设社会主义文化强国》一文中指出:"我们说要坚定中国特色社会主义道路自信、理论自信、制度自信,说到底是要坚定文化自信。文化自信是更基本、更深沉、更持久的力量。"中华民族有着五千年的灿烂文明史,语言是我们的一大文化资源,是我们国家尊严的象征,是文化的外在呈现方式。外语专业研究生只有学好汉语,夯实汉语表达能力,内心充满对祖国文字与文化的自信,才能在中国文化传播中真正做到得心应手、游刃有余。

3.文化自强与国学经典教育实施

“求木之长者,必固其根本;欲流之远者,必浚其泉源。”国学经典凝聚着中国人民数千年来的智慧结晶,是中华民族不可或缺的精神力量。但令人扼腕的是,如今许多学生在西方思想和互联网信息的影响下,忽视了中华优秀传统文化的重要性,对国学经典产生了认识上的误区和学习上的盲区。文化兴则国运兴,文化强则民族强。中华优秀传统文化蕴含着独具特色的理念、智慧、气度和神韵,蕴含着十分丰富的哲学思想、道德修为、人文精神,具有超越时空、跨越国度的价值和魅力,对于外语专业研究生的品格砥砺、智慧提升,对于践行社会主义核心价值观,都有着十分重要的文化滋养作用。

全境教育正是在深刻认同中华优秀传统文化的博大精深,并将其视为当代中国先进文化的源头活水的基础上,提出国学经典教育。为保证国学经典教育的质量,课题组编写了《外语专业研究生国学读本》作为教材,将中华民族在长期实践中培育和形成的独特思想、理念纳入其中,尽可能全面地阐释它们永不褪色的价值,包括仁爱、和合、大同、辩证等思想,敬业乐群、自强不息、扶正扬善、孝老爱亲等传统美德。这本教材是课题组坚守中华文化立场、传承中华文化基因,展现中华审美风范的一部力作,旨在引导外语专业研究生真正了解中华民族丰富多样的优秀文化,正确认识中华民族的文化思想和传统美德,实现国学教育与爱国主义、社会主义核心价值观教育的有机统一。

在实施过程中,我们特别重视开展研究性学习。全境教育的初衷,并不仅仅是让外语专业研究生通过阅读相关书籍领略中华民族的核心精神和审美情趣,会读、会写、会背国学经典教材中的选段,还要求他们拓展学习的深度和广度,深入探究传统文化所蕴含的思想精髓，找到与社会主义核心价值观的契合点。例如，在学习儒家经典《论语》和《孟子》时，教师可先提出“儒家仁爱思想的当代意义”这一命题，然后让研究生分组研讨，要求他们充分利用各种途径，如网络、专著、学术期刊等进行深入研究，追寻隐藏在国学经典背后的思想内核和历史故事，在此基础上形成研究成果（如研究报告、论文等），最后在教师的统一安排下展示出来，邀请专家或相关领域的同行进行评判，提高国学经典教育的深度和专业性。为促进师生们重视研究性学习，我们引入了过程性评价，将研究性学习的过程纳入平时考核，将学习成果纳入学习成绩评定，尽可能让教学管理的每个环节都紧扣教育目标。这种引领式的研究性学习有助于学生深刻领悟国学经典的思想内核，同时也能对接当代社会主义先进文化，实现跨学科互动与知识整合，优化学生的知识结构，提升批判性思维和创新思维能力。

中华优秀传统文化是具有实践性的。课内学习和课外研讨更多的是知识层面和思想层面的提升，社会实践才能让学生真正接触文化实体。全境教育高度重视实践活动，鼓励外语专业研究生在形成一定认知的基础上，积极参与根据课程开展的社会实践。通过参与活动，学生将课内所学与实践中的真实感受结合起来，深化了对中华优秀传统文化的认同。

课堂教学受教学时间和地点的限制，难以实现对国学经典的深入挖掘，教学中也很难兼顾每位研究生的兴趣爱好，因此，单一的课堂教学形式不能满足国学经典教育的需求。全境教育主张多渠道、多样化开展国学经典教育，课程设置中选修与必修结合，课外实践中讲座、研讨、特色活动并举，充分发挥国学教育的潜力。自2017年3月起，笔者组织了“苇间风沙龙”，定期举办讲座，涉及文学、哲学、数学等诸多领域，六年多来已累计开展活动近八十次，受到师生的广泛好评。沙龙吸引了西南大学各学院各年级的师生参与,还有重庆市其他高校的师生赶来聆听。尤其是自2021年3月开启在线直播以来,参与人数显著增加,多次讲座参与人数逾千人。讲座中涉及的国学经典如《论语》《周易》《红楼梦》等,总能引发线上和线下观众的深入思考,进行热烈的讨论与互动,在很大程度上激发了学生的学习兴趣。

必修课的目的是打牢基础,选修课则重在拓展,因此在课程设置中,基础性国学常识和经典篇目可以作为必修课,让外语专业研究生对国学经典有较为广泛的认知。待学生对国学的认知水平达到一定程度后,可给予学生足够的空间,让他们根据兴趣爱好选择一个具体课题开展深入研究。选修课和必修课的内容是分层次的:必修课的授课内容基本上是国学经典篇目,如《诗经》选读与注疏阐释、《文心雕龙》选读与学理结构研究等。选修课的授课内容相对灵活,任课教师可根据自身的学科特长和学生的兴趣爱好开展教学,授课内容可随时调整,如对四大名著的个性化解读、对诗词曲赋的对比性辨析等,都可纳入选修课程中。

融入时代,与时俱进,用发展的眼光看待国学经典,这是全境教育的初衷之一。当今中国正处于国内外各种思想激烈碰撞的时期,各种文化现象层出不穷,这给我们的传统文化和思想意识带来了严峻的挑战。在这个时间节点上谈论文化自觉、文化自信和文化自强,必然不能脱离中国当前的实际状况。全境教育主张紧扣时事热点,寻找国学经典与当前时事热点本质上的联系,用传统文化的思想内涵对热点事件进行解析,探寻传统文化在当代社会的现实意义和应用价值,让外语专业研究生真正见识到国学经典的价值所在,真正体会到国学经典的思想内涵与现实意义。

全境教育提倡在具体实施过程中深入浅出,系统建构,形成独具特色的国学经典教育。国学是中华文化的本源所在,国学经典教育不能囿于某一家或某一派,而要通过百家争鸣的国学思想,形成外语专业研究生的道德与价值观底色。国学经典教育对任课教师来说是有一定难度的。教师须有深厚的学养,能融会贯通,在给外语专业研究生阐释时才能有所深化,有体系地开展教学。譬如,在讲述孔孟老庄的哲学思想时,要先建立对不同思想体系的基本认识,再论述不同学派思想的相互融合。这种系统性的国学思想建构有助于学生形成对国学的整体认识,对他们的专业学习也是很有启发的。

明代张居正《翰林院读书说》有云:“根本固者,华实必茂;源流深者,光澜必章。”历史和现实都证明,中华文化犹如根本坚固的树木,在历史的进程中不断汲取营养、发展进步,从而形成了如今枝繁叶茂、果实累累的局面。究其原因,中华文化得益于既坚守根本又与时俱进,保持了坚定的民族自信,培育了共同的情感和理想、共同的价值观和人文精神。全境教育理论认为,国学教育应强调古为今用、洋为中用,要辩证取舍、推陈出新,其终极目标是以古人之规矩,开今世之生面,实现中华文化的创造性转化和创新性发展。

文化自觉、文化自信和文化自强是密切相关的一个整体,它们共同构成中国文化的主体性(余玉花,2014)。外语专业研究生在学习的过程中不可避免地受到西方语言对母语的前摄抑制影响,以及西方文化对母语文化的强烈冲击,因此更需要培养文化主体意识。落其实者思其树,饮其流者怀其源。绵延几千年的中华文化,是中国特色哲学社会科学成长发展的深厚基础。外语专业研究生要坚持不忘我们民族的根本,坚持中华文化的主体性地位,决不能失去独立性和自主性。中华文化是在传统文化的土壤里生出新根、发出新芽、长出新枝，不断壮大起来的，是其他任何民族文化都无法替代的，我们引以为傲的中华文脉将因此得以延续。

外语专业研究生要以“和而不同”[①]的态度吸收外来的先进技术和文化。中国自古就有接纳吸收他族文化的传统：唐玄奘西行取经，翻译的佛经丰富了中国的文化宝库；20世纪初，我们积极学习马克思主义，为中国文化带来了巨大的变革。吸收其他民族优秀文化不仅丰富了中华文化，更优化了中华文化，促进了中华文化的发展与创新。“和”意味着交融，“不同”指的是多样性，“和而不同”的实质就是追求多元文化的和谐融通。

主流文化的引领和多样化文化的发展，正是当今中国文化的独特之处。外语专业研究生的第一要务是学好自己的专业，同时也要继承传统文化，坚定文化自信，在学习中超越和创新，把富有永恒魅力的中华文化弘扬开来，对内为中华民族提供丰厚滋养，对外为世界文明奉献华彩篇章。

① 这里的“和而不同”不仅仅指中华文化与他族文化的共处，还指多元文化之间彼此相合、相融。

第三节　母语阅读与母语写作的部分缺位

1982年,《中华人民共和国宪法》明确赋予普通话法律地位。为促进语言和文化的多样性,2000年,联合国教科文组织将每年的2月21日定为国际母语日。随着全球化的发展,语言所面临的挑战日益严峻,某些语言正在逐渐消失。当一种语言消失时,与之相关的传统、思想、文化记忆和表达方式也会随之消失。这样一来,世界璀璨的文化会失去一分色彩。联合国教科文组织确定世界母语日,并以每年一个主题的方式来开展活动,正说明民族语言及文化对世界文明的重要性。显然,这是联合国教科文组织站在世界文明的高度推动各民族对母语及文化的重视。

站在民族和国家的立场,我们应思考如何学好、用好母语,如何传承好中华优秀传统文化,为世界文明增添属于汉语和中华文化的一抹亮色。中国的研究生,不论什么专业,都应该广泛阅读国学典籍,提高汉语写作水平,这是最基本的人文素质要求。对于以语言学习为主的外语专业研究生来说,国学经典阅读是语言输入,汉语写作是语言输出,二者涉及语言习得的两个阶段,前者是后者的基础,后者是前者的体现,二者循环往复,最终内化为学习者的语言能力。从语言习得的机制来看,外语专业研究生应广泛开展国学经典阅读和母语写作,这对专业学习大有裨益,还有助于捍卫汉语作为母语的主体地位,传承中华文化。

最近四十年,国外学者针对外语学习者的写作水平做了大量研究。结果表明,影响外语学习者写作水平的两大主要因素分别是学习者的母语水平(Zamel 1983,Raimes 1985, Cumming 1989)和

外语水平 (Pennington & So 1993, Sasaki & Hirose 1996)。研究者们发现,在外语水平中上的被试中,母语写作能力是中心认知能力,二语水平只是一个附加因素,二者都会对二语写作产生影响,只是影响程度不同。国内学者马广惠(2004)和王立非(2004)考察了汉语写作水平对英语写作的影响,他们发现被试的二语水平主要起到阈限的作用:如果写作者的英语水平在阈限以上,那么英语水平对他的母语写作会起到正迁移的作用;如果写作者的英语水平在阈限以下,母语对英语写作的作用很小或呈现负迁移特点。外语专业研究生的外语水平几乎都在阈限以上,因此可以肯定地说,扎实的汉语功底对他们的学业发展是有巨大推动和促进作用的。

那么,外语专业研究生的汉语功底到底如何呢?我们以英语专业为例来分析国内高校英语专业学生学习汉语的基本情况。大学本科阶段,学生的大部分时间和精力都放到了外语的听、说、读、写、译上,只有极少数高校为英语专业的学生开设了汉语课程,如大学语文、现代汉语等。此外,与专业课的小班授课形式不同,汉语课程几乎都是大班授课,五六十名甚至上百名学生在阶梯教室学习汉语课程。课程结束时,学生除了考试之外,几乎没有别的机会用汉语开展学术写作。可见,对于英语专业的学生,学校并未开设培养他们汉语写作能力的相关课程。本科阶段的学习结束时,他们的英语水平突飞猛进,而汉语水平与中学相比却进步不大。英语专业本科生在大学阶段学习外语的时间和精力,大大超过了学习汉语的时间和精力,外语课程的丰富程度和系统程度也远超汉语课程。当然,也有个别非常热爱汉语阅读和写作的英语专业学生坚持学习汉语,但这毕竟是少数。大多数英语专业的学生为了专业学习而忽视了汉语的学习,因此在本科生活结束时,他们的汉语写作能力基本处于停滞状态,甚至由于母语学习的缺位,汉语写作能力还会出现一定程度的下降。国内外学者的研究证明，这些汉语写作能力受限或下降的学生，他们的英语写作能力也会受到很大的影响。到了研究生阶段，出于课程学习和课题研究的需要，写作能力被放在了比以往更突出的地位，这就迫使外语专业研究生反思自己在汉语写作方面的不足，并想方设法去弥补汉语学习的缺失。这样，补修汉语课程尤其是国学经典课程的必要性得以凸显。

全境教育正是基于外语专业研究生的知识结构和能力现状，尤其是母语阅读和写作方面的缺失，努力将外语专业研究生置于中西语境之中，通过国学经典教育和母语写作训练，夯实他们的国学功底，筑牢他们的专业根基，拓宽他们的学术视野，落实立德树人的根本任务。

1. 母语阅读缺失与国学经典教育

认知心理学认为，人类对新事物的观察、认识和判断，对新问题的思考和解决，都在一定程度上依赖于已有的认知结构和经验。从这个角度来讲，外语学习者所掌握的外语知识是在母语知识结构的基础上逐渐习得的。这一点在外语初学者中表现得尤其突出。由于母语的学习规律和使用习惯已经在日积月累中形成，所以初学者们总会不自觉地用母语来理解和学习外语，甚至会将母语思维、知识和习惯运用到外语学习中去，通过对比、联想和翻译等方法习得外语。从这个意义上讲，语言学习不仅是对一系列语言符号的识别、记忆过程，还是一个心理认知过程（王改莉，2015）。由此我们可以推断，外语学习者的外语水平在很大程度受限于母语水平。一个母语使用起来左支右绌的外语学习者，他的外语能力也很难精进。

胡渝镛（2009）曾使用陆魁秋设计的一份中国文化常识问卷对

英语专业三年级的学生进行调查，结果发现学生中普遍存在的问题是中华文化（母语文化）知识相对匮乏，缺失现象比较严重。造成这一缺失的原因，在于外语专业的课程设置。据不完全统计，我国高校中开设中国文化概论课程作为必修课的寥寥无几，作为选修课的也不多。这门国学经典入门课在总课时中所占比例很小，在总学时里所占的比例就更小了。显然，母语文化并未得到应有的重视，在教学实施环节没有足够的支撑和保障。在这样的情况下，我们可以推断，母语文化缺失会导致学生的外语学习举步维艰。母语既是学习外语不可缺少的基础，又是可以利用的资源。基础的缺失会影响上层建筑，资源的匮乏则必将导致视野狭窄、知识浅薄。只有学好了母语，外语学习才会游刃有余。反过来，外国语言和文化的学习使外语专业研究生得以站在“他文化”的角度来反观我们的民族文化，有助于加深对母语文化的理解，更有助于他们在新的历史条件下把中华优秀传统文化发扬光大。

2018年6月2日，《人民日报》官方微博发布了北京大学、清华大学、复旦大学、浙江大学、中国人民大学、武汉大学、南京大学和中山大学共八所高校图书馆的图书借阅排行榜，居于前三位的书籍分别是《平凡的世界》《三体》和《天龙八部》，唯一进入前五十名的国学典籍是《红楼梦》。这从一个侧面反映出当代大学生的阅读状况，国学典籍遇冷值得人们深思。在外语专业研究生当中，这种情况可能更为严重，因为自大学阶段起他们就远离母语学习，传统经典文本对他们而言可能存在一定的阅读障碍，特别是文言文著作，外语专业研究生要读懂、读通、读透肯定是有难度的。然而，随着学业的推进，不深入阅读国学经典，外语专业研究生的语言能力和人文素养都会受到制约。在这样的背景下，全境教育提出国学经典教育，主张以课程（必修课或选修课）融入的方式推进外语专业研究生的国学研修,再辅之以课外实践活动巩固提高,以此促进外语专业研究生的学业发展和综合素质提升。四年的实践证明,全境教育理论指导下的外语专业研究生国学教育是卓有成效的。

随着21世纪经济全球化挑战的来临,倡导和坚持文化多元性已成为世界各国的理性选择。自觉发展和创新本国、本民族的文化,也得到国际社会的广泛认同。国学具有历时性的特点,故被视为民族精神文化的载体,被赋予了传承民族精神、弘扬民族文化的大任,成为全球化浪潮冲击下复兴中国文化、重塑民族之魂的一种策略与应答(杜霞,2012)。

什么是国学?是邓实(1906)所谓的“一国所自有之学”,还是相对于“西学”而言的“中国固有之学问”(汪震,王正己,2016)?中国现代历史学家、思想家钱穆(2011)曾说:“学术本无国界。国学一名,前既无承,将来亦恐不立,特为一时代的名词。”从这些对国学的阐释中,我们不难感受到,国学是在思想文化激烈碰撞的时代所产生的特有的概念,通常指一个国家或一个民族的核心思想文化和精神。清朝乾隆时期编撰的《四库全书》将国学分为经、史、子、集四部,章太炎的《国学讲演录》分为小学、经学、史学、诸子和文学。按照现代学科的分法,国学包括哲学、文学、史学、宗教学、伦理学、礼俗学、目录版本学等。一言以蔽之,国学是中华传统文化与学术的总称。

经典之所以成为“经典”,是因为它们具有超越时代的永恒性。全境教育提倡的国学经典教育,主张立足于中国现实的文化土壤,让国学典籍在现代诠释中获得新的生命。中华优秀传统文化是人类文明的源头之一,更是我们宝贵的文化和思想资源。修习、研读国学典籍能让外语专业研究生回溯人类文明的起源,尝试与传统对话,启发他们思考关于人类生存的基本问题,为当前的生活寻找新的阐释。经典文本是文学文本和文化文本的统一，它们既可以是文学文本，呈现作者的想象力和艺术才华，留给读者难忘的人物和情节；也可以是文化文本，展示文化意义上的人伦精神和历史维度，体现民族共同体的生存哲学、人性思考和形成性价值。通过阅读经典文本，外语专业研究生首先形成对语言、内容和思想的认知，然后在文化的框架下理解文本，进行更深层次和更广视域的思考与批判。

人们往往会将鲁迅所说的“取其精华，去其糟粕”作为开展国学经典教育的原则，但这“取”与“去”之间蕴含的智慧，绝不是区区八个字所能说清楚的。这取决于我们如何界定和理解国学经典教育，如何在现代理念的烛照下去探索传统的现代性创新。全境教育致力于开发富有特色的国学课程，丰富外语专业研究生的国学经典教育形式与手段。在这方面，我们考虑将国学经典作为一门独立的课程面向全体外语专业研究生开设，将典籍分阶段纳入课程，在总体上给学生架构一个国学体系，然后组织研究生开展专题式学习和研讨，通过诵读、研判、转写与评价等环节，开展自主探究式阅读和学习。

以儒家典籍《论语》为例，每次课前教师会通知研究生授课内容，提醒他们做好预习；授课时让学生个人或集体朗读，然后请他们根据小组选定的主题展开研讨。这部典籍可研讨的主题很多，有仁、礼、孝、义、和、信、德等等。经过读写训练后，教师以“孔子儒家思想的当代意义”为论题，请研究生根据自己的立场和观点组成辩论小组。从前期准备到现场辩论，从陈述立论到总结陈词，学生们根据自己掌握的文献形成观点，滔滔不绝地表达自己的看法，条分缕析地论证，不断发掘儒家思想在当代的新内涵。最为突出的是，由于每次课后都有一定量的背诵任务，所以在现场辩论中，这些研究生表现出对文本相当高的熟悉程度，几乎人人都能援引《论语》中的原文,包括著名人物和历史事件,这种自学探究的效果有助于深入探讨《论语》蕴含的思想与文化。

全境教育特别重视传统的语文学习方法,要求学生坚持朗读和背诵,强调记忆,在外语学习中如此,在母语学习中亦然。在阅读过程中,即使研究生们的主要精力在理解内容方面,他们仍然会有意识地去注意词语的搭配、句型的构建、意义的传达,然后把他们认为重要、有用的部分记下来。长此以往,外语专业研究生的汉语口语和书面语表达能力都有了显著的提高,不但能在措辞上做到准确清晰,还能在内容上做到言之有物、切中肯綮。

全境教育提倡的国学经典教育不仅要求外语专业研究生阅读量要大,而且要选择重点典籍中的篇目读熟甚至背诵。这一点并非首创。据说当年陈寅恪就告诉他的研究生,只听课不读书是做不好学问的。他给学生开列必读书单,特别强调精读熟读《资治通鉴》,不仅要读司马光的原文,而且要同时阅读《通鉴考异》与胡三省的注解(高贤栋,2020)。在中国教育史上,这样的先例还有很多。全境教育看到了这种教育方式有助于提高外语专业研究生的文献甄别能力和归纳总结能力,所以将其继承下来,并结合实际学情尽可能地发扬光大。

国学经典教育有效弥补了当前外语教育中母语阅读的缺失和以工具性为导向的职业教育的缺陷,着眼于培养高级外语人才的综合素养,促进外语专业研究生的全面发展。在教师的指导下修习国学经典文献,可以启发学生用新的眼光和视角来诠释其中的义理,帮助他们养成独立思考的习惯。在与经典持久而自然的亲近中,外语专业研究生自然而然地实现了对母语文化的深层体认,甚至将这种学习转化成一种受益终身的生活方式。

读经典的书,做有根的人,这就是全境教育始终贯彻的理念。

2.国学经典教育对写作能力的正迁移作用

当前高校“双一流”建设的重要任务之一，就是提高研究生的培养质量。当下提高文科研究生培养质量最要紧的两个关键环节，一是掌握专业化的学术阅读的基本要求与技能；二是学位论文写作的规训（辛逸，2009）。国学经典教育是课程组的教师们从多年的研究生教育实践中总结出来的经验，也是紧扣这两个关键环节、提高研究生培养质量的有效途径。

外语专业研究生在进入研究生阶段的学习后，会有两点非常深刻的体会：其一是基于本专业或本研究方向的学术文献阅读量大幅度增加，其二是写作能力（包括母语写作和二语写作）被提到了前所未有的高度。全境教育推行的国学经典教育特别重视学习原典，主张从国学典籍中追寻核心的思想文化，经过认真细致、实事求是的研究，形成自己的认识，得出自己的结论。国学经典教育对写作能力的提高是有效的。外语专业研究生的写作能力分母语写作和二语写作两个方面。阅读国学经典无疑能为母语写作提供优质的素材、高信度的论据、高屋建瓴的义理参照，典籍中言简意赅的语言和丰富的修辞手法也会对母语写作有很大助益。国内外许多关于二语写作的研究成果都表明，母语基础扎实、国学积淀深厚的外语学习者，在二语写作中更为得心应手，因为出色的母语能力会在二语写作中形成正迁移，这有助于写作者立足中西文化，写出思想深刻、表达准确、逻辑清楚的学术研究论文。

我国的四大古典名著是国学经典教育中的重点研读书目，对民族文化的书写起到了卓越的示范作用。《三国演义》是元末明初小说家罗贯中的长篇章回体历史演义小说，反映了东汉末年到西晋初年的历史风云，塑造了一群叱咤风云的英雄人物。《水浒传》是中国历史上最早用白话文写成的章回小说，也是具备史诗特征的作品，对中国乃至中亚的叙事文学都有深远的影响（汪思源，2016）。《西游记》是中国古代神魔小说的经典之作，深刻反映了明代的社会现实，达到古代浪漫主义长篇小说的巅峰。《红楼梦》则是中国封建社会的百科全书、传统文化的集大成者，是一部从各个角度展现中国古代社会世态百相的著作。这四部古典名著堪称中国古代文学的巅峰之作，具有永恒的艺术魅力，能使外语专业研究生深刻了解民族历史，体悟其中精深的写作手法，对他们写作能力的提升有很大的启发意义。

科研论文写作水平能够体现专业能力。人文学科最典型的写作特点就是引经据典。以文献引用为例，自然科学的文献引用主要在引言和讨论部分，前者梳理前人的研究成果，指出不足和可改进的地方；后者突出自己的发现及其价值。人文科学的文献引用则分布在全文各个部分，为增强论证的信度，往往直接引用专家或权威人士的论断，有时甚至是大段大段地直接引用。自然科学和人文科学的学科差异显著，外语专业研究生必须接受专门的语言训练，熟悉学术写作的话语范式，同时也要接受科研论文写作训练，深刻了解专业方向特有的研究方式。唯有如此，外语专业研究生才能真正融入学科领域，开展有效的国际交流。

我们发现，国内不少高校都为外语专业研究生开设了学术论文写作课程，但这种课程往往是以英语为中心的学术论文写作，很少有高校开设汉语学术论文写作课程。对于外语专业研究生来说，学术论文写作是学术素养和专业素养的必然要求，也是他们从事科研活动的一个极其重要的环节。国内高校的外语专业研究生普遍存在科研论文写作与发表需求。通过科研论文写作的训练，我们能够有效培养研究生们的信息素养、学术规范素养、批判性思维能力以及提出问题、分析问题和解决问题的能力（蔡基刚，

2020)。面对国内高校外语教育中母语写作的缺失,全境教育提出了一套成效显著、可供推广的国学经典教育模式。

第一,全境教育重视培养外语专业研究生的批判性思维能力。在具体教学中,教师们发现学生的文献储备不足和考证能力较弱会阻碍思辨能力的运用,这在文献综述中表现得尤其明显。北京外国语大学中国外语与教育研究中心曾深度调研19名外语专业研究生攻读硕士学位期间的学习和论文写作经历,聚焦文献综述的写作过程及感受,探讨学术写作语境中元思辨能力的构成要素,并结合案例阐释各要素的内涵。通过梳理将近50万字的文本数据,这项研究发现元思辨能力包括行为目的、角色定位和知识观三个要素,行为目的体现在个人发展认知层面、角色定位和知识观体现在写作任务管理层面(濮实,2018)。这项研究对外语专业研究生思辨能力的培养很有启发意义。全境教育提倡的国学经典教育,是从学生个人认知层面开展的自我教育、自我培养和自我提升,用于改善外语专业研究生思辨的内容、方式和程度,激励学生结合学科知识,主动甄别文献真伪、优劣,形成对知识价值的认识,系统表达自己的知识观,弥补写作任务管理层面的缺失与不足。

第二,全境教育注重文献资料的收集、整理和考证,以确保写作的严谨性。从事科学研究时,前期要做的工作是收集和整理文献。当文献收集到一定程度时,国学典籍之间的互文性就显现出来了:对同一个观点,往往会有不同角度、不同方式的多种论述。是照单全收,还是有所取舍?这是一个值得考虑的问题。全境教育对文献的基本态度是:收集要全,选用要精。具体来说,就是掌握的文献一定要尽可能翔实、全面,但写作时不能出于虚荣而去旁征博引,论据足够了就不再列举,只引用最权威、最必要的材料,避免冗余,力求简洁。

第三,全境教育鼓励外语专业研究生博览群书,这对外语专业研究生形成扎实的研究基础、开阔的学术视野至关重要。国学经典往往有多种版本和注疏,哪些版本是权威的,哪些版本的信度高,需要一一考证。在查找文献资料的过程中,除了传统的图书馆、资料室之外,还要充分利用现代信息检索手段,通过互联网、电子图书等最大限度地收集与选题相关的资料,这样才能全面把握选题价值及其争议性,以便根据实际情况不断修正自己的选题。

第四,全境教育鼓励研究生勤于笔耕。在广泛阅读国学经典的基础上,外语专业研究生的知识结构得以优化,科研能力得以增强,写作能力有所提高。为了巩固学习效果,增加写作训练的频次和强度是最有效的办法。在这个过程中,国学经典中有助于提升写作能力的部分不断内化为研究生的学养,帮助他们形成出色的母语或二语写作能力。

研读资料和记笔记也是学术写作中非常重要的部分。外语专业研究生必须独立阅读资料,运用自己的学识和判断力去甄别资料,采用多种方式记录下自己的发现与心得。需要特别注意的是,一定要严格区分自己的思考与国学典籍中的理念,二者一旦混淆起来,很可能会违反学术规范。在正式写作论文时,更要严格遵守文献资料的引用规范,文内引文和文末参考文献都有固定的格式,写作者要经常查对,避免出错。

国家对外语专业研究生教育目标的界定是:应具有坚实的外语语言文学的基础理论和系统的专业知识,了解本学科的当前状况和发展趋势;具有严谨、求实的学风和独立从事科学研究工作的能力,学位论文应有新的见解。要达到这些培养目标,研究生必须大量阅读本学科的文献,在大量的研读和写作实践中不断提高自己的概括和抽象能力(朱源,2003)。钻研和理解学术专著,独立且系统地博览群书,这是外语专业研究生的首要任务。

我国研究生的学术创新能力不足是公认的事实,其中最主要的原因在于研究生的知识结构不合理,缺乏学术创新所必备的学科前沿知识、研究方法知识、跨学科知识以及研究论文写作知识(吴照云,2007)。造成研究生知识结构不合理的原因是多方面的,包括课程设置不合理、导师指导不到位、教学监控机制不健全等。全境教育理念下的国学经典教育主张开设国学经典课程,增加母语阅读及写作课程的比例和课时,构建满足外语专业研究生个体需求的多元化课程体系。

3.全境教育视野下的国学经典教育

胡适在《〈国学季刊〉发刊宣言》(1923)中,将国学研究分为十类,其中就包含语言文字史。章太炎在《国故论衡》里用了十一章的篇幅专谈"小学"。1936年,陈寅恪在读完沈兼士的《"鬼"字原始意义之试探》后复函赞叹道:"依照今日训诂学之标准,凡解释一字即是作一部文化史。"(沈兼士,1935)。可见,每一个汉字都有它的历史渊源,修习语言文学者当从细读开始。

汉字是一种表意文字,具有多义性,蕴含的文化信息十分丰富,语言学家们曾经从汉字形体入手,考察出绵延数千年的古代文化,所以汉字不仅仅是文化的载体,它本身也蕴含了丰富的传统文化(王春玲,陈黔珍,2010)。倘若不懂某一词句的正确意义,只从字面上去理解,很容易望文生义,做出错误的判断,这也是学识不逮的表现。中华文明历史悠久,传统文化在当代的缺失是一个令人忧虑的问题。

诵读国学经典,推广国学教育,弘扬中华优秀传统文化,已成为时代的迫切需要。国学典籍彰显民族精神,是中华民族的文化瑰宝。通过阅读国学典籍,外语专业研究生能体味古圣先贤的文化追求，增强文化自信，同时也能启发和引导他们对国学大师的思想观念进行批判性思考，提升思辨能力和跨文化交际能力，有助于他们将来在国际交流中做到明事理、辨是非，坚定对中华优秀传统文化的信心。享誉世界的知名高校，如英国的剑桥大学、美国的哈佛大学，以及国内不少著名高校都将经典文本阅读看作实施通识教育、培养“全人”的最好方法(尹晶,2021)。

鉴于外语专业研究生的认知特点、生活体验水平和心理成熟程度，全境教育尝试由点及面地开展国学经典教育和中西方经典对比阅读，以此训练他们对主流价值观的感性了解和理性思辨。比如，我们在教学实践中尝试开展《三国演义》和《荷马史诗》的对比阅读，在充分理解内容的基础上，组织研究生分析中西方文学经典所展现的英雄主题，引导学生思考不同时期的道德标准、不同人群的行为动机等问题，从而形成完善的审美机制，构建扎实的道德根基，塑造正确的价值观念，培养高尚的社会情怀。

阅读中国古代文论是全境教育视野下国学经典教育的难点。比如唐宋时期的古文运动，明代的复古与反复古之争，代表人物都是当时有影响力的诗人。他们通过自己的创作推行自己的文学主张，引领当时的文坛风气和审美走向。中国古代文论呈现出一种堪称经典的写作范式，因此，外语专业研究生一定要精读中国古代文论，细细揣摩其行文和构思特点，积极吸收借鉴论证过程中的过人之处，提高自身的国学修养和写作水平。

德国语言哲学家洪堡特提出了语言的“世界观”这一概念。他认为外语学习不仅仅是学习语言，也不仅仅是学习文化，而是一种对“世界观”的沉浸式探究，因为每一种语言都包含着一种独特的世界观(Humboldt,1999)。潘文国(2001)把“世界观”具体定义为人类认知世界及进行表述的方式和过程。洪堡特和潘文国道出了语言与世界观之间的互动关系:一方面,语言折射出它的使用者所独有的对世界的看法;另一方面,人类对世界的认知依靠语言来表达和阐释。每一种语言都包含一套完整的概念体系和表述方式,可以看作人类总体认知的一部分,这是外语学习背后的哲学基础。对于外语专业研究生来说,学习外语的过程就是把自己原有的世界观(母语世界观)带入新的语言及其世界观,通过不断地比较、选择和平衡,深化对母语和外语的认识。所以,母语对外语学习的影响是客观存在的,母语修养的提高必然会带来外语学习的飞跃。

提升母语修养最有效的途径,就是阅读国学经典。源源不断地输入优质母语语料,会最大限度地激发外语学习者的母语潜能,进而促进外语的学习,这是全境教育提出国学经典教育的理论依据。在课程内容方面,以中国古代典籍为主,尽可能让外语专业研究生熟悉孔子、孟子、老子、庄子、荀子、墨子和韩非子等的主要思想。全境教育倡导启发式教育,主张让外语专业研究生自己去体会汉语的语用特征和表达逻辑,去领略中国文化中的审美情趣,去揣摩和演练汉语写作的实践路径。尤其值得一提的是,在这个过程中,外语专业研究生置身于世界文学的丛林之中,在任课教师的带领下开展各国文学的横向比较,既能开阔学识和眼界,又能提高鉴赏能力和写作能力。外语专业研究生的知识面拓宽了,文史哲打通了,母语和外语学习齐头并进,人文素养和专业素养也得以兼顾。

罗益民是全境教育理论的提出者。这一理论源于他长期的教学和科研实践。二十多年来,他带领研究生和博士后研究人员开展了广泛的学习与研究,除主攻莎士比亚研究外,还涉猎翻译研究、词典学研究、美学史与美学理论研究、英美诗歌与戏剧研究等多个领域。尤其值得一提的是,罗益民主编的有声绘本《给孩子讲莎士比亚》《让孩子读莎士比亚》获得广泛认可，2019年被加拿大皇家柯林斯出版公司回译为英语，作为优质童书被推广到西方世界。这套书以中华传统价值观来评判莎士比亚戏剧故事中的人物和事件，将母语文化的精神和气质化育其中，实现了中华优秀传统文化的核心精神与西方经典作品的深度融合，成为西方经典文学作品译介入中国的成功案例，同时又是中国文化“走出去”的一种创新形式。

全境教育视野下的国学经典教育是针对外语专业研究生母语阅读和写作缺失而采取的一种补偿方案，也是致力于提高研究生培养质量的一种大胆尝试。全境教育中的“全境”，涵盖母语语境、外语语境、历史语境、当代语境等诸多方面。这一理念的具体实践，就是让外语专业研究生置身于多重语境中，通过研读国学传承中华文脉，通过中西对比分析界定文化身份，真正做到洋为中用、古为今用，充分发挥国学经典的优势和长处，补齐外语学科的不足，改善学术生态，提升科研原创力。全境教育课题组主张改革外语专业研究生课程设置，组织编写国学经典教材，坚守教学一线，为落实高等教育立德树人根本任务、培养国家需要的高端外语人才而不懈努力。

中华优秀传统文化寄托了中华民族的精神追求，是我们最深厚的文化软实力，也是文化自信的历史依据。外语专业研究生要提升文化自信，就要继承和弘扬中华优秀传统文化，学习其中的精髓，并结合时代特征对其进行梳理和深入挖掘，激发其现代活力，实现中华优秀传统文化的创造性转化和创新性发展。

语言文字是文化的载体。外语专业研究生不仅要从浩如烟海的中国古代典籍中寻求智慧，正确理解典籍的深刻内涵，自觉规范使用汉字，更要解放思想、积极创新，充分发挥语言专业对传统文化的促进作用，真正参与到中国智慧和中国文化的创造中去，以严谨求实的态度和持之以恒的精神提升自己的专业能力和人文素养，以实际行动讲好中国故事，传播好中国声音，尽最大努力扩大中华优秀传统文化的影响力，不辱时代赋予的历史责任和光荣使命。

文明的演进，从来都是一个“既往”而“开来”的过程。没有对历史文化积淀的传承，无以开拓光辉灿烂的未来；缺少对未来的瞻望，传统就成了只能供远观的僵化之物。国学是中华传统学术文化的结晶，是自立于世界民族之林的标识，也是几千年来中华民族文化自觉、文化自信与文化自强的体现（汤万松，周庆元，2016）。今天我们传承和弘扬国学，在全境教育理念的指导下推广国学经典教育，正是文化自觉、文化自信和文化自强的彰显。

随着中国对外开放程度的不断加大，西方文化特别是英语国家的文化，正以前所未有的深度和广度影响着中国。外语教育领域由于长期强调外国语言及文化的输入，忽视了对母语文化的学习，致使母语文化面临被边缘化的危险。外语专业研究生作为高端外语人才，虽然具有相当程度的英语水平，但是在国际交往中，并未显示出来自文明古国和文化大国的学者所应具备的深厚文化素养和独立文化人格（从丛，2000）。全境教育提出的国学经典教育，旨在加强外语专业研究生中华文化素养的培养，通过一系列的母语读写训练，掌握中国文化的恰切表达方式。我们相信，坚持进行国学经典教育，外语专业研究生必定能真切、深刻地体会到中华优秀传统文化的博大精深，在日积月累中不断内化，逐渐体现在他们的谈吐和书面文字中。如此一来，民族认同感和民族自豪感能够真正落到实处，母语文化在跨文化交流中应有的地位能够真正确立。

在全球化背景下，全境教育课题组本着先进的研究理念和科学的研究方法，充分重视母语和母语文化在外国语言文学专业学习中的正迁移作用，即深厚的母语文化功底会对外国语言及文化的学习起到推动和促进作用。外语与母语的积极互动，会加深学习者对着两门语言的认知，即在生产性外语学习中，母语和目的语水平的提高相得益彰，对母语和目的语文化的理解相互促进；学习者的潜能得到发挥，人格向更加完善、更加健康的方向发展（高一虹，1994）。一言以蔽之，外语与母语是相互促进、相辅相成的关系。全境教育理论指导下的国学经典教育在充分尊重这一规律的前提下，致力于培养外语专业研究生的母语文化意识和外语文化观，真正做到知己知彼，两全其美。

文化自信是新时代的大问题，坚定文化自信，就是坚定民族的自尊、自强（陈先达，2018）。文化自信是一个国家、一个民族、一个政党对自身文化价值的充分肯定，对自身文化生命力的坚定信念。帮助外语专业研究生坚定文化自信，是外语教育的职责，也是外语教育研究的重要课题。国学经典是中国五千年历史积淀中的瑰宝，蕴含着深厚的人文意蕴和民族精神，值得每一位中国人以积极进取的精神去学习和领悟。

人类文明多种多样，世界文化多姿多彩。外语专业研究生关注外国文化的视野越广阔，滋润中华文化的养分就越丰厚。袁济喜（2013）在《国学十讲》中说，国学如果从完整的意义来说，乃是指运用现代立场和眼光来研究中国传统学术的一门学问，它包含两层意思：其一是传统学术的内容；其二是用现代眼光来阐释与创新传统的学术。放眼当下，中国的发展充满了挑战与机遇。外语专业研究生既要深刻领悟传统文化的主要精神，坚定不移地走好中国道路，又要善于欣赏和借鉴它山之石，与其他国家和民族的文化做到和而不同。《中庸》有云:“万物并育而不相害,道并行而不相悖”,这也正是全境教育秉持的理念。

面对外语学科的职业性西化和外语专业研究生的国学水平现状,全境教育以历史的眼光和文化的自觉,为外语专业研究生提供了学习中华优秀传统文化的契机,引导他们对当代中国文化进行理性审视,在潜移默化中练就他们对其他民族文化的包容与借鉴。《易传》有云:“天行健,君子以自强不息;地势坤,君子以厚德载物。”这是我们民族精神的集中体现。全境教育就是秉承着这种坚定的文化自信,努力推广国学经典教育这一长远的外语教育策略。在实践和推进过程中,我们始终坚守中华民族文化的立场,按照古为今用、洋为中用的根本遵循,在提升外语专业素养的同时学好母语,继承和发扬我们五千年一以贯之的传统文化。

参考文献

CUMMING A, 1989. Writing expertise and second language proficiency [J].Language learning (1): 81-135.

HABERMAS J, 1984. Theory of communicative action (volume 2): liveworld and system: a critique of functionalist reason [M].T. Mc Carthy, trans. Boston: Beacon Press.

HUMBOLDT W, 1999. On language: on the diversity of human language construction and its influence on the mental development of the human species [M].P. Heath trans. Cambridge: Cambridge University Press.

PENNINGTON M. C. & So S, 1993. Comparing writing process and product across two languages: a study of 6 Singaporean university student writers [J].Journal of Second Language Writing (1): 41-63.

RAIMES A, 1985. What unskilled ESL students do as they write: a classroom study of composing [J]. TESOL Quarterly (2): 229-258.

SASAKI M. & HIROSE K, 1996. Explanatory variables for EFL students' expository writing [J]. Language learning (1): 137-168.

ZAMEL V, 1983. The composing processes of advanced ESL students: six case studies [J]. TESOL Quarterly (2): 165-178.

蔡基刚,2020.期刊论文发表与研究生学术素养和专业素养培养[J].学位与研究生教育 (7):40-45.

常俊跃,2019.外国语言文学相近学科方向研究领域及研究内容异同对外语学科建设的启示[J].中国外语(5):31-35.

陈先达,2019.文化自信的本质与当代意义[J].求是(3):63-64.

陈新,1982.融会贯通,深入浅出——评周振甫著《文心雕龙注释》[J].文学遗产 (2):145-150.

陈宇飞,2011.我们时代的文化自觉与文化自信问题——学习中国共产党十七届六中全会精神[J].人民论坛(35):38-39.

从丛,2000."中国文化失语":我国英语教学的缺陷[N].光明日报,2000-10-19.

邓实,1906.国学讲习记[J].国粹学报 (7):12-17.

杜霞,2012.国学经典教育的尺度与分寸[J].教育学报(1):13-18.

费孝通,2004.论人类学与文化自觉[M].北京:华夏出版社.

付克,1986.中国外语教育史[M].上海:上海外语教育出版社.

高贤栋,2020.陈寅恪是如何指导研究生研究和写作的？[J].学位与研究生教育(4):11-17.

高晓芳,2007.晚清洋务学堂的外语教育研究[M].北京:商务印书馆.

高一虹,1994.生产性双语现象考察[J].外语教学与研究(1):59-64.

国务院学位委员会办公室,教育部研究生工作办公室,1999.授予博士硕士学位和培养研究生的学科专业简介[M].北京:高等教育出版社.

国务院学位委员会第六届学科评议组,2013.学位授予和人才培养一级学科简介[M].北京:高等教育出版社.

何莲珍,2021.新文科与外语学科建设:综合性大学的探索与实践[J].中国外语(1):8-9.

胡适,1923.《国学季刊》发刊宣言[J].国立北京大学国学季刊(1):13.

胡文仲,高一虹,1997.外语教学与文化[M].长沙:湖南教育出版社.

胡渝镛,2009.论学习者的母语和母语文化之缺失与补偿[J].黑龙江高教研究(8):68-70.

刘炳赫,于伟,2019.小原国芳"全人教育"的价值界定与理论探讨[J].贵州民族研究 (10):180-184.

刘凤霞,2020.国学课程的德育功能与实施策略[J].人民论坛(8):122-123.

刘伟,郭贵春,2016.言语语境与语境实在[J].科学技术哲学研究(5):31-35.

罗益民,2004.阅读经典与英国文学教学[J].外国文学研究(2):141-146,176.

罗益民,朱法荣,2021.文化自觉与文化自信:国学与外语研究生教育[A].文旭,徐天虹,2021.外语教育中的课程思政探索[M].重庆:西南师范大学出版社.

马广惠,2004.影响二语写作的语言因素研究[M].南京:河海大学出版社.

宁琦,2019.综合性大学一流外国语言文学学科定位与建设路径探索[J].外语界 (1):17-22.

潘文国,2001.语言的定义[J].华东师范大学学报(哲学社会科学版)(1):97-108,128.

潘文国,2001."两张皮"现象的由来及对策[J].外语与外语教学 (10):34-35,37.

濮实,2018.学术写作中元思辨能力的构成要素研究[J].外语界 (6):28-35.

钱穆,2011.国学概论[M].北京:九州出版社.

俞可平,2006.全球化时代的国家形象[A]//乔舒亚·库珀·雷默,等.中国形象:外国学者眼里的中国[M].沈晓雷,等,译.北京:社会科学文献出版社.

四川外国语学院高等教育研究所,1993.中国外语教育要事录(1949—1989)[M].北京:外语教学与研究出版社.

沈兼士,1935.《"鬼"字原始意义之试探(一)》附录[J].国学季刊(3):60.

沈骑,2019.新中国外语教育规划70年:范式变迁与战略转型[J].新疆师范大学学报(哲学社会科学版) (5):68-77.

史博公,朱自洁,2013.母语和外语:究竟哪个更重要——对我国近30年来语言教育体制的反思[J].现代传播 (3):144-147.

苏运蕾,2020.儒学文化自觉思想的现代意蕴[J].人民论坛(Z2):164-165.

汤万松,周庆元,2016.国学教育是文化自觉的彰显[J].湖南师范大学教育科学学报(4):2,129.

汪思源,2016.一生要读的国学经典[M].南京:译林出版社.

王春玲,陈黔珍,2010.国学传承与古汉语素养的培养[J].贵州社会科学 (9):55-58.

王改莉,2015.试论母语在第二语言教学中的正迁移[J].陕西教育(高教) (2):33-34.

王俊菊,2021.新文科建设对外语专业意味着什么?[J].中国外语(1):1,24.

王立非,2004.汉语语文能力向英语写作迁移的路径与理据[M].西安:陕西师范大学出版社.

王梅英,1998.重视传统文化教育 培养新型外语人才[J].黑龙江高教研究(4):94-95.

王文斌,李民,2017.论外语教育学的学科建构[J].外语教学与研究(5):732-742,800-801.

王震,王正己,2017.国学大纲[M].北京:民主与建设出版社.

文秋芳,2019.新中国外语教育70年:成就与挑战[J].外语教学与研究 (5):735-745,801.

吴照云,2007.对研究生学术创新能力培养的几点思考[J].学位与研究生教育 (11):19-23.

习近平,2019.坚定文化自信,建设社会主义文化强国[J].求是(12):4-12.

谢放,1995.中体西用之梦——张之洞传[M].成都:四川人民出版社.

辛逸,2009.学术阅读与学位论文写作规训:提高文科研究生质量的重要途径[J].中国高教研究(5):32-35.

徐葆耕,1995.吴宓与会通派[J].清华大学学报(哲学社会科学版)(4):28-39.

杨盈，庄恩平，2007.构建外语教学跨文化交际能力框架[J].外语界(4):13-21，43.

尹晶，2021.经典阅读与思政教育——英国文学课程思政体系之尝试性建构[J].中国外语 (2)：84-90.

余英时，1994.钱穆与中国文化[M].上海：上海远东出版社.

余玉花，2014.文化自强与和而不同[J].探索与争鸣(10):36-38.

袁芳，2006.试析外语教学中"母语文化"的地位与作用[J].外语教学 (5):67-70.

袁济喜，2013.国学十讲[M].北京：中国人民大学出版社.

张桂萍，王新凤，2001.母语在外语教学中的应用[J].山东外语教学 (3):82-84.

章学诚，2008.文史通义[M].长春：时代文艺出版社，2008.

朱源，2003.论文写作规范与研究生学术研究能力[J].外语与外语教学(7):25-27.

第二章　学术西化与方法论追风

第一节　西方理论影响下批评方法的唯西论

2001年，何其莘(2001:66)在给教育部的咨询报告中提出，“十五”期间，应加大在文学理论研究方面的投入，组织力量对20世纪西方重要的文学理论和文学思潮进行专题研究，搞懂几个问题，使我国的研究人员在这方面真正实现与西方学者的对话与交流。尽管该文也强调了外国文学的研究与中国文化结合起来的重要性，但是，他支持文学应该摆脱旧时经院式纯文学研究思路的束缚，开始研究文学与哲学、文学与宗教、文学与文化等跨学科的课题。

这个时期恰好也是外国文学领域的研究者出国学习的高潮期。盛宁于1984年赴美国，先后在哈佛大学、斯坦福大学进修，回国后撰写的《人文的困惑与反思》成为这一时期的里程碑式的著作。该著作在介绍西方文学理论的同时，也为之后我国的外国文学研究特别是英美文学研究定下了一个基调。盛宁在南京大学尝试以五本书作为英美文学专业的教材，分别是美国新批评派领军人物卫姆塞特(William Kurtz Wimsatt)的《语象》(*Verbal Icon*)、加拿大原型批评学者诺思洛普·弗莱(Northrop Frye)的《批评的剖析》(*Anatomy of Criticism*)、法国解构主义者德里达(Jacques Derrida)和耶鲁学派哈特曼(Geoffrey H. Hartman)等人的《解构主义和批评》

(*Deconstruction and Criticism*)、美国的乔纳森·卡勒(Jonathan Culler)的《结构主义诗学》(*Structuralist Poetics*)以及美国西方马克思主义学者詹姆逊的《语言的囚笼》(*The Prison House of Language*)。这五本书的问世时间都是在20世纪下半叶,最早的是1954年的《语象》,最晚的是1995年的《解构主义和批评》。

王逢振从美国加州大学归国后,先后出版了《今日西方文学批评理论:十四位著名批评家访谈录》《时间的种子》《政治无意识》《现代性、后现代性和全球化》《黑格尔的变奏——论精神现象学》,等著作。这些著作以推介詹姆逊及其西方马克思主义理论为主。

其实,在20世纪80年代,夏仲翼、钱中文等人就率先开始了对苏联形式主义哲学的介绍和引进,引起了国内英美文学研究者的注意。形式主义批评理论的勃兴,在很大程度上依赖于雅各布森(Roman Jakobson)等学者开展的研究,而巴赫金俨然成了形式主义批评理论的教父。当时国内对巴赫金的尊崇、对形式主义的多维度推介,可谓热火朝天:从1994年至2008年,国内发表的关于巴赫金的有影响的文章就有约380篇(根据CNKI统计),其中2008年就有36篇。1982年,夏仲翼引介了巴赫金对陀思妥耶夫斯基作品的研究。1998年,钱中文主编的《巴赫金全集》问世。2001年,百花文艺出版社出版了《巴赫金、对话理论及其他》。国内对巴赫金的研究达到了一个鼎盛时期,有影响的佳作很多,如郭宏安的《批评是一种对话——读托多罗夫的<批评之批评>》,晓河的《巴赫金研究在中国》,凌建侯的《史学视野中的巴赫金狂欢理论》,等等。

但是,以"形式主义"为关键词所搜索到的文献资源,大部分对形式主义依然持否定态度。陈建华、耿海英(2009)认为,形式主义一词并不是一个纯学术词语,而是一个含有意识形态意味的政治词语。这种评价虽然在中国并没形成主流,但对"形式主义"的简单理解显然对它的接受起了误导作用。20世纪60年代,法国的克里斯蒂娃(Julia Kristeva)和托多罗夫(Tzvetan Todorov)把巴赫金介绍到西方。之后,在中美国际比较文学研讨会上,西方视野下的巴赫金传入中国。赵志军(1997)率先明确地把巴赫金称为“形式主义者”。张冰(1999)更加审慎,说巴赫金与形式主义观点(比如“陌生化理论”)存在更多的亲缘关系。

其实,“形式主义”这个词语正如童庆炳(2008)借用雷蒙·威廉斯的“感觉结构”一语,是汉语中一个难以言说的所指。广义上它是个贬义词,在学术上也易招误解。

美学上的形式主义更强调对艺术作品本身的结构、体裁等内在因素的分析和理解,而不过于关注作品以外的其他因素。但是,语言风格、叙述视角、修辞等形式特征历来被认为是附属于作品内容和思想的次要项目。因此在艺术研究中,文论家和美学家们强调应提高对它们的关注度。他们提出了“文学性”“陌生化”“纯形式”等概念,力图获取独立的学术地位。在西方,这股力量最终形成了一场浩浩荡荡的思潮。

在这股思潮中,最为成功的莫过于女性主义,它在中国也产生了较为广泛的影响。英国的女权主义批评本质上是马克思主义的,她们更关注压迫;法国的女权主义批评本质是心理分析的,她们重视压抑;而美国的女权主义批评则是文本的,致力于表达(Showalter, 1982)。而我们的女性主义批评则变成了另一种样子。女性知识精英致力于介绍引进西方学说。高校的学者则热衷于运用这些理论来解读中外文学作品,尝试从里面读出女性“受压迫”的各种证据。这种风潮在20世纪90年代达到了巅峰。

诚然,相比于晦涩难懂的结构主义、解构主义,女性主义更容易理解。按理说,如此热火朝天的研究工作,女性主义理论在中国应该蓬勃发展才是。但是，到了90年代末，女性主义理论就已经开始失势。正如陶洁所说的，年轻一代女性又重新选择回到了家庭，根本不觉得权利来之不易[①]。一些客观原因决定了女性主义理论的宿命：第一，它成为一小群学术精英的私人领地；第二，它进行的本土化尝试是理想化的，但西方与我国有着迥然不同的历史背景，这是多数女性主义学者没有认真考虑的；第三，它没有学术积淀，或者至少学术积淀不足。

其他理论的引进者显然意识到了这些问题，特别是在理论建构方面，他们从来没有停止过努力。1980年，李幼蒸在《克劳德·列维-斯特劳斯》一文中对结构主义哲学及其代表人物进行了梳理。他并不是第一个将结构主义介绍到中国的人。1979年，袁可嘉就发表了《结构主义文学理论述评》，对肇始于法国的这一理论作了概述，距克劳德·列维-施特劳斯（Claude Levi-Strauss）发表《神话的结构研究》（*The Structural Study of Myth*）也才20来年。李幼蒸对推动结构主义思潮传播到中国做出了不小的贡献。他翻译的布洛克曼（J. M. Broekman）的《结构主义：莫斯科-布拉格-巴黎》（*Strukturalismus*）一书于1980年由商务印书馆出版，推进了结构主义在中国的传播。

之后，国内各大刊物开辟专栏、举办研讨会，对结构主义进行深入探讨。许多出版社则推出了大量关于结构主义的译著。1987年，辽宁人民出版社出版了董学文和王葵翻译的罗兰·巴特（Roland Barthes）的《符号学美学》（*Éléments de Sémiologie*）；商务印书馆出版了李幼蒸翻译的列维-施特劳斯的《野性的思维》（*La Pensee Sauvage*）；上海译文出版社出版了瞿铁鹏翻译的特伦斯·霍克斯

① 2002年11月21日，陶洁教授在四川外国语大学所做的关于女性主义批评的讲座中曾经说到，电视剧《渴望》的成功使中国妇女运动倒退了10年。但本人以为，《渴望》的成功恰好说明我们的女权运动和批评理论并没植根于社会底层大众，而过分强调了文艺批评的理论性，忽略了文学作品自身的功能。

(Terence Hawkes)的《结构主义和符号学》(*Structuralism and Semiotics*)。1988年,三联书店出版了刘豫翻译的罗伯特·修斯(Robert Scholes)的《文学结构主义》(*Structuralism in Literature*);上海译文出版社出版了尹大贻翻译的伊迪丝·库兹韦尔(Edith Kurzweil)的《结构主义时代——从莱维-斯特劳斯到福科》(*The Age of Structuralism*)。1991年,中国社会科学出版社出版了盛宁翻译的乔纳森·卡勒的《结构主义诗学》(*Structuralist Poetics*)。

但是,和女性主义相似,当学者才把结构主义领回家,打算细细品味的时候,它又成了明日黄花。其实,率先抛弃结构主义的并不是我们,而恰恰是法国人自己。列维-施特劳斯的研究领域并不是结构主义,而是神话学和人类学。1959年,他当选法兰西公学院社会人类学系主席后,就抛弃了结构主义的方法。虽然弗朗索瓦·多斯(Francois Dosse)所著《结构主义史》(*Histoire du Structuralisme*)的封面上画着福柯、拉康、列维-施特劳斯和巴特,但这四个人却没有一个标榜自己是结构主义者。1967年,巴特发表了《作者之死》(*La Mort de L'auteur*),彻底与结构主义划清了界限。

这也许是中国的结构主义学者们不了解的。因为多数学者在国外学习的时间多则七八年,少则一两年,对国外学术界所发生的一切无法全面了解。几乎每一批出国的学者都会将一种新理论带回国内,却看不到它们的传承关系,也不了解之后的发展趋势。

解构主义就反映了这样的现象。德里达1966年所做的演讲“人文科学话语中的结构、符号与游戏”说得很直接,这不过是一场“游戏”,而中国的解构主义理论引介却轰轰烈烈地展开了。解构主义本来是法国人的“游戏”,但经过耶鲁大学的保罗·德·曼(Paul de Man)、希利斯·米勒(Joseph Hillis Miller)等人的推介,俨然成了美国的学术思想。张首映(1999)在他的《西方二十世纪文论史》中就介绍了保罗、米勒、布鲁姆(Harold Bloom)、哈特曼(Geoffrey Hartman)等四人的学说。这四人所代表的解构主义在中国产生了巨大的影响。非常有趣的是,当年积极引介解构主义的,都是三四十岁的年轻人。1987年,王宁发表《后结构主义与分解批评》的时候才32岁。同年,伍晓明翻译出版了伊格尔顿(Terry Eagleton)的《二十世纪西方文学理论》(*Literary Theory: an Introduction*),当时他只比王宁大1岁。1992年,申丹发表《从劳治和米勒的重复模式看西方小说文体学的局限性》的时候刚刚34岁。1988年,赵一凡发表《耶鲁批评家及其学术天地》的时候才38岁。

当然,对解构主义的引介并不是无条件地全盘接受。伊格尔顿在他的书中对解构主义是批评为主,赞扬为辅,这也是引介解构主义的中国学者们所持的态度。他们努力使解构主义理论和马克思主义学说顺利接驳。例如,陆扬的1988年发表的《解构主义简述》就认为德·曼的解构方法既无新见,又似是而非。

1995年,张德劭翻译了艾布拉姆斯(M.H.Abrams)的《解构主义的天使》一文。这篇文章在美国影响甚大,但在中国却反应平平,或许是因为新批评派实在不够"新"。新批评派的"细读""反讽""隐喻"等听起来不仅不时尚,还带着浓浓的经院式纯文学研究的味道,不如解构主义的"延异""消解""视域"等听着玄而又玄,高深莫测。

对解构主义的批评丝毫没有影响年轻学子们对它的崇拜。在他们看来,以前的都是过时的,错误的,应该被推翻的;而现在的都是创新的,前沿的,所以是正确的。因此,结构主义还没有阐释清楚,就来了解构主义;而解构主义还没有弄明白,后现代主义又来了。

中国对后现代主义的接受几乎和它在美国的勃兴是同步的。1980年,董鼎山发表了《所谓“后现代派”小说》,正式将这一文学思潮介绍到中国,但没有产生多大影响。1985年,詹明信(即美国学者弗雷德里克·詹姆逊)先后在北京大学和深圳大学做了演讲,随后以“后现代”为主题的著作和论文开始迅速增长,尤其是1992年以后,以每年新增近百篇的速度增长,直到2008年才开始下降。这20年多间,书名中包含“后现代”的中文著作超过1000部,以“后现代”为主题的论文超过15000篇,其声势不可谓不浩大。

1992年,北京大学出版社出版了王岳川编译的《后现代主义文化与美学》,共收录了欧美27位学者的论著。其中,既有美国的伊哈布·哈桑(Ihab Hassan),也有欧洲的哈贝马斯(Jürgen Habermas)、利奥塔(Jean Francois Lyotard)、福柯(Michel Foucault)等人,但是来自法国、德国的人数明显少于美国。客观地讲,哈贝马斯、福柯都没有声明自己是后现代主义者。倒是英国的史蒂文·康纳(Steven Connor)在其所著的《后现代主义文化》(*Postmodernist Culture*)的第四章中,将利奥塔、大卫·哈维(David Harvey)、詹明信、林达·哈奇逊(Linda Hutcheon)等人归为了后现代派。诚然,这些哲学家们都有标题中包含“后现代主义”的著作。如果这样算起来,那么中国的后现代主义者一定是世界上最多的。

然而,后现代主义的热潮还没完全退去时,女性主义就卷土重来了。后女性主义、后马克思主义、后人文主义、后殖民主义等等,只要加个“后”字,顿时变成了“前沿”。这些理论更替的速度,往往连两年都不到。从切莉尔·格罗特费尔蒂(Cheryll Glotfelty)1996年出版《生态批评读本》(*The Ecocriticism Reader*),到卡伦·沃伦(Karen J. Warren)1997年出版《生态女性主义:女性,文化和自然》(*Ecofeminism:Women,Culture,Nature*),只相隔了一年。而形式主义、结构主义等思潮的衍生，前后相距多则八九年，少则五年。正所谓“你方唱罢我登场”，都是为他人做嫁衣裳。对于大多数普通学子来说，消化传进来的各种“主义”尚且需要时间，至于运用到研究中就基本谈不上了。

需要提到的是，在这一时期，我国研究生教育的发展几乎和西方理论的引进是同步的。1977年，我国恢复研究生培养制度。1978年，全国共录取硕士生10708人。1978年，教育部派出首批出国留学人员。1980年，教育部派遣2124人出国留学。[①]到1982年，全国在高等学校和科研机构攻读博士、硕士学位的研究生有25847人。1983年，这个数字达到37166人。[②]2001年更是达到了165197人，其中文学方向首次突破万人大关。2002年招生人数202594人，2003年为268747人，每年几乎新增五六万人。[③]

这个时间段恰好是各种“后某某主义”轮番登场的时期。照理来说，学生的学术素养是随着学习年限的增加而提高的，但在这个时期，却出现了新入学的研究生比二、三年级的学生看起来似乎更有学术能力。因为当二、三年级的学生正在消化入学时才了解的某个主义的时候，新生则用另一个新鲜的某某主义来批评他们不够“创新”了。一时间，似乎谁掌握了西方的新东西，谁就掌握了当代文学理论的话语权。

这种现象对我国的文学研究造成了一定的影响。关于各种主义的论文大量涌现，甚至出现了一些深奥的论文题目，如“解构主义女性主义批评初探”、“跨国女性主义文化研究：超越马克思主义/后结构主义/女性主义的分际之外”、“走向生态女性主义批评：生态

① 参见中华人民共和国教育部计划财务司. 1984. 中国教育成就：1949—1983. [M]. 北京：人民教育出版社。

② 参见中国学位与研究生教育发展报告（1982—2003）[Z]，载于《中国高教研究》2005年第4期。

③ 参见国家教育委员计划建设司编制的1995年到2001年各年度的《中国教育统计年鉴》。

女性主义对女性主义的生态解构与重构”等。这类题目动辄几个“主义”叠加,大多出现在90年代下半叶以后。字数不到四五千字的论文,就同时陈述三到四种主义。

从文章内容来看,这些文章主要采用欧化的表达法、深奥的术语以及长句。例如:

> 生态女性主义旨在探讨男人统治妇女与人类统治自然之间内在的联系及其实质,主要揭示西方文化中占主导地位的等级思维、价值二元论和统治逻辑等所编织的压迫性观念框架对妇女和自然进行压制的内在文化机制,明证任何不把这两种统治形式联系起来的女性主义理论和环境伦理既不全面,也不深刻,因而无论在理论上还是在实践上,都不可能有效、彻底地解决性别歧视和自然歧视问题,甚至有可能进一步恶化妇女的境遇和环境形势。

> 然后,译者主体性却由此不自觉地滑向了无限制张扬。当这种主体性膨胀到极致时,其发现自身无力承担起现实翻译中理论与秩序的构建,只得任由文本意义滑入语言虚无论的泥潭,这也使得译者丧失了最基本的安全感,从而不知何去何从。

这些论文很少使用短句,关联词使用频率高,术语叠加,喜欢用“论”“某某性”“构建”等字眼。据连淑能(1993:64)统计,英语有的句子可长达100至200个单词,甚至长至整个大段,而汉语最佳长度为7至12字。这些论文明显不符合汉语的表达习惯,而更倾向于英语的表达习惯。

当然,有的西方文论译介可能是因为译者心态急切,出版的时间仓促,所以造成很多译作没有对新术语和陌生语言进行仔细斟酌。很多译者难以做到像林纾那样"一名之立,旬月踌躇"。然而,多数西方学者也反对冗长拖沓的句式。正如米勒(2013)所说,我们被教导说要直言真相,尽可能不要使用复杂的语言。而有的译者把简单直白的表达变成了语焉不详的大长句,加上意义含混的术语。

实际上,无论汉语还是英语,拖沓冗长的句子都是受到批评的。无论东方还是西方,科学研究从来都要求简洁明了,脚踏实地,言之有物。

试举两例外语专业本科生所写的英语句子:

> In the face of the increasing epidemic prevention and control work, people can see that local governments have taken necessary emergency measures, such as closing the management area, not going out unnecessarily and so on.

> With the globalization of the world economy and China's further reform and opening-up, cross-cultural exchanges between eastern and western countries and nations have become increasingly frequent, which bring a variety of cultural conflicts as people from different cultural backgrounds communicate with each other more and more.①

笔者在和学生沟通的过程中发现,学生认为句子越长显得越正式,越有学术性。但是,如上两句,冗长的句子势必使得原本就

① 上述两句均出自笔者所教学英语专业本科四年级学生论文习作。

语言水平薄弱的学生马上顾此失彼,语法错误层出不穷。应该说,这和我们这些年来在研究生培养中过分强调理论化、过分强调创新不无关系。大多数学生在这种思潮的影响下,既缺乏老老实实读书的耐心,也缺乏脚踏实地的研究精神。

作为一个文学研究者,如果冷静下来,稍加回味,就会发现一个问题:这些“主义”与文学的关系是什么?

女性主义也罢,后现代主义也罢,解构主义也罢,后殖民主义也罢,它们都没有忘记在自己的理论系统中拿文学来说事。但是反过来,文学在这些“主义”中,更像是一个任人打扮的小姑娘。我们回头来看,从20世纪80年代至今传入我国的各种“主义”,和西方国家这几十年的历史进程是密切合拍的:冷战、苏联解体、女权运动、全球化、难民危机,等等;而这一切和我国的改革开放却是难以交叉的平行线。

也许我们忘了很重要的一点:文学就是文学,文学不是政治学。如果某种“主义”喜欢谈政治,那么大学就不应该把关于它的教学放在文学专业里面。这就回到了最本质的问题:文学到底是什么?

比如,《奥赛罗》如果不是后殖民主义的作品,那它是什么?如果《藻海无边》不是女权主义的传声筒,那它是什么?我想,刘勰(2012:9-10)在《文心雕龙》开头的一段话或许能够最贴切地回答文学到底是什么:

> 夫玄黄色杂,方圆体分,日月叠璧,以垂丽天之象;山川焕绮,以铺理地之形:此盖道之文也。仰观吐曜,俯察含章,高卑定位,故两仪既生矣。惟人参之,性灵所钟,是谓三才。为五行之秀,实天地之心,心生而言立,言立而文明,自然之道也。

> 傍及万品，动植皆文：龙凤以藻绘呈瑞，虎豹以炳蔚凝姿；云霞雕色，有逾画工之妙；草木贲华，无待锦匠之奇。夫岂外饰？盖自然耳。至于林籁结响，调如竽瑟；泉石激韵，和若球锽：故形立则章成矣，声发则文生矣。夫以无识之物，郁然有采；有心之器，其无文欤？

文学就是文学，是文字的艺术。它是天地山川的投射，只有人可以理解，并且“形立则章成矣，声发则文生矣”。这点前人早已看得透彻，论得清楚。《昭明文选》中说：“诗者，盖志之所之也，情动于中而形于言。”王国维（2009：478）也说：“诗人对宇宙人生，须入乎其内，又须出乎其外。”所以，我们有我们的批评工具，我们有我们的文学理论，不是只有西方的文学理论才算理论。

正如莱昂纳多·内多夫（Leonard Neidorf，2018）所说，在众多英美高校的文学专业之中，这个主义那个主义并不是文学的主流。真正的文学研究依然秉承着“天然现实主义”的学术经典道路，将作品读细读透，厚积而薄发。这种研究方式和我国的传统文学研究一模一样。可见，真正的学术研究，无论是东方还是西方，都不是要推翻一切前人。读书、求疑、阐释依然是英美文学研究安身立命的基础，依然是文学院学生不可罔顾的研究手段。

在西方，当年的“颠覆者”如今大多已重新回归传统。新历史主义的导师格林布莱特（Stephen Greenblatt）编辑了《诺顿文选》。解构主义者哈罗德·布鲁姆（Harold Bloom）从荷马、但丁到莎士比亚、巴尔扎克、狄更斯，一本一本地逐一解读，再也不提解构的事情了。用李希特（Richter，2007）的话来说就是，强调现代和后现代并不意味着消灭所有古老的经典。确实，莎士比亚如今的拥趸和以前一样多。

那么,为什么在其他国家学术领域的一次次不大不小的波澜,在我国却造成了巨大的影响?这主要在于三个方面:

第一,过度依赖西方近几十年的学术思潮,尤其是20世纪50年代从欧美各个高校开始的理论倾向。对于这场潮流,拉曼·谢尔登(Raman Selden,2005)有很经典的评价:“理论似乎算是相当冷门的专业,它只有文学专业里面的少数几个人关注。这几个人实际上应该算是哲学家,却假装是文学评论家。”诚如他所言,理论研究并不是文学专业的主业,从事理论研究者也只是少数几个人。传到中国后,却研究者甚众。

第二,汉语西化现象的加重。汉语受外来语的影响,从古至今都存在。但近十几年来,汉语西化的现象加剧,远超历史上任何时期。很多文章读来晦涩不通,原本简单的内容变成冗长的句子和艰深的术语,失去了汉语言简意赅、简洁明了的优点。

第三,学术传承体系的断档。对于西方理论的热衷,如果是短短几年尚且问题不大。但是,如此长期、大规模地推行,已经造成了引导效应。其结果就是,很多研究生、年轻学者都没有认真读过几本文学著作,相反,通过亚马逊或者国外访学带回几本最新的西方理论著述,随后就张口“拟像”“悬置”,闭口“母题”“他者”了。

人文专业历来是一个讲究薪火相传、厚积薄发的领域。现在,很多研究生读书之少令人意外。研究勃朗特的没有读过《简·爱》;研究乔伊斯的没读过《尤利西斯》;研究哈代的没读过《苔丝》,这样的学生大有人在。他们的实证研究都缺乏深度,没有实质性的内容。

回顾一下西方理论引介历程,我们就会发现:我们的理论引介是从上到下一以贯之的,而不是平面铺开、多渠道引入的。这场浪潮从一开始就有一个不得不克服的龃龉:在欧美国家百花齐放式的(结构派、阐释学、西方马克思主义、后殖民主义等等)理论热潮,却都是从单一渠道传入中国的。这种多元的理论思潮和我国的一元式引介,从一开始就有点方枘圆凿的味道。

但是,这一风向并没有被高校的学生捕捉到。在他们的理解中,旧马褂必须先扔掉,新马褂才一定可以崭新地穿起来,否则就不叫“创新”。于是,原本在西方各有所属的思想流派,在中国形成了“长江后浪推前浪”的景观。每一种新引入的理论都是对前一种理论的否定,而否定的理由只有一个:不新了。如前所述,西方的批评哲学家们自己都图变心切,倡导革新。从尼采到福柯,以至当今各家各派,批判思潮起伏跌宕,不断突破人文传统,引领西方学术改造(赵一凡,张中载,李德恩,2006)。而我们则赢粮影从,试图抢夺一块块学术阵地。

第二节 西方理论与方法在语言文学与翻译专业中的权重研究

为了真实反映西方理论与方法对语言文学与翻译专业的影响,我们采用了权重研究的方法。权重研究是指在一定时期内,对某一要素在特定领域中的百分比及其导致的情况的调查。它在很大程度上反映了该领域的整体水平,是评价该领域内在价值和质量的重要因素。因子分析法是计算权重的常用方法。因子分析是从所研究的全部原始变量中将有关信息集中起来,通过探讨相关矩阵的内部依赖结构,将多变量综合成少数因子,以再现原始信息之间的关系,并进一步探讨产生这些相关关系的内在原因的一种多元统计分析方法(汤梦玲,2005)。这种方法在提取因子时,能确保数据信息量丢失最少;在确定权重时,规避了人为给定权重带来的评价误差,是提炼因子并确定其权重较为客观和理想的方法。

如前所述,语言文学与翻译专业方面的西方理论与方法的引入,主要发生在20世纪80年代末到90年代。要对这一时期西方理论与方法对我国的语言文学与翻译专业的影响进行权重上的考量,必须回答如下三个问题:

第一,在80年代之前,我国的文学和翻译研究状况是怎样的?

第二,这段时期的西学引进,对我国的语言文学与翻译专业产生了什么影响?

第三,如何对这些影响进行客观评价?

为了回答这三个问题,我们在设计调查方案的时候,要对若干影响因子加以厘清。在对问题进行调查统计前,我们先要界定研究对象、研究范围(包括时间、空间等)并设计研究方案。

一、研究对象的确定

在此处，我们从纵向上将研究对象划分为三个大类：第一类为高等学校外语专业培养方案、教学大纲等文件；第二类为期刊上发表的论文；第三类为学生的毕业论文。

本章将研究的范围界定在英语语言文学与翻译专业培养方向内，不包括社科类其他培养方向。具体原因是，从1978年开始，教育部派遣留学人员出国学习，首要的条件就是外语水平。1978年8月4日，教育部下发《关于增选出国留学生的通知》，其中就明确提出，出国留学生需参加全国外语统考，由教育部统一命题，1978年9月15日举行考试。这么短的时间从选拔到审核再到报送和考试，只有京沪地区有时间准备，北京还举行了考前培训，而其他地区由于时间仓促，报送人数非常少。结果就是通过外语考试的人严重不足，即便后来降低了分数线，合格的人数依然非常少。

当时国家提出，出国学习的专业要以自然科学和工程技术为主，但也要派出一定数量的人员考察和研究外国的政治、经济、法律、教育和语言等。语言是思想的体现，技术是思想的创造。外语学习者具有更加快速地吸收、消化外国知识和文化的能力。而且，在随后的留学教育中，外语类也一直在人文学科中占比最高。苗丹国、管秀兰、杨晓京(2018)所著的《改革开放40年出国留学事业的回顾与前瞻》中记载，从20年内选派20多万人的学科专业来看，外语类占12.71%，经管类占10.83%，法学类占4.76%，可见外语类在人文学科中占比最高。

结合以上因素，本书将权重研究界定在英语语言文学与翻译专业上。在西方理论和研究方法上，以对英语语言文学与翻译专业影响较大的20世纪西方文论作为考察对象。

二、研究范围的界定

在第一节中我们提到，我国研究生教育的起步和留学工作几乎是同步的。当时中国派遣本科留学生的基本政策被确定为：除从国内高等院校高年级学生中选拔少数人出国留学接受本科教育，以培养高等院校外语师资和高级翻译人员外，其他专业一般不再选派接受本科教育的大学生（于富增，江波，朱小玉，2001：131）。所以，我们的研究范围界定在我国改革开放后首批派遣出国的留学人员的1978年开始，至2010年结束。

三、调研方案的设计

我们共设计了三个方案来进行研究。

方案一

第一个方案为1978年至2010年间热点词汇使用频率的变化调查。根据相关著述，我们提炼出19个关键词：表现主义；象征主义；生命直觉主义；精神分析；形式主义；新批评；结构主义；文学现象学；文学阐释学；接受美学；新马克思主义；存在主义；解构主义；后现代主义；女性主义；新历史主义；后殖民主义；生态批评；生态女性主义。

我们这19个词进行了因子权重考察。因子权重是指在其他因子不变的情况下，某一因子的变化对结果的影响，即该因子对指标的重要程度。

我们以上述19个词作为检索词汇，在知网检索了学术期刊、学位论文、图书、学术辑刊、会议论文与报纸，并设定时间范围为1978年至2010年，学科包含世界文学、外国语言文学、戏剧电影与电视艺术、文艺理论、高等教育、美学、哲学、文化等门类，检索条件为“篇名+关键词+摘要”。通过检索得出下表：

表1　知网统计19个关键词各年度数量表

	1978	1979	1980	1981	1982	1983	1984	1985	1986	1987	1988	1989	1990	1991	1992	1993	1994	1995	1996	1997	1998	1999	2000	2001	2002	2003	2004	2005	2006	2007	2008	2009	2010
表现主义	0	1	0	5	3	9	7	9	16	10	15	7	18	14	17	20	14	23	22	13	16	15	15	25	32	34	45	62	54	83	64	68	94
象征主义	0	0	2	3	11	15	9	15	17	21	10	10	16	26	30	23	24	20	27	29	29	31	41	44	67	55	86	106	136	146	176	173	182
生命直觉主义	0	0	0	0	0	0	0	0	0	0	0	0	0	1	0	0	0	0	0	0	0	0	1	0	0	0	0	0	0	1	2	0	0
精神分析	1	2	3	7	2	1	9	13	16	37	59	39	26	19	35	33	19	22	27	10	21	24	25	52	70	89	120	127	183	250	269	329	344
形式主义	0	1	1	6	0	6	6	5	10	24	22	15	23	25	22	26	25	23	22	17	20	15	29	40	62	50	62	89	103	116	151	137	141
新批评	1	0	0	4	3	3	1	5	7	11	20	12	10	11	13	23	9	16	5	9	13	14	9	22	36	33	38	60	68	94	110	106	89
结构主义	8	8	10	14	13	22	16	41	42	60	54	52	63	57	46	43	43	43	39	40	36	46	58	81	114	110	141	163	241	296	303	312	330
文学现象学	0	0	0	0	0	0	0	0	0	0	1	0	0	0	0	0	0	0	0	0	0	0	0	0	2	0	0	0	2	1	0	0	0
文学阐释学	0	0	0	0	0	0	0	0	0	1	0	0	1	0	0	1	1	0	4	3	1	0	0	0	1	1	0	0	1	3	2	4	2
接受美学	0	0	0	0	0	0	1	12	16	22	22	13	22	26	22	24	26	13	16	18	19	16	24	35	41	48	51	95	117	201	194	215	227
新马克思主义	1	1	1	0	1	0	4	2	2	5	2	9	4	7	7	2	3	5	11	4	6	4	5	14	12	11	15	27	16	27	21	15	38
存在主义	5	16	23	21	36	60	41	39	43	54	32	46	46	51	57	44	46	40	51	44	46	49	51	62	91	101	134	171	192	272	311	331	392
解构主义	1	0	0	0	0	0	0	0	0	0	4	2	6	8	8	9	6	14	10	11	14	11	18	46	38	52	83	96	124	160	174	151	190
后现代主义	0	0	1	1	2	2	0	0	4	4	10	14	18	16	26	53	64	85	93	82	71	106	127	156	271	264	337		338	447	560	670	638
女性主义	0	0	0	0	0	0	0	0	0	0	3	1	0	0	0	4	4	18	13	25	17	32	38	64	81	159	210	279	505	742	869	1030	1134
新历史主义	0	0	0	0	0	0	0	0	1	0	2	1	6	5	6	11	11	5	15	8	10	10	9	15	21	34	32	49	70	92	86	115	131
后殖民主义	0	0	0	0	0	0	0	0	0	0	0	0	0	1	0	1	15	8	12	13	14	9	16	33	35	42	76	73	118	170	163	176	219
生态批评	0	0	0	0	0	0	0	0	0	0	0	0	0	0	0	0	0	0	0	0	0	0	0	1	9	17	31	69	84	142	187	228	326
生态女性主义	0	0	0	0	0	0	0	0	0	0	0	0	0	0	0	0	0	0	0	0	0	0	1	0	1	2	6	9	27	55	88	132	156

通过该表,我们可以发现:1978年,外国语言文学领域关注最多的是存在主义,共有论文5篇,其中4篇都发表在《哲学译从》上,1篇发表于《国外社会科学》。最早的是1月的一条简讯,刊登了海德格尔于1976年5月去世的消息,而此时距海德格尔去世已有2年了。由此可见,当时我国的社会科学研究和国外还存在信息不畅的现象。这一年值得注意的是杨熙令发表的《结构主义是什么?》一文,虽然标题中是"结构主义",但内容中包含"存在主义""同时态、历时态"等后来的热门词汇。可见,国外的各种主义已经开始引起我们的注意。在该文中,作者将结构主义等同于符号学,还预言它是资产阶级思想体系衰落的最后阶段之一。

2005年后,各种思潮的论文出现了爆发式的增长态势。以女性主义为主题的论文刊发量从2005年后迅猛增长,远超其他各种思潮所受到的关注度。题目中含"文学现象学""文学阐释学"等关键词的论文发表数量,明显低于包含"某某主义""某某批评"的论文数量。虽然文学现象学和文学阐释学当时在国外文学批评界是热点,也不缺乏深度,但国内相关论文发表数量之低,显然和这几个词本身不够"新颖"有关。另外,"生命直觉主义"虽然也带有"主义"二字,但刊发量也一直不高。同时,我们检索"新马克思主义"和"西方马克思主义"时发现,关于"西方马克思主义"的论文发表量要远高于关于"新马克思主义"的论文。这说明"新马克思主义"这个词的认可度在我国并不高。

从论文发表总数上来看,这个时期数量最高的是女性主义,达到5228篇,紧随其后的则是后现代主义,达到了5183篇。这两者超过了存在主义,成为最受关注的两个热点。通过统计,我们也发现了一些有趣的现象:

（1）在2006年之前，发表的热点并不是女性主义，而是后现代主义。2003年开始，关于女性主义的论文发表量开始猛增，在2006年超过后现代主义，成为第一热点。

（2）解构主义的热度，还远不如早在1955年就开始引介的精神分析。

（3）存在主义一直稳居所有理论热点的前三位。最受人们关注的理论前五名依次为：女性主义、后现代主义、存在主义、结构主义、精神分析。而表现主义、新批评和新历史主义是关注度始终最低的三种理论。

（4）新马克思主义的关注度也一直稳步增长，但显然不如女性主义和后现代主义。

（5）生态女性主义和女性主义有所交叉。生态女性主义也是在2006年后，发表量陡增。生态批评则于2003年开始爆发式增长。

（6）后引进的理论的发表量增速明显快于先引进的理论。结构主义、象征主义一直是平稳增长，而生态批评和后现代主义则呈现出爆发式增长。发表量持续高涨的只有女性主义和生态批评。

由此，我们可以得出三个结论：

第一，专业理论性的高低并不是外国语言文学专业论文发表的决定性因素。非学术因素对论文发表的影响程度要比学术因素高得多。

第二，2005年才是上述相关理论的论文发表高潮开始的时刻。这比理论引介开始的时间晚了大约10年。

第三，后引进的理论并没有彻底淘汰先引进的理论。但是，后引进的理论的发表速度和发表数量明显高于先引进的理论。

我们还有一个困惑需要解决，是什么原因导致各种理论论文的增长呢？我们以女性主义为例进行了样本分析。通过知网检索,我们选取了两个相差较大的时间点作为考察对象。第一个时间点是1998年,当年发表的有关女性主义的论文只有17篇;另一个时间点是2010年,当年发表的有关女性主义的论文为1134篇。通过进一步细化检索条件,我们发现,1998年发表的有关女性主义的论文的来源期刊为:《文艺争鸣》(2)、《戏剧文学》(1)、《国外文学》(1)、《外国文学》(1)等。而2010年刊载关于女性主义的论文的刊物中,仅《作家》就有34篇,其次为《电影文学》和《安徽文学·下半月》,各有27篇。各个高校的学报成为发表的主阵地,数量均在两位数以上。再进一步查询《作家》这34篇论文作者所在机构,发现全部为高校人员,如西安科技大学、廊坊师范学院、武汉理工大学、西北大学、上海外国语大学等。

由此可知,这种理论热对各高校的论文发表影响最大。这么多高校同时在一个方向集中发表论文,一定和这一时期的上层制度设计有关。黄海群、林培锦(2015)曾指出,20世纪90年代以来,文献计量法和期刊引用率传入中国,并在中国的学术评价活动中获得了快速发展。各大学基本都制定了相应的学术规范。从整体上看,量化方法仍占据绝对主导的地位,甚至出现了"唯数量化"的显性特征。2004年颁布的《关于进一步繁荣发展哲学社会科学的意见》提出,造就一批用马克思主义武装起来、立足中国、面向世界、学贯中西的思想家和理论家,造就一批理论功底扎实、勇于开拓创新的学科带头人,造就一批年富力强、政治和业务素质好、锐意进取的青年理论骨干。这显然极大地激发了基层社科人员尤其是青年理论骨干围绕"理论"和"创新"大做文章的热情。

但是,本方案还无法反映西方理论在我国的外国语言文学与翻译专业中传播和发展的全貌。一方面,翻译专业研究生招生较晚;另一方面,上述19个关键词以外的理论术语的使用情况没有进行统计。如果我们以“女性”作为检索词，结果既可能包括与女性主义相关的内容，也会包含大量与女性有关但与女性主义无关的内容；“解构”也如此，并不是所有包含“解构”两个字的论文都是在讨论解构主义。因此，本方案的统计只能反映出趋势，却不能反映全貌。

方案二

第二个方案是在第一个方案的基础上，对同一学校、同一专业、同一研究范畴中，不同时期的毕业论文中热点词汇的使用频率进行比较。限定在同一学校、同一专业、同一研究范畴，可以尽量减少受变量影响而造成的统计数据偏差。研究范畴是个相对较难确定的因子。国内对西方现代文学、后现代文学的研究无疑更容易受到20世纪西方文艺理论的影响，为了保证客观性，我们选择了在国内发展相对稳定的存在主义作为考察范畴。在这个方案中，我们选用万方数据平台作为统计平台。

我们选用万方数据平台的硕士学位论文数据库，使用“题名+关键词+摘要”综合检索“存在主义”，并限定条件为：中文+硕士（论文）+文学，共检索到论文7455篇。然后从学位授予时间中选取1991年至2020年，统计得出苏州大学有关存在主义的硕士论文（107篇）在时间跨度上最大，分别为1998年程洁的《存在主义小说美学基本特征——兼论萨特与加缪的异同》，和2016年刘湘的《波伏娃的存在主义女性主义思想研究——以<第二性>为例》。上述两篇论文均将重点放在存在主义及其文学作品上，符合“同学校、同专业、同研究范畴”的条件，因此，对它们进行比对，有利于考察语言特征的变化。

经过初步的文本统计，程洁的论文（以下简称“1998 文”）全文 27000 字左右，刘湘的论文（以下简称“2016 文”）全文 83000 字左右。考虑到两文所处时代在论文学术规范上的要求变化非常大，我们在文本分析中，不对文本中的词频、句长两个要素进行比较。

在此，我们使用语料库在线作为文本分析工具。经过对 1998 文的词频分析，得出 3763 个字词；对 2016 文的词频分析，得出 3124 个字词。我们统计了使用频率最高的前 30 个字词，得出下表：

表2　1998 文与 2016 文字词频对照表

1998 文				2016 文			
序号	字词	出现次数	出现频率	序号	字词	出现次数	出现频率
1	的	1345	7.2397	1	的	4690	83798
2	，	1264	6.8037	2	，	3931	7.0237
3	。	526	2.8313	3	。	1535	2.7426
4	在	290	1.561	4	女性	1044	1.8654
5	是	224	1.2057	5	她	847	1.5134
6	了	184	0.9904	6	在	815	1.4562
7	存在	177	0.9527	7	女人	749	1.3383
8	中	177	0.9527	8	了	653	1.1667
9	和	156	0.8397	9	是	545	0.9738
10	他	154	0.8289	10	自己	522	0.9327
11	、	145	0.7805	11	中	516	0.922
12	”	143	0.7697	12	和	509	0.9094
13	.	133	0.7159	13	伏	503	0.8987
14	萨特	124	0.6675	14	娃	499	0.8916
15	人	116	0.6244	15	他	472	0.8433
16	“	114	0.6136	16	波	444	0.7933
17	《	106	0.5706	17	”	369	0.6593
18	小说	100	0.5383	18	男人	362	0.6468
19	主义	93	0.5006	19	存在	358	0.6397
20	地	89	0.4791	20	“	342	0.6111
21	加	89	0.4791	21	《	341	0.6093

续表

1998文				2016文			
22	不	83	0.4468	22	》	340	0.6075
23	也	82	0.4414	23	处境	335	0.5986
24	缪	79	0.4252	24	主义	321	0.5735
25	一	79	0.4252	25	、	318	0.5682
26	》	77	0.4145	26	性	316	0.5646
27	一种	77	0.4145	27	地	295	0.5271
28	对	76	0.4091	28	者	284	0.5074
29	他们	76	0.4091	29	自由	277	0.4949
30	而	75	0.4037	30	—	260	0.4646

对上表进行分析,可以看出两文使用频率最高的词和标点均为“的”字、逗号和句号。但是,前两个字词要素,2016文的使用频率比1998文高出一个百分点以上。而句号的使用上,2016文的使用频率却比1998文低。由此,我们可以推测,2016文的句子长度变长了,句号的使用频率降低了。同时,2016文排名第4和第5的高频词汇是“女性”和“她”。考虑到该文的主题与女性主义相关,因此和1998文不具可比性。而1998文排名第4的“在”(1.561%)和2016文相比,频率也在下降。随后的“是”字的出现频率,1998文为1.2057%,而2016文为0.9738%,其趋势也是下降。“在”和“是”是汉语中最常用的动介词。连淑能(1993:104)的《英汉对比研究》一书中指出,英语倾向于多用名词,因而叙述呈静态;汉语倾向于多用动词,因而呈动态。由上述两个词的变化频率可知,2016文的汉语动态化在减弱。

另外一个变化明显的字是“了”。在1998文中,“了”字只占0.9904%;而在2016文中,“了”的词频猛增到1.1667%。“了”作为汉语助词,常常放在动词或形容词后,表示动作或变化已经完成。也

就是说,2016文要比1998文更强调终结性,意味着作者尝试表达更加强烈的确定性和客观感。如下句:

> 男性社会要求女性是一个被动的客体,历史上的女性都是以此为要求来塑造自己,但是经济独立的女人已经发生了改变,她通过工作实现了自己的目标,取得了超越性的价值,她确认了自己的主体性价值,所以她不愿意成为纯粹被动的客体。(2016文)

作者在这句话中一共使用了4个“了”,显然她试图表达这种情况已经存在而且是不可否认的事实。而在1998文中,这种“了”字连用也有,却并不过度集中。如下例:

> 但是勿庸置疑,由于作者在读者的阅读和字句之间设置了一段距离障碍,安排了一个可以使读者进行创造的审美空间,因此,它们给读者带来一股新鲜感,使读者对这些最为普通的动作重新产生了新奇、生动的印象,继而深刻地体察到主人公的内省意识,进而迸发出对存在强烈的感觉。(1998文)

上述两例虽不能反映两篇文本的全貌,但是至少可以说明两文的作者在使用“了”字的时候所表现出来的客观化意图有多强。

鉴于本节探讨的主题是西方理论在历时性上对论文语言的影响,因此,我们关注了“主义”的词频变化。由上表可知,1998文中“主义”词频为0.5006%,在2016文中为0.5735%,上涨幅度较为明显。而且,由2016文的标题也可以知道,作者力图在论文中同时探讨存在主义和女性主义两个理论。在一篇只有80000字的硕士论文中,尝试分析两种理论,最终的结果就是难免流于浮泛。这也是目前外国语言文学与翻译专业学位论文的通病:过于强调理论性,导致学生急于抓住某个理论,而忽视了脚踏实地地读书求知。

方案三

要探究唯理论的倾向对科研论文的语言风格影响有多大,就必须假定对同一事物或者研究对象的描述有着如数学公式一样的恒定表达方式。这就使得我们在设计变量因子的时候,需要采用事实陈述性内容,而非论证性内容。普通话是我国的标准书面用语,因此可以忽略论文来源,但要考虑到不同作者的语体风格。

我们依然以存在主义作为考察对象。为了最大程度地降低变量因子的影响,我们选取了存在主义的代表让-保罗-萨特(Jean-Paul-Sartre)的生平介绍作为客观物,来考察不同论文陈述上的差异。我们运用百度学术、万方数据、知网以及国家哲学社会科学文献中心综合检索等平台,筛选出7篇论文。现按时间顺序罗列如下:

> 让-保尔·萨特(Jean-Paul Sarte,1905—1980)出生在巴黎的一个资产阶级家庭,父亲是海军军官。两岁丧父,随母亲在外祖父家生活。外祖父是大学教师,信基督教,母亲笃信天主教。他十九岁进入巴黎师范大学攻读哲学,二十四岁得教师衔级,以后在勒阿弗尔、拉昂、巴黎等地任教。1933—1934年在柏林法兰西学院攻读哲学,是德国纯现象学著名教授胡塞尔(Husserl,1859—1938)的弟子。1939年应征入伍,1940年6月被德军俘虏,1941年4月获释。后重执教鞭,并埋头写作,是《法兰西新评论》《欧洲》等刊物的撰稿人。(冯汉津,1980)

让-保尔·萨特(Jean-Paul Sarte,1905—1980),法国现代著名的哲学家、小说家、剧作家、文艺批评家、政论家。他生于巴黎,1924至1928年在高等师范学院念书,1929年获哲学教师学衔,此后在勒阿弗尔、巴黎等地的中学任教。1933年去柏林进修一年,专攻哲学,在胡塞尔、海德格尔的方法论基础上,提倡存在主义哲学,发表论文《想象力》(1938)等。(工,1980)

萨特1905年生于法国巴黎,父母早亡,由祖父抚育成人。1929年萨特从巴黎高等师范学校毕业,并在全国中学教师竞赛中获第一名,从而取得了大学教师资格。1933、1934年他先后在德国随胡塞尔和海德格尔学习现象学与存在主义哲学,这对他以后的哲学思想起了很大影响。二次大战爆发后,萨特于1939年入伍,1940年6月被德军俘虏,后因病获释。1941年他回到法国后立即投身地下抵抗运动,并经常为地下刊物《法兰西文艺》《战斗报》撰稿。他还是法国作家委员会委员,积极参与联系和营救作家、撰写和散发秘密刊物等工作,在法国作家中影响很大。二次大战结束后,萨特继续为法国的民主进步事业和世界和平事业而努力,始终站在这个运动的前列。(焦树安,1981)

让-保尔·萨特(1905—1980),是法国也是世界著名的哲学家、作家。他一九〇五年六月二十一日生于巴黎一个海军军官家庭,两岁丧父,母亲改嫁,他因此寄居于学识渊博的外祖父家中,受到良好的文化熏陶。中学时代学业优异,且阅读广泛,喜好文学。十九岁时入声誉卓著的巴黎高等师范学校攻读哲学。一九二九年通过中学教师的资格考试后,在巴黎等地任哲学教师多年。一九三三年至一九三四年,作为官费生,在柏林法兰西学院哲学系学习。一九三九年第二次世界大战爆发后应征入伍,曾为德军俘虏,一九四一年获释,此后即参加了法国地下抵抗运动,反抗法西斯主义。一九四五年,创办了文学杂志《现代》,并从此成为职业作家,从事哲学研究、文学创作与文学批评。六十年代后,在继续著述的同时,萨特较多地参加了各种社会活动,对重大的历史事件作出积极的反应,产生了巨大的影响。一九八〇年四月十五日,因肺气肿病逝于巴黎。(仵从巨,2007)

1905年6月21日,萨特出生于巴黎一个海军军官家庭。两岁丧父,母亲带着他在外祖父家生活。几年后,母亲再醮。萨特的整个童年是在外祖父家度过的。外祖父是位学识渊博的语言学教授,对萨特特别宠爱,将其视若神童,悉心培养,使萨特从小受到良好的文化熏陶。中学期间,萨特的各科学习成绩都很优异,尤其爱好文学,进行了广泛的阅读,表现出了卓尔不群的才智,受到了老师的好评:“在法语方面是全班的尖子。从思想的开放角度来看,他已经是搞文学的材料,并且表现出很强的记忆力。”1922年,萨特升入路易大帝中学的文科预科班。1924年,他以第7名的成绩考入历史悠久、以培养了众多杰出人物而久负盛名的巴黎高等师范学院,攻读哲学。在法国,要想考入高等师范院校,并不容易。高中毕业生报考综合大学,只需出示中学毕业文凭即可被录取。而要报考高等师范院校,则首先必须攻读大学预科,然后通过全国会考,只有成绩合格者,才能被正式录取。1928年,萨特大学毕业,获得哲学博士学位,而在参加学衔考试时,匆忙交出一份“别出心裁,结果不合人意”的论文。成绩排序第50名,名落孙山。

对于这次考试失败，萨特从中汲取了教训。他说："我懂了，下一年应当把平平庸庸的内容，写得颇具创见似的。"1929年，萨特正在紧张地准备第二次学衔会考。正所谓天赐良缘，就在这时，一位聪慧而清秀的女学生闯进了他的生活。她，就是未来的哲学家、文学家、当代西方女权运动的精神领袖西蒙娜·德·波伏瓦。（蓝泰凯，2017）

1905年，萨特出生于巴黎一个海军军官家庭，幼年丧父，后母亲改嫁，一直寄居在外祖父母家中。他从小阅读大量文学作品，中学时接触叔本华、尼采等人的著作，深受影响。1924年，萨特进入巴黎高等师范学校学习哲学，5年后，他结识了后来与自己终身相伴的伴侣西蒙娜·德·波伏娃。（刑秀玲，2020）

Jean-Paul Sarte, 1905-1980，生于巴黎的一个军官家庭，因年幼失怙，他在外祖父卡尔·施韦策家中长大。施韦策是巴黎大学的德语教授，他家的藏书颇丰，为萨特提供了充分的精神滋养。萨特幼时常在巴黎的卢森堡公园寻找玩伴，他矮小斜眼，形貌不佳，难以得到同龄人的友善对待，习惯逃进文学世界建构属于自己的天地。他曾就读于巴黎的宁利四世中学和拉罗谢尔的中学，学习成绩优异。1929年他从著名的巴黎高等师范学院毕业后，曾在勒阿弗尔、拉昂和巴黎的学校任教。第二次世界大战爆发后，萨特应征入伍，1940年成为战俘，翌年获释。战俘经历使萨特比战前更加关注社会现实，并积极利用文学来干预生活。（邵雪萍，2020）

这7篇论文对萨特生平的陈述基本一致。我们对照了7篇论文，保留共有信息后则可以发现，它们都讲述了萨特的生卒年、家庭出身和教育情况。在语体风格上，80年代的三篇论文较少使用连接词来连接句子，也几乎不使用被动语态。如，在陈述萨特的生平时，前三篇论文的表述分别为：

> 让-保尔·萨特(Jean-Paul Sartre，1905—1980)出生在巴黎的一个资产阶级家庭，父亲是海军军官。两岁丧父，随母亲在外祖父家生活。外祖父是大学教师，信基督教，母亲笃信天主教。

> 他生于巴黎。

> 萨特1905年生于法国巴黎，父母早亡，由祖父抚育成人。

2000年后的论文则更倾向于用各种连接词来体现陈述句之间的关系，同时，更乐意使用“被”“受”“使”等字词来表述事实：

> 他一九〇五年六月二十一日生于巴黎一个海军军官家庭，两岁丧父，母亲改嫁，他因此寄居于学识渊博的外祖父家中，受到良好的文化熏陶。

> 1905年6月21日，萨特出生于巴黎一个海军军官家庭。两岁丧父，母亲带着他在外祖父家生活。几年后，母亲再醮。萨特的整个童年是在外祖父家度过的。外祖父是位学识渊博的语言学教授，对萨特特别宠爱，将其视若神童，悉心培养，使萨特从小受到良好的文化熏陶。

> 1905年，萨特出生于巴黎一个海军军官家庭，幼年丧父，后母亲改嫁，一直寄居在外祖父母家中。

Jean-Paul Sartre，1905-1980，生于巴黎的一个军官家庭，因年幼失怙，他在外祖父卡尔·施韦策家中长大，施韦策是巴黎大学的德语教授，他家的藏书颇丰，为萨特提供了充分的精神滋养。

传统汉语的句子之间往往通过不言自明的逻辑来暗示连接关系，而西方语言则喜欢用显性的连词、介词、关系代词等来体现前后陈述的逻辑关系。这个特征在近几年的书面汉语中愈加明显。我们以蓝泰凯的文本为例，仅保留连接和语体词，结果如下：

……尤其……进行了……表现出了……受到了……并且……。以……以……。要想……并不……。只需……即可……而要……则首先……然后……只有……才能……。而在……时。对于……

我们很容易看出，作者显然在努力使得他所说的每一句话都在固定的论证框架之内，让这段话看起来更严谨和客观。与早期的文本相比，这一点更为明显，如：

他十九岁进入巴黎师范大学攻读哲学，二十四岁得教师衔级，以后在勒阿弗尔、拉昂、巴黎等地任教。1933—1934年在柏林法兰西学院攻读哲学，是德国纯现象学著名教授胡塞尔(Husserl，1859—1938)的弟子。

在这一段陈述中，作者只使用了“以后”这一个连接词，这样的表述让人觉得自然流畅，简洁明了。这也是80年代文学研究的普遍风格,总给人一种散文化的印象。后来的文本更为严谨周密,但是也产生了新的问题:过于欧化的表达方式,一方面重新塑造了现代汉语的书面语体,另一方面使得学术论文的表述变得僵化。如:“1929年他从著名的巴黎高等师范学院毕业后,曾在勒阿弗尔、拉昂和巴黎的学校任教。”作者使用“……后,曾……”将两个陈述句相连,但是,我们对照其他文本就可以知道:从巴黎高等师范学院毕业,到在勒阿弗尔、拉昂和巴黎任教,这之间还发生了其他情况,所以两者之间没有必然的逻辑关联。

通过上述三个方案的研究,我们可以发现,汉语的欧化倾向在学术论文中表现得较为突出,这和最近30年的理论唯西化有一定的关系。一方面,这种欧化的语言在一定程度上弥补了传统汉语科学性不足的劣势;另一方面,过度强调西方理论的学术风气也对人文学科的研究造成了一定的负面影响,导致了学术写作的假大空现象。

其实,在这个问题上,西方学者也明白,使用冗长的句子和高深莫测的术语,其意图无非是为了让微不足道的东西看起来十分重要。这培养了一种明显的伪科学风格,使用不必要的技术语言,意在借重科学和学术的权威(Guth,1969:439-440)。显然,假大空的学术风气未必是汉语本身的问题,而更可能和浮躁的风气有关。

第三节　中西贯通的理想构建与实践探索：从英国莎学考据派说开来

如今,我们在学术研究中坚持实事求是依然是必要的。在实事求是的原则下,我们必须厘清三个立场:

第一,西方的理论未必是坏的。应当从事实出发进行辨别,不拘一格。

第二,君子和而不同。科学研究不能一家独大,不能此是彼非,不能搞唯一化。要允许有不同的方法、内容和研究方向,也就是要建构一种"全境式"的格局。

第三,不急不躁。学者不能因为各种奖励、评选、考核而制造"速成学术成果"。

关于第一个立场,批判文学和翻译领域的理论"唯西化"现象,不等于彻底否定西学,而是要遵循"择其善者而从之,其不善者而改之"的道路,从全局来看待全世界的学术传统,既不妄自菲薄,也不盲目自大。

施东向(1959)在《义理、考据和辞章》一文中指出,在义理、考据和辞章这三者中,义理应当是灵魂、是统帅。因为形式是为内容服务的,而材料是要由观点来统率的。"义理、考据、辞章"原本是桐城派用来纠正繁缛考据风气的治学方法。姚鼐(1992:61)说:"余尝谓学问之事,有三端焉。曰:义理也,考证也,文章也。是三者,苟善用之,则足以相济;苟不善用之,则或至于相害。……故以能兼长者为贵。"施东向把姚鼐的治学方法用到写文章的方法中,的确有一定的道理。但是,人文科学的研究却不能先用观点来统率。

不能先预设一个观点，然后再去找证据来证明。

这么做的结果只有两个：如果找不到证据，就牵强附会地拼凑；如果有证据，为了服务于观点，就忽略所有的反面证据。所以，研究必然是始于考据，在考据工作中生成观点。同时，观点要随着新的考据和实证不断修正，甚至推翻原来的观点。这个过程虽然漫长，却是正确的治学方法。

我们很早就形成了一套有效的文学批评理论方法。先秦以前的文学和哲学尚未分开，在有关文学的问题上，儒道法墨诸家无不是从实用的角度出发来评价的。鉴于当时的历史条件，这是无可厚非的。孔子说，“《诗》可以兴，可以观，可以群，可以怨；迩之事父，远之事君；多识于鸟兽草木之名”。也就是说，文学研究要从兴、观、群、怨四大功能出发，满足忠孝仁义的道德哲学要求。墨家则说，“以名举实，以辞抒意，以说出故”，文学要服务于论辩的需求。道家则讲“语之所贵者意也”，“可以言论者，物之粗也；可以意致者，物之精也”，把思想置于文学之上。法家则直接指斥“工文学者非所用，用之则乱法”，就是说文学不能用，对文学采取了极端否定的态度。

先秦的文学观对后世产生了极大的影响，文学无用论始终存在，认为文学会破坏社会秩序，所以，必须对文学加以审查控制。这种看法其实是前后矛盾的：如果文学没用，怎么会破坏法度秩序？如果文学具有破坏性，又怎么会没用？

实际上，之后的文学批评一直围绕着文学功能论在摇摆。《毛诗序》中说：“故诗有六义焉：一曰风，二曰赋，三曰比，四曰兴，五曰雅，六曰颂。上以风化下，下以风刺上，主文而谲谏，言之者无罪，闻之者足以戒，故曰风。”这一看法是对孔子的“兴观群怨”的延续。辞赋家们围绕着这个根本点，“结微情以陈词兮，矫以遗夫美人”，力图强调语言美的重要性。汉代的文学理论界围绕“尚文”还是“尚用”展开了论战，正如今天从内倾的形式主义向外倾的新历史主义、后殖民主义转变，其实都没有跳出文学有用还是无用的二元立场。

到了汉魏六朝的时候，学者们开始意识到这种二元观点的局限性。曹丕说：“年寿有时而尽，荣乐止乎其身，二者必至之常期，未若文章之无穷。”这与莎士比亚讲的“死神夸不着你在他影子里踯躅，你将在不朽的诗中与时间同长；只要人类在呼吸，眼睛看得见，我这诗就活着，使你生命绵延”不谋而合。二者都意识到了文学是自足的，是可以超越前面的学科而不朽的。因此，汉魏六朝的文学批评基本都是围绕“辞藻”展开的。萧统说：“丽而不浮，典而不野，文质彬彬，有君子之致。”而裴子野却说：“人自藻饰，雕虫之艺，盛于时矣。”

那么，语言优美的文学作品到底好还是不好？这个问题必须回到文学的定义这个原初问题上来加以论证。这就犹如今天要回答“爱因斯坦的《狭义相对论》要不要写得语言很优美？”一样。这个问题放在今天很好回答，因为文理分科已经是不争的事实，但在那个时代，要将文学和历史学、伦理学、政治学等彻底分开却是个艰难的问题。即便今天，很多学者依然认为“文史不分家”。事实上，司马迁写《史记》就语多传说。另外，《史记》中年代窜乱之处也颇多。[①]在古代中国，这似乎不是什么问题。但在全球化的今天，就是严重的问题了。笔者曾见一篇论文，将女权主义、生态主义和道家思想杂糅一体、牵强附会，不知道作者是如何使庄子穿越到今天的？这正是学术研究之大病。这和作者先想好论点再四处拼凑材料不无关系。

① 钱穆根据《竹书纪年》佚文，校订《史记·六国年表》之误达二百余处。参见钱穆，2011，《钱穆先生全集：先秦诸子系年》[M].北京：九州出版社.

魏晋人区分了“文”“笔”“诗”等概念，力图将文学从各种实用文体中剥离出来，从而产生了早期的文体学。傅玄的“连珠论”、陆机的“十分法”、挚虞的“文章流别”等，都是文体学理论。文气说也产生于这个时代。在文气说的影响下，汉语的四声得以出现。这是传统中国文学批评中小学训诂的开始。到了唐代，诗歌对偶说开始兴起。唐代是中国诗歌的巅峰。李白诗歌重视复古。杜甫诗歌重视社会性。白居易则主张诗歌要“补察时政，泄导人情”。相较之下，唐人对于文章的批评依然是“宗经载道”之说。如柳冕说：“夫文生于情，情生于哀乐，哀乐生于治乱，故君子感哀乐而为文章，以知治乱之本。”也就是说，文学是通过情感来反映社会风貌的。韩愈、柳宗元在批判魏晋浮靡之风的时候，提倡以朴素的古文来直接反映“圣人之道”。宋人基本上继承了唐代的古文立场，但江西诗派讲求布置法度，显然是属于创作理论了。浙东派则以事功文学说见长，又回到“尚用”的老路上。程朱理学主张诗文从道流出，程颐、程颢认为文学有害于道，或如朱熹把文学看作“道之枝叶”，“惟其根本乎道，所以发之于文皆道也”。文学创作是道不能传、退而求其次的结果。这显然贬低了文学的地位。程朱学派对宋明以后的文学影响极大。

到了清代，文学的社会功能说竟导致其成为末流。顾炎武、黄宗羲等人都极端轻视文学。像曹雪芹、罗贯中、吴承恩、孔尚任、汤显祖这样的作家都处于极其低下的社会地位。这和莎士比亚时的英国社会阶层颇为类似。对文字狱的恐惧，也促成了从桐城派开始的文学考据的勃兴，音韵、训诂、校注、辨伪、辑佚、金石、方志、谱牒、算学得以迅速发展，一改宋明以来的空谈道理，我国文学研究形成的朴学传统一直绵延至今。

几乎在同一时期，英国的文学考据也开始迅速发展。

沃特•威尔逊•格雷格(Walter Wilson Greg)进入剑桥三一学院时,伯特兰•罗素正担任三一学院研究员,格雷格曾"如饥似渴啃读"罗素的三卷本《数学原理》。虽然格雷格主修的是中世纪与现代语言专业,但他对数学却兴趣盎然。他还写过《变量微积分》,尝试用数学的逻辑来解决文学问题。罗素(Russell B,1945:834)的《西方哲学史》中曾说,在特定问题上,分析哲学可以取得确定的答案,从而具有科学而非哲学的特征。

1908年,格雷格通过研究"帕维尔四开本"的首页,通过证明前两个版本并未出现的印刷特点和手段,认定三个不同时期的文献实际上都出自1619年。这使得文学研究可以有机会和其他自然科学并驾齐驱。

文学登上大学的讲堂是很晚的事。牛津大学一直到1914年才有独立的文学教授职位。而剑桥则更晚,在1926年才设置。由此可见,当我国古代文学地位日趋低下的时候,西方文学研究却开始走向台前。

1925年,牛津大学学者迈凯洛(Ronald Brunless Mckerrow)创立《英语研究评论》,就是为了在英国文学和语言上侧重历史性治学成果而非解读式批评(Babington D,et. al.2016:448)。而这正是从牛津大学贝利奥尔学院毕业的柯林斯倾力为之的事情。他认为过去对文学的理解具有太多的印象性,不准确或太不严谨。他写了一本《英语文学研究》(1891)对牛津大学大加挞伐,打算系统地对戏剧家罗伯特•格林尼的文本做最终厘定(Collins J C,1905:7)。格雷格对该书中不准确之处,诸如省略、错字、不实信息、标点等毫不留情地进行批评。这引起了柯林斯的不满,反过来抨击格雷格对田园诗和田园剧"一塌糊涂",并说"评论家的任务合当既要评价不足也要揭露错误"(Collins J C ,1906)。格雷格(1906)随即回应:

“我由衷同意柯林斯教授的看法，批评家有责任向公众揭露一本书的错讹与不足。”后来，一位好友致信格雷格，婉劝他对朋友当笔下留情[①]。其实二人并非立场不同的死敌，恰恰相反，二人唯一的不同就在于，柯林斯对文学文本准确性的要求胜过格雷格。两个人有着一个共同的梦想：文学的科学化，即一套可以使得英国文学更加精确、更加专业化、更科学化的体系（Maguire L，1996：40）。

科学恰恰是格雷格力挺的一杆大旗。弗里曼曾说，文学研究大多是个品位问题，因为那些数据说穿了不过大多是所谓有关文学的八卦和闲聊而已（Freeman，Edward A.，1887）。此话不无道理，学习文学给人的印象无外乎死记硬背，条分缕析，如列出斯宾塞和莎翁作品若干，然后要求学生按时间先后排序。这显然不足以赋予文学以独立学科的地位。文本考证的发展和文学在大学的教学兴衰息息相关。格雷格等人原本就希望能够实验性与阐释性并重，同时可大大助益文学教学（Maguire L，1996：46）。

迈凯洛也曾说过，新目录派无法与科学比肩的本质之处就在于：“我们时刻感觉到缺乏其他学科所定义的可控实验，诚然，我们时时处于一种分析者对其试剂的纯洁性毫无把握的情况下。”（Mickrrow R.B.，1923）。格雷格（1913）却热情不减，他在为英国目录协会所做的“何为新目录派”讲座上，第一次将新目录学定义为“文学文本物质传播的科学”。

格雷格急于为文学研究谋求科学的头衔，未必就不应该。数学家彼得·亚历山大（Peter Alexander）的一个重要成就，就是通过对次要情节的逻辑连贯性进行研究，辨别出《驯悍记》是莎士比亚剧作伪本。

如陆建德（2001：15）所说，自启蒙运动以来，人文学科热衷于向给科学带来前所未有发展的理性精神低头。其实，文本考据法

① 参见现藏于三一学院的《格里格书信》之MSS/4/2。

早就被人所注意到,并非什么新鲜事。梁启超(1996:276)在归纳中国传统考辨伪书六法时,盛赞乾嘉学者的用法多为客观,第一法即为"从著录传授上检查",对王念孙、王引之父子颇为嘉许。据王念孙考证,《淮南子·内篇》中"知时者无常行,书者,言之所出也,言出于知者,知者藏书"上下文意义不通,既然知时者无常行,怎么会"知者藏书"呢?后来根据《太平御览》得知此处应该为"知者不藏书",其中"不"字脱漏,导致意义不通。原意应为:智慧的人是不会依赖书籍的。十分有趣的是,《斐德罗篇》(*Phaedrus*)中记载,苏格拉底也曾借埃及国王的口说过,依赖书籍的人的头脑里充满的不是智慧,而是智慧的幻象,他们将成为同侪的负担(Plato,1973:76)。

但无论何时,从始至终读者解释的不是一个文本,而是一个物质对象(芬克尔斯坦,麦克利里,2012:189)。尽管文本呈现在读者面前的时候都是一个形式、材料和对象的世界,但法国年鉴派的罗杰·莎第尔(Roger Chartier,2002)指出,形式产生意义,当借以呈现内容的物质形式发生变化时,即使是固定的文本也会被赋予新的意义和本质。如果忽略了这一点,任何对文本的解读就会被误以为是科学的,实际上它是主观印象主义式的。19世纪英国的文学评论就弥漫着这样一种印象式的气氛。

19到20世纪之交的人文学者恰恰处于这种尴尬的境地。工业化的典型变革在追崇科学、技术和烦琐的理性主义的时候,也在对其产生反作用。学者们始终处于纠结的状态:或者认为文学研究必须摒弃印象性的东西,成为科学化的客观物;或者继续谈"品味"和"解读"。

1935年,钱锺书正在牛津大学埃克塞特学院饱览英国文学。牛津大学的学风显然对钱锺书产生了影响。钱锺书(1979:888)在

《管锥编》中说,先秦两汉之文每笋卯懈而脉络乱。这指出了文学考证中的致命问题:如果没有年深日久的积累和思辨的精神,想要突破前人而有所创新是十分艰难的。实际上,多数人都希望跳出前人窠臼,与“老学究”们划清界限。这是“唯西论”的内在动因,也是20世纪西方文论背后的普遍话语。这种意识延续至今,使得文学批评者们忽略了“思而不学则殆”的基本道理。这是因为,求证是个费时费力的过程,而印刷书籍能够给予印出来的文字和思想以牢固的形式,能够通过大量发行在纸面上文字组织形式一致的相同拷贝来传播这一客观化了的语言实体(Kernan A,1987:53),从而给人一种确凿无疑的权威感。迈凯洛(1921:31)在国王学院执教的时候就指出,文本批评的确需要概述语言和文学的历史沿革,其旨非为纪念前人,而是为批评其方法,评价其陈述。毋庸置疑,图书的相对稳定使得书面语言能够以更明晰的形式,将民族意识加以延续和保存。

但是,书籍里面也难免疏漏。我国西汉刘歆所著的《七略》就已经注意到了“圣贤之言不传”的问题。顾炎武(2006:1203)在《日知录》中也指出许慎《说文》“一书之中有两引而其文各异者”。为图书印刷传播建立校勘辨伪体系的则是王念孙,他曾总结《淮南子》的错漏六十余例[①]。相比之下,西学的考据传统更难免疏漏,因为中国文学的书面化历史要比欧洲长得多。

20世纪60年代,伴随着法国“五月革命”的风潮,从苏联形式主义中汲取养分的结构主义开始迅速传播到西方世界。对这一倾向的回应循着语言学、符号学、社会学的路线演进,包括结构主义、后结构主义、马克思主义影响下的文化唯物主义和解构主义等批

① 传王念孙举“古书致误之由,凡得六十二例,其中就《淮南子》正文、注文中误、脱、增、删、移、改的严重情况抽出来的实例有四十四例,就《淮南子》韵语中误、脱、增、删、移、改的严重情况抽出来的实例有十八例”(洪湛侯,1997:102)。

判运动(芬克尔斯坦,麦克利里,2012:138),而英国的新目录派也再没有柯林斯、奥布莱特这样的人来对它们进行批评了。

在西方理论“你方唱罢我登场”之后,新目录派或许会成为文论发展的一条新途径。当年,梁启超(1989:11)曾叹息“哲学家投降到科学家旗下了”。百年已过,我们还要多久才能不借用他者的话语?我们还要多久才能摆脱“理论式的印象”?梁启超从欧洲归来的时候,已看到了西方科学的“破产”,而复归旧学。陆建德(2001:317)说,长期以来,我们偏爱科学的方法和普遍的命题,在人文学科,我们重哲学,轻文学,满足于抽象的思想、抽象的理论、抽象的学术。这样的后果就是失去自我的身份,文学研究必然成为其他学科的附庸。文学一旦成为其他学科的附庸,那么大学的文学专业也就岌岌可危了,这不是危言耸听。试问如今的本科生、研究生,若让他们在语言学、教学法、文化学、翻译学、文学当中去选择,有多少人会选文学专业?

当然,全境式的学习和研究模式并不是轻视理论,痴迷考据;也不是简单地进行中西对照。我们要警惕文学批评理论的“唯西论”,也要对中西比较法保持足够的戒心。因为,比较之法依然没有脱离“我是而彼非”的立场,不是科学的、客观的学术立场。它只能是一种研究方法,如文献综述、立论、驳论一样,不能算作一种理论系统。

例如,艾尔曼(Elman B.A.,1990:46)认为,“东林学案”足以证明,乾嘉学者们转向古书考据和清政府的文化钳制政策并无直接关系,明以来西学东渐所激发的汉学派对科学法的兴趣才是考据兴盛的真正原因。梁启超和胡适都赞同这个观点。不过,梁启超早就盛赞乾嘉学者用法多为客观,富有科学精神,其首要方法即“从著录传授上检查”。

英国文学进入大学课堂是较晚的事情。16世纪下半叶，大主教马修•帕克建议伊丽莎白女王重视盎格鲁-萨克森语古书的研究。文艺复兴时期，作家们兴起的收藏古手抄本的热潮，推动了文献研究首个重要作品的产生：内尔•科尔的《含盎格鲁-萨克森手稿之目录》。

如果仅仅停留于印象式的解读，而不注重文本精确不精确，那么任何对作者或文本的解读都可以妄称权威，这显然无法使文学成为有价值的学科。所以，新目录派认为，要想使文学的地位更巩固，精确地阅读和传抄文献显然是十分必要的(Maguire L，1996：39)。

但是，精确传抄几乎是一种奢望。尽管我们通常认为，印在书上的东西必然是对的，但《南雍志》中已指出："两经钦依修补，然板既丛乱，每为刷印匠窃去刻他书以取利，故旋补旋亡。"同时期，威尼斯的一位修道士也直接指出印刷中文本讹误众多的问题。不过，有的印刷错讹或许是有意为之。帕克等人翻译、印行古艾尔弗雷克的《有关复活节牺牲的布道词》时，在圣餐礼的描述上与原稿有诸多出入。[①]这也道出了我们学习中常见的一个问题：如果先有了观点，在查阅资料的时候，发现资料与观点相左，该怎么办？

这个问题是很多研究生无法逾越的障碍，因为，我们首先相信印刷术的发展带来了语言的规范稳定。这种"想当然"的意识延续至今，使得文学批评者们对以印刷形式存在的文本的研究样式和排版的视觉语言漠不关心(McKenzie D E，2002：236)。王引之(2017：6)说："说经者期于得经意而已，前人传注不皆合于经，则择其合经者从之；其皆不合，则以己意逆经意而参之他经，证以成

① 参见 Theodore H. Leinbaugh. "Elfric's Sermo de Sacrificio in Die Pascae: Anglican Polemic in the Sixteenth and Seventeenth Centuries" Anglo-Saxon Scholarship, the first Three Centuries. Kalamazoo: Western Michigan University Press, 1978.

训。”当作者的权威性被置于毋庸置疑的高度,就必然会产生乱象:任何人都可能假托名人而自命权威。目录派学者要面对这样一个纠结的问题:要么认为莎翁是神化了的伟大戏剧创作者;要么辨别假托作者之人到底是谁。

格雷格选择了前者,他希望用科学来神化莎士比亚。1837年,肯博(John Mitchell Kemble)出版了他的现代英文译本《贝奥武甫》及其研究专著,其专著是英国古书考据史上的巨著。不过,肯博的成就却招来同行的一场骂战,除了肯博为人尖酸刻薄外,还有一个很重要的原因就是他的德裔身份。赖特(Thomas Wright,1834)指出:“(肯博的《贝奥武甫》)给我们的不是盎格鲁-萨克森的,而是德意志-萨克森的!”这一点影响了格雷格乃至整个英国文学实证研究的发展。德国人先于英国人成立了莎士比亚研究会,格雷格(1925)曾经说过:“我唯一希望的就是告诫外国人不要碰莎士比亚批评。”科学本无国界,格雷格似乎忘记了。这就是在学术研究中预设立场的结果。

新目录派始终不承认莎士比亚在写完他的剧本后曾经做过修改,他们更乐意相信莎士比亚所有的剧本都是一气呵成的。格雷格认定,莎士比亚在创作的时候必定要印刷出版,所以剧本才写了那么长。因此,莎士比亚与其说是个剧作家,不如说是个写书人(Maguire L, 1996:57)。这种想法看来不免荒谬,但考虑到对图书的过分信赖,这也并不奇怪。这就是为什么当年兰姆(Charles Lamb)公开宣称《李尔王》上不了戏台的原因。[①]

1930年,格雷格荣任英国目录学协会主席,豪言新目录学将成为一场意义非凡的文学批评运动。仅仅两年后,他就已经按类别

① 查理斯•兰姆曾说过该剧“is essentially impossible to be represented on the stage”,而更适合在书斋中品味,见其1811年文“On the Tragedies of Shakespeare, Considered with Reference to Their Fitness for Stage Representation”. The Romantics on Shakespeare. ed. Jonathan Bate. Harmondsworth: Penguin, 1992. p.p. 124.

辨析了整整70份手稿。此后,他发表文章150篇,著书10册,总共辑录了各种原始文献资料125份之多。1932年,新目录派如日中天:格雷格获牛津大学荣誉文学博士学位;目录学协会的注册会员史无前例地达到了1150人;身为秘书长的迈凯洛在这一年成为英国科学院院士。

在没有莎士比亚手稿的情况下,要想寻根溯源,格雷格就必须更进一步。威尔森就曾提醒格雷格,要重点推敲印刷文本背后的手抄稿(Greg W W ,1956),因为在认识到印刷文本不够可靠的时候,就必须寻觅印刷文本的来源。多佛·威尔森认为,由于没有任何手稿遗存,所以莎士比亚的全部图书都是印刷排字工在没有剧作者监督的情况下的任意妄为。威尔森是波拉德的养子,他的剑桥版《新莎士比亚》如今依然是权威版本。对于新目录派来说,威尔森最有名的成就是发现了《仲夏夜之梦》中有关疯子、恋人、诗人的分行错误。手抄稿研究对于新目录派来说具有转折意义,如果新目录派单纯停留在印刷文本的考量上,那么维护英国文学的地位就会十分尴尬。

格雷格主要参照的仅仅是乡村舞台表演的提词本,但这些资料对于考证者来说却弥足珍贵。古腾堡之前的作者或许对于把名字加在一部作品之上几无兴趣,而印刷者则需要找出他们所印作品的真实作者(Febvre L,1976:261)。所以,只有假设这些提词本的作者是可信的,才能证明莎士比亚必然是“神圣的英国人”。

新目录派认为作者依靠直觉写下来的通常就是他确定了的,这显然与他们对手写稿的认识相冲突:一方面,他们觉得莎士比亚不可能整段整段地修改其戏剧;另一方面,他们也不否认作者可能转念一想另起炉灶。新目录派的成员奥布莱特注意到,莎士比亚戏剧的改编、修订或许远比人们想象的要频繁得多。她认为印刷出来的剧本上，台词前面的名字可能并不是原作者名字，倒更有可能是乡村舞台表演的提词人为了方便记忆，写上了演员的名字。格雷格写了一篇冗长的评论加以回应。奥布莱特毫不示弱，也做出高调回应。[①]但此时，格雷格其实已经很清楚，文学实证研究不可能像科学那样做到一锤定音。他在自己的笔记和个人抄稿中记录了很多奥布莱特的观点，可见对她的看法很重视。在私人信件中，谈到自己的见解时，也自嘲地写满了“荒唐”“臆测”“这完全不可能”等用语(Maguire L，1996:58)。

不过“格奥论战”并不意味着新目录派就此改弦更张了。唐纳德•麦肯锡(Donald Mckenzie)1966年出版的《剑桥大学出版社1696—1712:一个文献学的研究》迅即引起轰动。这本书被认为是最能继承英国考据研究传统的扛鼎之作，但也意外地摧毁了英式考据研究的基石，即“可靠的排字工将一个固定完整的字版传播于‘交流圈’[②]中”的前提是不存在的。根据剑桥大学出版社的历史，实际上书商会同时运作几个字版。这就直接消解了新目录派版本甄别的逻辑链条。但是，正统考据学者们认为数百年前的剑桥大学出版社不过是个乡村小作坊，不足以代表伦敦更权威的印刷行业。麦肯锡随即对此进行了辩驳并提供了旁证材料，不过他并没有运用18世纪的手稿去质证莎士比亚对开本和四开本的物质分析。相反，他全面描绘了《威尼斯商人》的排字工的草就工作。和波拉德1909年出版的《莎士比亚对开本和四开本》相比，麦肯锡并

① “格奥论战”可参见E. M. Albright. Dramatic Publication in England 1580-1640. New York: Modern Language Society of America，1927，以及RES在1928年第四期发表的Albright.“Dramatic Publication in England，1580-1640: A Reply”和Greg.“Review of Albright，Dramatic Publication”以及“Reply to Albright”。

② 罗伯特•达恩顿的交流圈概念(communication circuit)指的是从作者到出版者、印刷者、贩运者、书商和读者形成的一个关键要素运行的封闭模式，参见Darnton R. 1990. The *Kiss of Lamourette: Reflections in Cultural History* [M]. New York: W. W. Norton & Company，p. 111.

没有带着一种追根溯源的渴望去寻找英格兰的“莎士比亚”,而是用一种更宽容和开放的态度分析文本的物质世界。达恩顿(Darnton R.,2009:29)在《书的案例:过去、现在与未来》中说,格雷格创建了新目录派,麦肯锡则使之臻于完善。

新目录派始终没有达到乾嘉学派的成就,二者的区别源于各自的初衷。乾嘉学派并没有打算神化作者,他们从来都没有脱离“六经皆史”、将圣人仅作为哲学家和史学家来看待的基本方针。王念孙总结古书致误六十余例,为书籍的校勘辨伪建立完善工具体系,而新目录派则明显存在疏漏,急于以科学来维护伊丽莎白戏剧表演标准的权威,其方法始终不成体系,由于实例和所需解释证据总是两不搭界,格雷格要想列举例证数目困难重重(Maguire L,1996:42)。

但考据研究也绝非一无是处。迈凯洛(1927:5)就曾说过,这些发现是真正的发现,不单是观点类的东西,而是经得起证明的、没有任何调查可以动摇的东西。新目录派所做的去伪存真的工作,曾被盛赞为“向19世纪主观印象主义发出的独立宣言”(Anonymous,1928:526)。这么说不免有些夸大,但确实道出了考据研究的初衷。

到1950年罗素获奖的时候,实证研究已经成为英国众多大学英语专业的研究生入学资格要求。研究生在学习英国文学或其他专业的同时,要学会识别格式、核对签名、发现删节(包含错误或可能有违碍字句的书页)、明辨字号、追踪水印、分析插图以及鉴别装帧(Darnton R.,2003)。同年,因为对英国文学所做的贡献,格雷格被敕封爵士位。

而乾嘉学派的考据传统,从王氏父子到王国维、梁启超、章太炎、顾颉刚等,也从未停下脚步。汪中就认为:“古学之兴也,顾氏始开其端……中西推步,至梅氏而精”(凌廷堪,1998:351)。王力曾专章论述西学东渐时期的汉学发展。钱玄同说顾颉刚“采取了近代西洋史学界上种种新起的科学的见解和方法,来整理本国的旧史料”(钱穆,1931)。在反对和支持之中,乾嘉传统使得用科学来考察东方的传统学术成为一种自觉性,最终发展成朴学,包括汉语语法、汉语音学、汉字研究等现代学科,并推动汉学传入西方,影响了英国的伏尔特·西蒙、法国的马伯乐等古音考据学者,呈现出东学西去的态势。

参考文献

ANONYMOUS. 1928. Review of W. W. Greg: principles of emendation [J]. Life and Letters (I): 526-527.

Babington D, et. al. 2016. The broadview guide to writing [M]. 6th ed. Buffalo: Broadview Press.

Chartier R, 2002. Labourers and voyagers: from the text to the reader [A]. In Finkelstein, David and Alistair McCleery (ed). The book history reader [M]. London: Routledge, 47-58.

Collins J C, 1906. The hybrid -academic [N]. The Tribune. 1906-04-20.

Collins J C, 1905. Plays and poems of robert green [M].Oxford: Oxford University Press.

DARNTON R, 2003. The heresies of bibliography [J]. New York Review of Books (9): 43-45.

Darnton R, 2009. The case for books: past, present, and future [M]. New York: Perseus Books Group.

Elman B A, 1990. From philosophy to philology: intellectual and social aspects of change in late imperial china [M]. Cambridge (US): Harvard University Press.

Febvre L, Martin Henri-Jean, 1976. L'Apparition du Livre The Coming of the Book: The Impact of Printing, 1450-1800) [M]. trans. David Gerard. London: NLB (National Library Board).

Freeman, Edward A. 1887. Literature and language [J]. The Contemporary Review (52): 549-567.

Greg W W, 1906, Greg's Reply [N]. The Tribune. 1906-04-26.

GREG W W, 905. Review of J. Churton Collins ed. the plays and poems of Robert Greene [J]. Modern Language Review (1): 238-251.

GREG W W, 1913. What is Bibliography [J]. Library 12(1): 39-54.

GREG W W, 1925. Review of restoring Shakespeare, a critical analysis of the misreadings in Shakespeare's works, with facsimiles and numerous plates by Leon Kellner [J]. The Review of English Studies (4): 463-478.

GREG W W, 1956. Review of Fredson Bowers, On editing Shakespeare[J]. Shakespeare Quarterly 7 (1): 101-104.

Guth H P, 1969. Words and ideas[M]. Belmont: Wadsworth Publishing Co. Inc.

KerMan A, 1987. Printing technology, letters and Samuel Johnson [M]. Princeton: Princeton University Press.

Maguire L, 1996. Shakespeare suspect texts: the "bad" quartos and their context [M]. Cambridge:Cambridge University Press.

MCKENZIE D E, 2002. Typography and meaning: the case of William Congreve [A]. In Peter McDonald & S. J. Michael F. Suarez (eds.). Making meaning: printers of the mind and other essays [C]. Amherst: University of Massachusetts Press. 198-236.

McKerrow R B, 1921. A note on the teaching of english language and literature [M]. Oxford: Oxford University Press.

MCKERROW R B, 1923. Review of Pollard ed. Shakespeare's hand in the play of Sir Thomas More [J]. Library (4): 238-242.

Neidor f, 2018. The epistemology of academic publishing: Shakespeare, scholarship and theory [Z]. 重庆:西南大学.

Plato. 1973. Phaedrus[C] trans. Christopher Rowe. London: Penguin Group.

Richter D H, 2007. The critical tradition: classic texts and contemporary trends [M]. New York: Bedford/St. Martin's.

Russell B, 1945. A history of western philosophy [M]. New York: Simon & Schuster.

Selden R, Widdowson P, Brooker P, 2005. A reader's guide to contemporary literary theory [M]. London: Pearson Longman.

Showalter E, 1982. Feminist criticism in the wilderness [A]. In Elizabeth Abel (ed.). Writing and sexual difference [C]. Chicago: The University of Chicago Press. 179-205

Wright T, 1834. Anglo-Saxon scholars and literature [J]. Gentleman's Magazine (155): 259-260.

陈建华,耿海英,2009.俄国形式主义文论在中国30年[J].学习与探索(5):196-201.

程洁,1998.存在主义小说美学基本特征——兼论萨特与加缪的异同[D].苏州:苏州大学.

芬克尔斯坦，麦克利里，2012.书史导论[M].何朝晖，译.北京：商务印书馆.

冯汉津，1980.萨特和存在主义[J].当代外国文学(1)：10-19.

工，1980.让-保尔·萨特[J].世界文学(4)：51-52.

顾炎武，2006.日知录集释[M].黄汝成，集释.上海：上海古籍出版社.

何其莘，2001.外国文学[A].教育部社政司科研处，《人文社会科学研究现状与发展趋势——高校"十五"科研规划咨询报告选》[C].长沙：湖南大学出版社.

黄海群，林培锦，2015.论我国大学学术评价制度的变迁与变革[J].教育评论(1)：3-6.

焦树安，1981.法国著名作家——保尔·萨特[J].世界知识(8)：18.

蓝泰凯，2017.萨特与波伏瓦的今世情缘[J].文史天地(12)：72-76.

连淑能，1993.英汉对比研究[M].北京：高等教育出版社.

梁启超，1989.饮冰室合集·第7卷[M].北京：中华书局.

梁启超，1996.中国近三百年学术史[M].北京：东方出版社.

凌廷堪，1998.校礼堂文集[M].北京：中华书局.

刘湘，2016.波伏娃的存在主义女性主义思想研究——以《第二性》为例[D].苏州：苏州大学.

刘勰，2012.文心雕龙[M].王志彬，译注.北京：中华书局.

陆建德，2001.破碎思想体系的残编：英美文学与思想史论稿[M].北京：北京大学出版社.

苗丹国、管秀兰、杨晓京，2018.改革开放40年出国留学事业的回顾与前瞻[J].江苏师范大学学报(哲学社会科学版)(5)：11-

22,127.

钱穆,1931.评顾颉刚《五德终始说下的政治和历史》[N].大公报1931-4-13.

钱锺书,1979.管锥编[M].北京:中华书局.

邵雪萍,2020.法国著名哲学家、文学家让·保罗·萨特[J].戏剧文学(6):2.

施东向,1959.义理、考据和辞章[J].红旗(14):6-9.

童庆炳,2008.巴赫金与当代中国文学理论话语[J].文艺争鸣(3):111-114.

王国维,2009.王国维全集[M].杭州:浙江教育出版社.

王引之,2017.经义述闻[M].上海:上海古籍出版社.

仵从巨,2007.他人即地狱:《禁闭》的意思[J].《名作欣赏》(23):98-108.

邢秀玲,2020.萨特:孤独的存在主义大师[J].《各界》(11):85-88.

杨熙令,1978.结构主义是什么?[J].哲学译丛(5):69-70.

姚鼐,1992.惜抱轩诗文集[M].刘季高,标校.上海:上海古籍出版社.

于富增,江波,朱小玉,2001.教育国际交流与合作史[M].海口:海南出版社.

张冰,1999.对话:奥波亚兹与巴赫金学派[J].外国文学评论(2):97-104.

赵一凡,张中载,李德恩,2006.西方文论关键词[M].北京:外语教学与研究出版社.

赵志军,1997.寻找意识形态和文学形式的结合点——巴赫金的批评方法论[J].广西大学学报(哲学社会科学版)(3):98-101.

第三章　去经典化与学术表达能力下降

21世纪伊始，由于社会就业压力倍增，出国深造受阻，我国的研究生招生规模经历了几次大幅度提升。扩招后的研究生教育如何持续保障质量，一直备受各界关注。随着对研究生学术素养现状的各类调查的展开，诸多问题日渐暴露出来。其中，学术写作素养弱化甚至匮乏的现象尤其突出：硕士研究生学位论文的质量没有提高，反而在急剧下滑；写作规范大有问题，低级错误层出不穷；写作水平低劣，甚至不及高中生作文水准；论文看不出热爱和用心，满屏尽是机械、呆板、仓促、侥幸（王红雨，闫广芬，2020）。写作素养不足直接影响到研究生原创力的生成，而研究生教育应当始终指向原创力的提升。有鉴于此，学术生态有待健全的现象需要引起研究生教育界的高度重视，包括良好的语言造诣[①]在内的研究生自身品质亟待强化（方开瑞，2014），这是摆在决策者、研究者和全体师生面前的一个问题。

语言造诣（语言能力）本应是外语专业研究生的特长和优势，然而相较其他学科，外语类博士和硕士研究生在学术论文的写作和发表方面却不尽如人意。有鉴于此，学者们对外语专业研究生培养的具体层面和研究生学术能力的发展进行了深入的调研，并

① 《外语专业研究生的原创力与学术生态》一文中概括了研究生的三种品质：良好的人格；良好的语言造诣；良好的理论修养。也有研究者认为，研究生的学术能力包含研究能力、语言能力和知识能力，其中语言能力（包括外语能力和母语能力）是学术研究的基本前提（王雪梅，2013：13）。

结合教学指导实践提出了不少具有推广价值的建议。本章以这些研究为基础,以全境理论的育人理念为出发点,着重探讨外语专业研究生学术表达能力欠缺的表象背后,网络文化所产生的负面影响、“去经典化”的形成缘由和积弊呈现,探讨提升外语专业研究生的汉语写作能力的有效策略。

第一节 现当代文化载体与语言传播的加码和承重

中国文化最初以竹简、帛等为媒介，发展至20世纪的广播、报刊和电视，经历了漫长的历史。今天，随着计算机的普及、互联网的覆盖和智能手机的流行，以网络文化为代表的现当代文化已然成型，其技术融合之多元、信息含量之丰富、辐射范围之广大、传播速度之迅捷，以往的媒体显然无法匹敌。从狭义的角度理解，网络文化是指以计算机、互联网作为“第四媒体”所进行的教育、宣传、娱乐等各种文化活动；从广义的角度理解，网络文化是指包括借助计算机所从事的政治、经济和军事活动在内的各种社会文化现象（鲍宗豪，2001：33）。根据这个定义和本书主题，本节讨论的“现当代文化”是指从狭义角度理解的网络文化。

一、网络文化：狂欢、沉静与反思

网络文化是现当代文化的先锋和代表，以前所未有的速度风行全球。3G、4G和5G快速更迭，笔记本电脑、平板电脑、智能手机的亲民价格和小巧便携，为数十亿网络终端用户[①]提供了深度接入网络、获取海量信息、彼此频繁互动以及自主发声的渠道。对于网民而言，网络“无所不知”“无所不能”，兼具学习、社交、娱乐、购物等多种功用，极具诱惑力，好比菲茨杰拉德笔下的盖茨比那幢夜夜笙歌的神秘豪宅：“男男女女像飞蛾一般在笑语、香槟和繁星中间来来往往”，“（人们）彼此始终不知姓名……（却可以）亲热无比地

① 《数字2021：全球纵览》的数据显示，截至2021年1月，全球电脑用户数量为52.2亿，全球手机用户数量为46.6亿，而社交媒体用户数量为42亿。

会见”;“人们并不是邀请来的——他们是自己来的”(菲茨杰拉德,2007:81)。全民狂欢的网络盛宴只能令人获得一时的愉悦、宣泄、放纵和沉醉,如果网络管理者和运营者不加约束,制作者一味逐利和娱乐大众,网民就会逐渐变得麻木和钝化。本应对当代教育负起责任、促进文化传播的网络,势必承受越来越多的诟病。博大、严肃、深刻常常被浅陋、轻佻和粗鄙覆盖,传统审美和价值观遭遇空前挑战,快销文化产品抢夺眼球,与之形成鲜明对比的是,优秀传统、正统经典反而被无视甚至遗忘。这些冲击首先波及的人群,就是包括大学生在内的易受外界影响的青年人。他们的人生观和世界观尚未完全定型,判断相对缺乏理性,容易被各种热点吸引,甚至被哗众取宠和浮夸的表象误导,流连于不切实际的网络幻境之中,在各种真伪难辨的网络现象中日渐浮躁和迷失。

根据研究者的调查,大学生群体的日均上网时间达到2~6小时/天和6~10小时/天的占比分别为59.53%和21.56%;为了学习和了解时事上网的大学生分别为59.11%和51.74%,出于娱乐和社交需求而上网的大学生分别为73.02%和71.91%(张芳玲,2017)。这个数据颇为惊人,多数大学生平均每天花费四分之一的时间在网络世界里,与网络世界保持着频繁而紧密的接触。因为接入顺畅、成本低微,青年学生极易沉醉其间,模糊了虚拟世界和现实世界的界限,“反认他乡是故乡”。上网时间过长消耗学生的精力、消磨意志力,而网络亚文化[①]的传播也对青年学生的三观造成了难以估量的负面影响。“非主流”“丧文化”“佛系文化”“锦鲤祈愿”等与积极向上、昂扬奋进的时代主旋律相违背的思潮,甚嚣尘上的消费文化

① “亚文化”是区别于“主流文化”与“中心文化”的边缘文化,自20世纪40年代起,经由美国芝加哥社会学派与英国伯明翰学派的阐发传入中国。由于互联网为青年群体提供了不同于现实秩序的“数字家园”,青年居于网络亚文化的主导性地位,既是参与者,也是生产者,他们的文化趣味、表达需求与社交习性,和网络亚文化有着牢固而深切的关联(李静,2020)。

和拜金主义，乃至“网络暴力”等不良行为，借助各种网络平台和渠道散布开来，一度扰乱了当代年轻人的心智。

根据伯格纳提出的涵化理论（又称“培养理论”），大众传媒传播的信息具有一定的倾向性，这种倾向性以实时报道或者娱乐化的方式产生吸引力，在隐形的过程中指导人们的社会实践，这一过程是长期的、持续的（吴奇隆，2021）。网络时代的青年更加依赖以互联网为主的新媒介提供的信息，因此，网络文化载体的构建承担了隐性教育和显性教育的双重功能。网络管理者、运营者和制作者都应提高社会责任感、文化传播意识、思想政治修养与艺术素养，确保网络文化产品根植于优秀文化，充分发挥它对青年长期的、持续的双重教育功能。习近平总书记在庆祝中国共产党成立95周年大会上指出，在5000多年文明发展中孕育的中华优秀传统文化，在党和人民伟大斗争中孕育的革命文化和社会主义先进文化，积淀着中华民族最深层的精神追求，代表着中华民族独特的精神标识。中华优秀传统文化、革命文化和社会主义先进文化，就是在今天的时代背景下，现当代文化载体应当大力传播和宣扬的主流文化。本书探讨的国学经典教育，即是对中华优秀传统文化的弘扬与传承。在5000多年文明进程中生生不息、发展至今的中华优秀传统文化，无疑是文化自觉的基石，是文化自信的源泉，能让我们在对抗资本裹挟下的西方文化冲击时保持定力，帮助我们保持清醒，辨别那些表面上高扬所谓“民主、自由、人权”大旗，实则服务于资本利益及西方国家利益的普世价值的欺骗性和诱惑性。

提及所谓普世价值对青年学生的诱导，相对于传统媒体，互联网等新媒体的助推作用可谓强大到超乎想象，其影响力和渗透力也是全方位的。这一过程中，以美国为首的西方发达国家，通过文化产品的多渠道大量输出，将其政治理念、价值观念、意识形态和生活方式进行“世界普适性”的包装，并以多种文化产品形态在全球兜售(谷春蕊，赵美岚，2017)。思想理论水平有限、防范意识不足的青年学生极易被巧妙隐藏的西方腐朽思想蒙蔽，导致盲目崇外、本性迷失。青年学生是网络的主要使用群体，当他们的思维方式、生活方式、学习方式和沟通方式都在不知不觉之中被网络文化侵袭，只依靠学校的线下教育、课堂宣讲来争夺思想阵地，显然是不切实际的。我们在分析高校研究生传统文化教育的发展现状并试图提出应对策略时，一个至关重要的方面便是要充分关注以网络为代表的现当代文化载体。我们要研究如何结合时代特征，发挥新媒体技术的种种优势，整合线下教学、线上教学以及网络传播渠道，让中华优秀传统文化和新媒体形成合力，提升教学的生动性和吸引力，激发学生的求知欲与参与的主动性，引导他们认知并认同传统文化，从而将对中华优秀传统文化的热爱升华为对民族身份的自豪与热爱，最终落实到个人对中华优秀传统文化的日常践行上，做有“中国心”和“中国魂”的堂堂正正的中国人。

相对而言，在所有学科的研究生中，外语专业研究生可能是接触西方文化、思潮和信息最便捷、最密集的，也是反应最为迅速的。除日常课程学习中必须接触到大量西方文史哲经典著作和现代知识外，以网络为代表的当代文化载体更是加速了他们的信息更迭，也助推了观念碰撞。在互联网时代，外语专业研究生凭借语言优势，能在第一时间知晓世界范围内的时事新闻，聆听来自四面八方的声音，也能抢先体验以英、美、日、韩为代表的文化和娱乐产品的输出。典型例证之一就是，英语专业的学生(含本科生和研究生在内)在追剧时，无须等待国内视频网站字幕组的双语字幕加工，便能同步国外电视台和视频网站，看懂所谓“生肉”剧集[①]。必须肯定的是，连通世界且拥有海量信息的网络为外语专业学生提供了学习语言和文化的空前便利，学习资源因此获得极大丰富，学习方式也变得多元而灵活，然而，由此衍生的一些问题也需要学校和社会予以高度关注。

当学生在直面各类文化产品所传递的西方意识形态时，由于认知有限，他们不会清醒地意识到语言和文化之间的关联，也不会理性地判断渗透于语言之中的文化价值观的真伪善恶。因此，外语教学不能简单地从国外“拿来”或“移植”，而是需要一个思想意识的过滤过程，有必要进行语言意识形态的甄别与文化价值取向的鉴别（杨金才，2020）。鉴于此，互联网引领之下的现当代文化载体承担着史无前例的压力，被赋予了时代责任感和使命感。外语界具有大局观和前瞻视野的学者们提出的“全人教育”（文旭，2018）和“全境教育”理念（罗益民，2017），就是以立德树人为根本任务，以“通德”和“通识”为基础，提倡在知识结构和思维方式上打通中西，弥补外语学科的先天不足，引导学生深入学习中国古代思想文化的重要典籍，完善人格、明辨是非，以中为体，以西为用，体用结合，二者相辅相成，相得益彰（罗益民，2017）。国学典籍中蕴藏的中华优秀传统文化是我们应对文化冲突的底气和自信，是置身于意识形态和价值观之争中保持清醒的力量来源。

《了不起的盖茨比》如此描述疯狂派对结束后的场景：“明月依旧，而欢声笑语已经从仍然光辉灿烂的花园里消失了。一股突然的空虚此刻好像从那些窗户和巨大的门里流出来……”（菲茨杰拉德，2007：113）。曲终宴罢，浮华与喧嚣瞬间归于平静，徒留空虚和

① “生肉”，这里是指未经加工、没有字幕的影视剧作品；与之对应的“熟肉”，则是配备了中文字幕的作品。比如，在国内广受年轻群体欢迎的视频平台B站（Bilibili）上，往往以“生肉”和“熟肉”来标注影视剧，以适应不同语言能力的用户的需求。

幻灭，而空虚和幻灭正是菲茨杰拉德在小说中着力揭露的所谓“美国梦”的实质。时间演进至21世纪的今天，这部创作于近百年前的“爵士时代”的挽歌，似乎也在提示今时今日的我们：在全民参与网络狂欢之时，我们也应该反思如何坚守本性、回归初心，让国学经典阅读和外国语言文化学习同行，真正培养出德才兼备、全面发展的外语专业研究生，使他们既具备全球视野、深厚的西方文化常识和扎实的语言能力，又拥有冷静的批判思维和自觉的思辨能力，更重要的是，要从内心认同并熟谙中国文化，深负民族情怀和文化自豪感，成为构建新时代中国对外话语体系的中流砥柱。

二、网络语言：风行与褪减的循环往复

互联网引领下的现当代文化载体催生了所谓的“网络流行语”。移动互联网的快速发展，使得社交媒体平台成为语言模因模仿、复制和传播的重要场域（李心洁，2021）。强关系网络下的裂变式传播能在一夜之间对这些流行语进行全覆盖式的扩散。由于网络流行语具有幽默感，带有神秘、调侃与嘲讽意蕴，又往往及时贴近和反映社会热点，能在最短的时间内被触觉敏感、紧跟潮流的青年人追随和效仿。每一年都有各种“网络流行语”的征集和评选[①]，每一组流行语背后都能折射出当年最有吸引力、最具争议感的热点事件、人物和观点。因此，作为时代潮流浓缩和表征的“网络流行语”有其产生和存在的道理，活跃了人们线上和线下的交往，既能加深本就彼此熟识的人之间的默契，又能帮助陌生人实现交际的快速破冰。然而，在一组又一组网络语言风行与褪减的循环往复之中，无节制地使用网络语言的种种弊端日渐凸显。青年学生的日常交流和学术表达也被网络语言大肆侵入，以至于开口或提

① 以上海文艺出版集团有限公司主办的《咬文嚼字》为例，这本在国内颇具影响的严肃期刊，自2008年起至今，每年都会公布年度“十大流行语”。

笔即是“内卷”“干饭”“吃瓜”“凡尔赛”“瑞斯拜”“活久见”“立flag”、YYDS、AWSL等所谓热词，似乎离开流行语就不会说话和行文了。面对这种严峻形势，我们的语言文学教育进行纠偏和整肃就迫在眉睫了。

首先，从心理层面来考量，对网络流行语的盲目追捧和膜拜，暴露了青年学生的自我身份焦虑和价值认同迷茫。

由于与社会热点高度挂钩，网络流行语的产生、使用和扩散好比时尚界的潮流，更迭过于频繁。每一波流行语的生命周期都十分短促，长则一年半载，短则数月甚至数天。例如，2023年如果谁还在说“闹太套”“神马都是浮云”“伙呆”“蓝瘦香菇”“hold住”等，很可能会被人调侃“断网已久”，或者“还停留在2G时代”。套用一句“过时”的流行语：“你真是out了。”青年的性格特征之一就是乐于追逐潮流，唯恐置身于流行时尚之外；同时还担心对时尚的陌生会使自己露怯，显得“老土”，会被同龄人排挤或边缘化。巴赫金如此描述中世纪的狂欢广场：“在充满官方秩序和意识形态的世界中，广场上集中了一切非官方的东西，仿佛享有‘法外治权’，它为老百姓所有，来到广场上的是全体民众。”（巴赫金，2009：9）由此镜鉴当今时代这场全民参与的网络狂欢，空间虽已转换为虚拟空间，但日复一日，在以微博、QQ空间、微信朋友圈为代表的各种社交网络平台上，“中世纪狂欢广场”的模式还在持续上演。那时的狂欢广场没有真正的“法外治权”，就如今天的网络也绝不是“法外之地”，但是作为网民中最为活跃也是最具冒险精神和创造性的一个群体，青年总是处于一种蠢蠢欲动的状态之中，不能容忍自己被这场狂欢屏蔽，也不满足于“看客”的身份。

作为在校学生或职场新人的青年，尚未形成有力的社会话语权，加上所处环境竞争激烈，很容易产生无力感和渺小感，因此需要在网络的公共参与中寻求控制和能力感，也就是说，作为网络流行语的主要用户，青年在自发地追逐潮流的同时，其实也是在不自觉地参与一种日常软性话语抗争，这种抗争从语言角度折射出中国青少年在公共参与语境中的复杂处境(郑欣，2021)。我们在剖析青年对网络语言的重度依赖现象时，一方面要肯定他们在努力参与公共语境时的个性化表达和自我发声，以戏谑和调侃为主调的网络语言很大程度上也传播了有效信息，活跃了人际关系；另一方面，我们必须警醒的是，当网络语言全面渗入青年的常规表达，说者和听者皆一笑置之，对其中暴露的价值观迷失等诸多负面心理现象不以为然，我们的教育可能就会面临前所未有的危机了。

其中一个较为典型的例证就是海量网络语言存在良莠不齐的问题。不少流行语格调庸俗、含义粗鄙，带有浓重的侮辱性、赤裸裸的性暗示以及年龄、性别和相貌歧视等。遗憾的是，本应在净化网络用语中起到引领和示范作用的媒体，以及一些颇具公众影响力的所谓“网络大V”[①]，也本着迎合这场网络狂欢的心态，或者由于撰稿人素质欠缺，致使网络流行语粗鄙化的倾向日益突出。青少年更容易被网络语言低俗化的潮流裹挟，他们心智不够成熟，辨别是非良莠的能力、责任意识和自律意识都较为欠缺，在人云亦云之时，不小心便“集体沦陷”为滥用网络语言的群体之一。从心理层面来看，原因还是在于自我认识和价值认同的模糊。不少青少年误以为通过模仿和从众即能跻身于潮流之中；不熟悉流行语则是格格不入甚至保守落伍的象征，这恰恰是缺乏自信和判断力的表现。我们需要引导青少年意识到，满嘴流行语并非妙语连珠，也不是有品质的幽默感的展示，更加谈不上可由此“怒刷”所谓“先知

① V即英文VIP的简写，意为“非常重要的人”“要员”。互联网语境中的大V，指在新浪、腾讯、网易等微博平台上获得认证且拥有众多粉丝的微博用户。获得个人认证后，其微博昵称会附有大写的英语字母V的图标，故而被称为大V，多为明星、各类名人和学者。

感、成就感和存在感"（郑欣，2021），非但不能拔高个人形象，反倒在很大程度上暴露了无知和浅薄。

其次，从学术和学科层面来判断，依照网络流行语使用的现状，以外语专业研究生为代表的外语专业学生群体并未充分表现出他们应有的求知热忱和探究精神。

他们在本应表现出专业水平的领域却表现得迟钝、外行和业余，这个现象令外语教学界感到特别困窘和尴尬。网络流行语中有不少是英文单词或短语的缩写，以及中英文词语的拼贴，出处多为网游、动漫、影视作品或者综艺节目。因其构词简洁、形式新颖、易读易记，所以能快速在网民中传播开来。外语专业研究生本应成为这些网络流行语的特殊使用者，他们只需略微发挥专长，比如，花一点儿时间稍作查证，或者从语形学、语义学和语用学等角度稍加揣摩，便能自如地拆解这些流行语，完整理解其词义缘起和延伸意义，从而判断出如何适度且恰当地使用流行语，还能在朋友和家人中进行"科普"，客观上带动网络流行语的规范使用、合理传播，助推网络语言的净化。然而，我们在平常教学环节和硕士生学位论文的写作中进行观察，发现不少外语专业研究生居然和多数懵懂的网民一样，知其一不知其二，一味追随潮流，生搬硬套，不知不觉中成为盲目跟风的网络大军中的隐形人。

例如，前文提到的"立 flag"一词，从构词角度来看，属于简单的中英文词语拼贴，绝大多数人简单地将其理解为"竖起一面旗帜"。确实，"flag"最为人熟知的意义为"旗、旗帜；旗舰旗、司令旗"；但在计算机领域，特指"（用以表明储存数据特征的）标记、特征位"（陆谷孙，2007：705-706）。"立 flag"一词的出处其实是游戏汇编，指可成为某一事件判定依据的某段程序代码，所以"立 flag"意为"触发关键事件从而确定结局"。这个本来属于计算机语言的词语进入网络语境后,就衍生为“树立一个目标”的意思。由“立flag”又派生出一系列热词:“立下flag到底”“flag倒下”“打脸”以及意义相关的“立人设”“人设崩塌”“塌房”等等。在网络语境中,一旦提起“立flag”,大概率是暗示信誓旦旦地要达成的目标最终没有实现,即为“flag倒下了”或者“打脸了”。因此,“立flag”一词多有戏谑和调侃之意,影射多数人“知易行难”的不良习惯。类似的网络热词,其实只需借助权威的辞书,辅之以搜索引擎上相关的可靠介绍,很容易就能对其词源和词义有完整的了解,不仅丰富了词汇知识储备,还能紧跟时代,在必要时自如而准确地完成系列热词的双语转换。遗憾的是,包括外语专业研究生在内的外语专业学生,似乎并未对此类语言现象表现出追本溯源、寻根问底的探究精神。

再举一例。“凡尔赛”一词自2020年11月起突然爆红网络,“凡尔赛文学”还入选2020年度《咬文嚼字》发布的“十大网络流行语”。所谓“凡尔赛文学”,即一种“以低调的方式进行炫耀”的话语模式。经过网民对这一文体的快速模仿、复制和传播,“单纯炫耀”演变为一种调侃和自嘲:从通过“物质符号”堆砌自我印象转向对“物质符号”的解嘲、讽刺;从对自我形象的正向、高调塑造转向矮化形象来宽慰心理(李心洁,2021)。“嗜乐”是网民们参与互联网社交互动的一种习惯,因此,“凡尔赛”一词和其他多数网络热词一样,当表层意义无法满足其消遣需求时,网民便开始对流行语进行改写等再创造来赋予流行语以“新乐趣”(李心洁,2021)。“凡尔赛”因而衍生出多重含义,还实现了词性转换,比如,“凡尔赛了哈”即为名词转换为动词。如前所述,网络流行语反映了时代背景,既凸显了网络轻松、诙谐的氛围,还能展示个性和创造性,更为语言和词汇学的发展提供了条件(刘璐,2020),在当下的互联网语境中恰到好处地使用是无可非议的。然而,回到外语专业研究生的专业领域,有多少学生(包括本、硕、博在内)在创作以“嗜乐”为目的的“凡尔赛文学”时,或者互相频繁调侃“你又凡了哈”的同时,对“凡尔赛”这一法语地名的本意及其代表的历史和文化背景有充分的了解?笔者在英语专业本科生和研究生课堂上,曾就该词的相关知识进行了提问,例如:这种“炫耀式文体”为何要专门以“凡尔赛”来命名?为何不叫作“香榭丽舍文学”或者“白金汉宫文学”?“凡尔赛”一词有何特定寓意?凡尔赛位于法国何处?这个单词在英文和法文中如何发音?凡尔赛宫是哪一任法国国王修建的?法国大革命时,凡尔赛宫发生了什么?第一次世界大战结束后,协约国和同盟国签订的《凡尔赛和约》的主要宗旨和目的为何?《凡尔赛和约》的签订和中国1919年爆发的五四运动有何关联?等等。大多数学生一问三不知,只有极少数能大略说出事实。

除此之外,近年来在青少年中流行的嘻哈文化也贡献了大量网络流行语,如:MC,DJ,diss,battle,AKA,OG,homie,beef,flow,free style,lay back,old / new school,drop the beat等等。这类词汇多为简缩词,为了方便嘻哈歌手使用连串押韵的词句来填词,同时适合说唱行话和嘻哈曲风的快节奏。这些词语随着说唱词汇演进为通用语境下的网络热词,网民们开口便不自觉地发问“你是在disss我吗?”或者“来一段free style”,以及突然起哄“Battle! Battle! Battle!”我们在各种看似随机且随性的热词互动中,要观察外语专业学生应有的词汇和文化素养。有多大比例的外语专业学生能准确地说出“diss”一词是“disrespect”的截短词,常用于美式俚语,是另一嘻哈热词“respect”的反义词?另外,起源于美国,由非裔美国人创作的说唱用词中,有不少是表达暴力和情色的脏话,关于这部分说唱歌词的使用语境和分寸,又有多少外语专业学生能始终保持清醒的意识?如果说文化程度偏低的某些网民不知情地滥用这些网络热词，还情有可原，那么，我们的外语专业学生也人云亦云，在新鲜、纷繁、层出不穷的语言现象面前显得欠缺敏感，跟芸芸网民一样麻木而迟钝，这不应该引起教育工作者的警醒吗？在本该展示专业的地方却表现得业余，在本该探索的问题上却表现得懈怠，如此心态和状态持续下去，从微观上说，作为外语专业研究生立身之本的语言文化素质堪忧；从宏观上看，外语专业研究生的培养如何朝着“通德通识、博雅精专”的全人型人才迈出扎实的一步？

最后，从表达规范性来探究，高度依赖网络流行语，显然有碍于外语专业研究生回归正常的口头表达和规范的学术写作。

由于国学背景的薄弱和汉语功底的欠缺，外语专业研究生尚未拥有双语自如转换的本领，导致他们的日常表达和学术写作频频暴露出词汇贫乏、准确度和规范性欠缺等诸多弊病。关于外语专业研究生在课程论文、发表论文和毕业论文等写作中的诸多具体问题，我们会在本章第三节做详细分析和探讨，这里还是着重关注在网络语言的层层加码下，当各种热词、“段子”①和“梗”②铺天盖地而来，众多青少年不自觉地身陷其中，慢慢丧失了对表达规范性和个性化的判断和敏感。他们逐渐流于单一、浅薄、乏味的日常陈述，这和国学底子薄弱有直接关联。

如前文所述，每一波网络流行语都有它的生命周期，风行之后随即褪减，循环往复的只是“流行”这一现象，而非那些曾经流行过的词汇。与其形成鲜明对照的，是书写了各类国学典籍，历时数千

① “段子文化”，指流行于网络的“大众娱乐消费的游戏式写作”，在生产上具有交互性，可由网民根据自己的需求不断修改和加工。段子涉及的内容往往与网络热词和社会热点事件密切关联，可视作网络舆情的缩影（李哲峰，2020）。

② 网络语境中的“梗”一词，普遍认为是相声中“哏”字的误用；也有观点主张该词或可视作“gag”（“笑料”）的音译。“梗”是互联网时代虚拟场域的独特语言现象，以娱乐为价值取向，以共鸣为认同标签，以表达为参与目的，渐次演化为一种特殊的社会方言（王子健，2021）。

年传承下来的规范、正统、优美的汉语词句。它们不仅记载了博大精深的中华文化，也全面保存和生动彰显着汉语言文字的魅力。说好中国话，才能讲好中国故事，以文载道、以文传声、以文化人，向世界推介更多具有中国特色、体现中国精神、蕴藏中国智慧的优秀文化。本着这个原则，我们的外语专业研究生教育在着重培养和提高学生的外国语言文学素养和能力的同时，也需要引导学生科学认识网络语言，规范学生的汉语运用，将网络语言合理纳入汉语教学中（高琳薇，2021）。当今的中国，在网络语言层层包裹和挤压下的外国语言文学教育，除了需要纠正所谓“专业至上的思想倾向”和“学科与学术职业性西化”的偏向（罗益民，2017），还应该高度重视中华优秀传统文化的承袭和专业学习的双轨并行，强调规范准确、优美灵动的汉语表达的重要性，在将外语专业研究生打造成国家创新体系的生力军的过程中，引导学生探寻并发现以汉语言文字和经典辞章为代表的中华文化的独特魅力。

这里不妨用种种网络流行语和经典唐诗做一个简单的对比。脍炙人口的唐诗，或慷慨激昂，或哀怨悲歌，或飘逸豪放，或沉郁顿挫（顾青，2016：3），是属于中国人的文化和精神宝藏，内蕴丰富，几乎可以用来呈现和表达人类所有的境遇、心态和情感，亘古亘今，殊有不同。例如，在表达高山仰止的崇敬和膜拜之情时，如果学生一番搜肠刮肚之后，唯有一句“YYDS”，这样的语言表达会显得多么空洞而贫乏？此情此景，如略有唐诗常识，则别有一番生动描述，如称颂不出世的人才，曾有贺知章称李白为“谪仙人”，或者杜甫所言“白也诗无敌，飘然思不群”；赞美惊世之作，曾有“此曲只应天上有，人间能得几回闻”；感叹容颜之美，曾有“若非群玉山头见，会向瑶台月下逢”。再如，当代“打工人”感叹身不由己的生存状态，若只有“醒醒，起来搬砖了！”类似的直白调侃，又如何能像“嗟余听鼓应官去，走马兰台类转蓬"来得深刻别致又回味无穷？表达远离尘嚣的"资深宅人"们的无奈，何妨吟诵一句"江村独归处，寂寞养残生"？自嘲"秃如其来"的尴尬和失落，"白头搔更短，浑欲不胜簪"是否显得更加忧愤难平？相对于"单身狗"被猝不及防"喂一嘴狗粮"这样千篇一律的"无内涵"吐槽，如"天阶夜色凉如水，卧看牵牛织女星"般的自怜，或许更加唯美凄婉？

我们并不是要否定网络语言而一味推崇古诗词，任何事情都不能走极端，尤其是涉及教育中如何协调传统和现代的问题。网络语言的发展极大地丰富了汉语的表达效果，在活跃人际关系、促进交流方面自有妙处；同时，即便熟谙唐诗宋词之人，也不会随时随地出口成章，如此风格，亦有几分装腔作势、矫揉造作之嫌。我们要强调的是，以唐诗为代表的脍炙人口的经典辞章，应该是中国人自有的文化内蕴，是良好素养的体现，作为双语专业学习者和研究者的外语专业研究生更不能例外。我们旨在培养具有通德通识的研究生，如果学生只会网络热词，无视甚至淡忘了传承数千年的汉语言文学传统，对汉语的丰富性和规范性缺乏基本的判断力和敏感度，这就"很像不孝之子不恭地对待自己年迈的父母，对自己祖先留下的珍贵遗产完全熟视无睹(朱汉民，2017)；或者"家有华服千件，出门破衣烂衫"[①]，这便是外语教育界需要共同面对的遗憾。长此以往，切实提高研究生教育质量的责任和使命就难以真正落实。

① 笔者再次说明：本章在强调国学常识对于外语专业研究生的重要性的同时，并非全盘否定和贬损网络语言。关于网络语言在发展过程中存在的一些问题，教育工作者和语言研究者们需要以一种合理化、科学化、专业化的态度进行应对(赵宜杨，2021)。

第二节 经典阅读退场趋势与经史子集的零化

国学是一个在教育内涵上不断演进的概念，自周代起，经汉、唐、宋等数朝到近现代，始终与特定的时代和学术背景关联。但是，不论国学的核心内容是什么，都是跟教育分不开的（王宁，2020）。探讨全境教育理念下的外语专业研究生培养，打造中西贯通的高阶双语人才，一定不能脱离对国学典籍的阅读、品鉴和诵记。本章所说的“国学典籍”，包含“经史子集”在内，大致分为古诗词（如《诗经》、《楚辞》、唐诗、宋词等）和古文（如文言小说、杂剧、《史记》、《古文观止》等）两大类。本小节首先评析当今外语专业研究生教育中，典籍阅读在课程设置、课堂教学、课外讨论及研究中明显缺席的现状，然后以经史子集为代表，简略追溯国学历史与传统，力证国学经典对于研究生教学乃至提振青年学生的文化自觉和文化自信的重要性。

一、国学经典阅读：退场与代价

在所有学科的研究生中，外语专业研究生由于所学专业的特殊性、突出的外语能力和敏锐的文化触觉，一直处于中西文化碰撞的前沿和古今文化冲突的激流之中。外国语言文学一级学科的人才培养与教育内容要直接面对国外意识形态和西方主流话语，其文化价值观常常渗透在语言背后（杨金才，2020）。因此，外语专业研究生在努力提升多语言转换、多文化交际能力的同时，更需要警惕专业至上、外语优先的思想倾向，更加重视母语的延伸性和拓展性学习，建构扎实的中华优秀传统文化素养，唯有如此，才能在语言和文化的冲撞中,始终坚守民族身份,珍视民族文化和精神的独特性,不为他国他族文化轻易扰乱心智、影响判断,做出具有中国气派且具有世界领先水平的研究成果(罗益民,2017)。

国学经典阅读的退场,不利于外语专业研究生积淀深厚而渊博的人文常识,形成自觉而清醒的思辨能力。

自20世纪起,就陆续有不少有识之士通过对英语专业教学的纵向调研和总体反思,提出外语专业研究生除基本功不扎实外,还存在知识面狭窄、思辨能力偏差,尤其是抽象思维能力偏低等问题。数十年来,无论是综合性大学还是理工科院校,外语专业师生的科研成果不及文、史、哲等其他人文学科,是有目共睹的事实。究其根本,还是外语专业研究生的课程设置偏重于基本技能的训练,很大程度上忽视了广博的人文常识储备和严格的思辨训练,导致不少研究生入学后,一旦进入科研环节,即陷入头脑空空、下笔乏力的窘境。近年来,为深化科技体制改革,国务院对健全完善科技成果评价体系做出了最新指示,坚决破除科技成果评价中的"唯论文、唯职称、唯学历、唯奖项"问题(陈芳,2021),"论文至上""SCI至上"这样的单一评价模式被明令废除。这是为营造良好创新生态、推动产出高质量成果而做出的英明决策,广受包括高校师生在内的科研人员欢迎。但是,破除"四唯"绝对不代表科研成果可有可无,而是要摒弃形式主义,反对良莠不齐的成果堆砌,旨在树立以科技创新质量为核心的正确评价导向,科研人员的积极性和科研成果的原创性比以前更受推崇。也就是说,破除"四唯"政策的出台,绝不是为科研乏力的群体"撑腰",而是从一个崭新的视角,给新时代的外语专业研究生教育提供了警示:在本就相对落后于其他人文学科的科研产出的积弊之下,如何激发外语专业研究生投身科研的积极性和创造性?追本溯源,还是需要在稳固和充实人文常识的基础上,提升学生的思辨能力。

就全国范围内的研究生学制来看，外语专业硕士研究生学制一般为2～3年(部分高校为3～5年)，博士研究生为3～6年不等。在课程学习和科学研究用时的占比问题上，不少研究者提出两者并重。课程学习时间一般占学时的一半或稍多，科学研究和论文撰写应不少于一年(王雪梅，2009)。如此算来，研究生课程学习的时长不超过2年；而就课程性质而言，大体包含学位课程(公共学位课和专业学位课)和选修课程(必选课和任选课)，总学分从33分到45分不等。课程学习及课外学术活动(如学术沙龙、学术报告、学术研讨、学术会议等)是研究生修学、储能的基础，主要从语言能力、专业理论和研究方法三方面，帮助学生夯实功底，拓宽视野，提升学术素养，为他们投身科研实践做好充分准备。多年以来，就如何增强外语专业不同研究方向(语言学、文学、翻译、文化)的公选课程的兼容性，学界进行了不少积极的探讨，如普通语言学、文学导论、翻译理论与实践等公选课，可向各个方向的学生开放，很多高校也在课程设置的具体实践中加以推行。广博的人文常识储备是提升思辨和推理能力的基础。以文学方向的研究生为例，文学概论、文学理论、文学批评、文艺复兴时期的英国文学、英国浪漫主义诗歌、19世纪英国小说、美国现代主义小说等课程学习和专题研讨，确实有助于系统梳理西方文学发展脉络，熟识文学史上颇具代表性的时代和流派，培养批判思维和分析能力。然而，专业至上的倾斜性也是十分明显的，中学和西学之间没有融通，国学基本或全面退场，导致师生形成一种认识误区：外国语言文学学科本就是“西学为主”，“西化”是大趋势；如果试图在课程设置和专题研讨中增加国学典籍阅读和品鉴，好似在咖啡里掺入豆浆、三明治里夹了豆腐乳，成了违背常理的怪事。外语至上、专业至上，这是沿用数十年的外语专业研究生培养范式。

“从来如此，便对么？”百年前，鲁迅就在他的第一篇白话小说中发出过这样直白而犀利的诘问。就国学回归外语专业研究生教学一说，乍闻之，部分师生会觉得匪夷所思。其实，拓宽知识面是多数研究者倡导的外语专业研究生课程设置的原则之一，也是帮助研究生提升思辨能力、培养创新能力的必要条件。东西方古典文化常识之间岂能存在壁垒？当我们的外语专业研究生能够以英语、法语乃至拉丁语、希腊语，细读西方经典的时候，怎能默许他们对我国古典文化的学习反倒积贫积弱？譬如，学生能对欧洲中世纪的“七艺”[①]如数家珍，对中国古代的“六艺”[②]却一无所知；谈到柏拉图和亚里士多德的师承渊源，大都知晓“吾爱吾师，但吾更爱真理”，但若提起孔子弟子中的七十二贤人，有多少学生能大略说出其中几人？孔子说的“夫人不言，言必有中”和“吾门有偃，吾道其南”，是在夸赞哪两位？当克里斯托弗·马洛(Christopher Marlowe)在他著名的诗剧《浮士德博士的悲剧》(*The Tragical History of Dr. Faustus*)中，赞叹海伦的惊世美貌：“就是这张脸使千帆齐发，/ 把伊利安的巍巍城楼烧成灰的么？”学生是否能立刻联想到李延年的名句“一顾倾人城，再顾倾人国”？当学生沉浸在爱·伦坡(Edgar Allan Poe)哀伤凄绝的《安娜贝尔·李》(*Annabel Lee*)之中时，能否记起苏轼那首同样是以悼念亡妻为主题的《江城子·乙卯正月二十日夜记梦》？没有自己国家和民族经典文化为根基的外国语言文学研究，容易走向极端、偏执甚至全盘西化。只有拓宽文化传承渠道，多方形成教育合力(谷春蕊，2017)，方能助力外国语言文学研究生扎实有效地提升东西方传统文化素养；以此为基石，方能在全球一体化的今天，构筑以“各美其美，美美与共”为精神、以独特性和包容性为内涵的科研大厦。

---

① “七艺”是欧洲中世纪教育的主要学科，包括语法、修辞、逻辑、算术、几何、音乐和天文，即三门语言学科和四门数学学科；“七艺”的理念最早可追溯到毕达哥拉斯传统、柏拉图和亚里士多德的思想(吴琼，2016)。

② “六艺”为礼、乐、射、御、书、数。

国学经典阅读的退场，也不利于当下“三全育人”的课程思政大目标的最终实现。

“大学之道，在明明德”，这是耳熟能详的《大学》开篇首句，“明德”即光明正大的德。我们倡导以德为本、以德为先。如习近平总书记所言，道德之于个人、之于社会，都具有基础性意义，做人做事第一位的是崇德修身。这里的“崇德修身”，既是新时代下对“明明德”的新定义，也是对数千年来中华传统伦理哲学“修齐治平”[①]之“修”的解读。在封建社会，德之不修，难以成“士”；时至今日，德之不修，难以成“人”（拥有独立、完整的人格且品行端正的人）。按照教育部2020年下发的《高等学校课程思政建设指导纲要》的要求，课程思政是落实立德树人根本任务的战略举措，目的是引导学生将社会主义核心价值观内化为精神追求，外化为自觉行动。由此可见，以社会主义核心价值观为内蕴的“崇德”之意识与“立德”之实践，是当代大学生成人和成才的必要条件。人性论为德性论的出发点，德性的完善便是人性的充分实现（王守仁，2021）。思政教育在外语专业研究生课程教学中的全面铺开和深入，需要全体师生明确并提升德育的核心地位。

通过调查和访谈，不少学者发现外语专业研究生希望通过课程学习、专题研讨、学术沙龙等多种形式，在习得扎实的专业理论知识的同时，也能拥有宽广的跨学科知识（如哲学、教育学、心理学、数学、历史等）。正所谓“先博后渊”，对人文学科常识的博闻强记，是各学科研究生（包括外国语言文学专业在内）迈向专业精通的功底和根基。调查数据显示，48.7%的文史哲类研究生不能完整描述中国传统文化中儒、释、道三家的思想精髓，他们对中华传统

① 修齐治平：修身、齐家、治国、平天下，出自《礼记·大学》。“修齐治平”理念，即为孟子“内圣外王”精神传统的完整呈现，又体现了儒家思想中“家国一体”的特定认知，可视为中国封建社会一贯推崇的具有担当精神的“治理精英”们的塑造路径（时晓红 2015）。

文化普遍感兴趣，但对传统文化的历史源头、发展历程、内涵实质和精髓要义并没有系统清晰的认识(谷春蕊，2017)。例如，学生普遍熟悉“窈窕淑女，君子好逑”一句，知道此句常用来描述男子对美丽女子的渴慕和追求，却大多不能准确地说出此句的出处即《国风·周南·关雎》，也不能解读诗中所用的“雎鸠”“洲”“荇菜”“琴瑟”“钟鼓”等意象，以及这些质朴生动的意象共同营造的男女情爱的至美意境。推而广之，孔子评价《诗经》的意义“诗三百，一言以蔽之，曰：‘思无邪’”，此处“无邪”作何解？“思无邪”三字为何能成为对《诗经》审美和伦理价值的千古定评？通过《三国演义》小说原著和系列影视剧作品，诸葛亮这一人物因足智多谋早已深入人心，大多数学生能熟练地讲述“卧龙凤雏”“三顾茅庐”“舌战群儒”“草船借箭”“三气周瑜”“七擒孟获”“六出祁山”等典故，但如果问到他们如何看待鲁迅那句有名的评价“状诸葛多智而近妖”[①]，不少学生可能会深感困惑，猜测这句话是否表达了鲁迅对诸葛亮的负面评价？但若他们了解罗贯中《三国演义》的写作背景，就知道小说《三国演义》和作为“前四史”之一的《三国志》的渊源，也能接受对小说人物和历史原型(如《三国演义》中的诸葛亮和《三国志》中的诸葛亮)的评判。

上面我们举了两例：“五经”之一的《诗经》和“四大名著”之一的《三国演义》，分别为儒学经典和古典小说的巅峰之作。但上述问题只是文化常识，试问，只要有小学文化程度，谁人不知“君子好逑”？谁人不晓诸葛孔明？但若对这些常识性问题略作延展，即便是专门从事语言文学研究的研究生们，恐怕也会难以作答。这便是研究生教育里国学经典阅读退场的代价。不懂“诗三百”的无邪

① 鲁迅在《中国小说史略》中点评罗贯中本《三国演义》的人物：“至于写人，亦颇有失，以致欲显刘备之长厚而似伪，状诸葛之多智而近妖……”(鲁迅，2010)，意为小说中的诸葛亮被过于夸大了智慧和谋略，属于文学创作对历史原型的再加工，这个被“神化”了的诸葛亮不能等同于历史中的真实人物。

和质朴，如何品味人心的纯净和爱情的唯美？不知小说和史书的渊源，如何识辨人性的复杂，分析政治的迷局？一言以蔽之，中华优秀传统文化的精髓、社会主义核心价值观的理念，如果不能借由国学经典得到承袭和传播，不仅会造成包括研究生教育在内的当代高校教育在争夺思想阵地的斗争中失守，也极有可能让这一批处于东西方文化碰撞中的年轻人陷入心智和信念的晕眩而最终迷失。

二、经史子集习得：零化与遗憾

“经史子集”是中国古代典籍的四大部类，包括经书、史书、先秦百家著作、文集和宗教典籍等。如果把国学比作一座收藏了海量奇珍异宝的博物馆的话，“经史子集”必定是这家博物馆的“镇馆之宝”。如果访客流连其间，却不去翻阅和熟读“经史子集”中的名作，不记诵其中的名段名句，就犹如“入宝山而空手回”，必定无法见识中华优秀传统文化之真颜，也无法领会中华优秀传统文化之精髓。前文提到的《论语》《孟子》《诗经》《礼记》《史记》《三国志》等，都是属于“经史子集”的著作。“经史子集”虽然容易给人以沉重艰深之感，但其中的名章名句、要旨内蕴，数千年以来早已贯穿并渗透进了中国人的思想和表达之中，是我们在不经意之间，在日常交流和正式写作之中引经据典的源泉。然而，我们在探讨外语专业研究生国学教育这一主题时，还是要特意强调“经史子集的零化”。难道“经史子集”的常识在全民教育中还不够普及？莫非在经过九年制义务教育、高中、大学本科阶段的教育之后，我们的外语专业研究生的国学常识储备，还谈不上“过硬的经史子集功底”？事实证明，这两个方面我们做得确实还不够好。

以某著名外国语大学为例。到2021年，该大学已具有超过30年的英语专业研究生教育基础。研究者归纳了英语语言文学专业的文学方向、语言学方向、翻译方向、文化方向的必修课和选修课，颇为齐备。讲授通识性知识和探讨专业理论与方法的选修课程，各个方向共有英语文体学、叙事学、西方哲学思想史、圣经与西方文化、古典神话和西方文学、语言哲学、音系学、教育统计学、语料库语言学、语用与语篇、跨文化交际学、二语习得哲学、文化语言学、译介学、文学翻译、典籍英译、戏剧翻译、基于语料库的翻译研究等等（常俊跃，于欣慧，2015）。在课程安排和开设上，该校的情形大体反映了国内大多数外国语大学、综合性大学外国语学院的实际情况。当我们在全境教育理念之下，谈到外语学科的职业性西化、学术的西化与时髦风尚以及外语专业教育的固化等问题时，却不得不深思外语学科"正畸"和"纠偏"的必要性和紧迫性了。对外语学习者和研究者而言，和母语割裂的外语学习和研究都是难臻化境的。前文所举中国近现代文化史上，能打通古今中西、终成文化泰斗的若干大家，如梁启超、王国维、陈寅恪、赵元任、林语堂、钱锺书等，无一不是贯通国学和西学之人。诚然，绝大多数外语学人在天赋、才华和意志上，不能与这些大家比肩，但是，追比圣贤不正是古往今来中国读书人的愿望吗？外语专业学习进行到研究生层次时，越来越多的学生发现自己进入了能力和学问提升的瓶颈期。无法突破这个瓶颈期的原因，恰恰是缺乏中西贯通的人文常识储备和优秀的母语表达能力。

中国学生大多深知品读和记诵"经史子集"对于提升国学造诣的重要性，但实践起来，却常常面临一个难点：文言文。对今天的学生而言，以文言文写就的"经史子集"著作存在极大的阅读难度，这是不言自明的。然而，既然当今的口头表达和书面表达都普遍使用白话文了，能读、能写文言文的意义和价值在哪里？从20世纪初的新文化运动至今,白话文的兴起和普及在现代中国已有百年。“之乎者也”的时代似乎早已过去,即便是正式表达和学术写作,也没有人提笔写“嗟乎!”“悲夫!”,或者以“上之、次之、外之、下之”这样的连词来进行论述和分析。然而,白话文不是凭空产生的,破立之中,白话文的演进不能与文言文完全剥离。即便是在白话文运动开展得轰轰烈烈的年代,具有学科意识和学术视角的一批知识分子,如朱光潜等,仍然坚持白话文和文言文之间应该形成一种辩证的中间立场,并且倡导白话文应吸收文言文的精华,兼收并蓄、雅俗共赏,不能盲目追求“作诗如说话”。文学与生活自有界限,要为中国的诗性传统留有余地。这些呼求和批判,体现出一个横贯中西、纵论古今的学者坚持在中国文化本位上为继承和发扬民族精粹所做的种种尝试(刘斌,2020)。

“经史子集”中有太多名篇华章,措辞优美精练、内蕴绵长深远,令从古至今无数代读书人常读常新,默念与吟诵之间,口齿留香、心潮澎湃。试举一例,上段中的“嗟乎”“悲夫!”“上之、次之、外之、下之”就频见于司马迁名篇《报任安书》,此文佳句名段俯拾皆是,如:“盖文王拘而演《周易》;仲尼厄而作《春秋》;屈原放逐,乃赋《离骚》;左丘失明,厥有《国语》;孙子膑脚,兵法修列;不韦迁蜀,世传《吕览》;韩非囚秦,《说难》、《孤愤》;《诗》三百篇,大抵贤圣发愤之所为作也。”这一段一气呵成,行文铿锵,大气磅礴,悲而不怨,先后用典8处,列出7位先贤,皆为身处逆境却矢志不移,于重重困苦中建功立业的大家。司马迁因为李陵辩护而遭宫刑,身心遭受重创。他以古圣先贤的遭际激励自己,发愤著书,终成《史记》,所谓悲愤出文章,诚非虚言。这段文字生动展示了文言文的精妙和简练,作者“虽九死而不悔”的执着也令无数代读者为之喟叹和敬拜。试问,如此文章,倘若逐渐在青年学子的日常阅读中零化;如此精神和气节，逐渐被当下的学子们淡忘或无视，我们的外国语言文学教育就真有可能被贴上“数典忘祖”的令人难堪的标签了。

在白话文蓬勃兴起的时代，朱光潜（1987：103）就评析过白话文的利弊，并严谨区分了口语和写作用语：“说话时信口开河，思想和语文都比较粗疏；写作时有斟酌的时间，思想和语文都比较缜密。”如此看来，即便百年已逝，白话文早已在日常表达和规范写作中全面铺开，它和文言文绝不是对立二分、非此即彼的。文言文不能只悬于高阁之上，尘封于故纸堆中，或者停留在中小学语文课本里和试题中；它的纯正简洁、雅俗兼容、音义协调、隽永深邃，客观上仍然在继续滋养着白话文的表达和演进。外语专业研究生和其他青年学生一样，在非正式口头表达时会疏于措辞的整理，甚至使用网络流行语；但是，如果他们的写作还是随意堆砌大白话，文法混乱、逻辑松散，或者因为深受西语影响，通篇存在大量“西化中文”，这定是跟他们的母语能力不达标直接关联的。

“经史子集”是取之不尽、用之不竭的语言、文化和精神宝藏，为我们的母语写作提供了全方位示范：文章的谋篇布局、字词的雅正凝练、风格的鲜明凸显、典故的丰盛繁多、立意的深刻高远，给历代读书人树立了模范。考虑到唐以前文言文的难度，为帮助学生迅速进入阅读古文的氛围，感知古文的魅力，培养阅读古文的习惯，更多更快地从中吸取语言和精神养分，有学者建议文言文阅读不必为了追求阅读的系统性和完整性而非要从先秦一直读下来，完全可以先读明清乃至近代的古文（叶帮义，2020）。在文言知识得到丰富、眼界得到扩充的基础上，由浅入深、由近及远，拓展至唐宋散文的选本，如韩愈、柳宗元、欧阳修、王安石、苏轼等人的文选；再由此上溯到《史记》《汉书》《后汉书》《三国志》《水经注》等的选本，最后阅读先秦诸子散文和历史散文。提出这种按照写作时间和朝代“倒读”的建议，是因为相对而言，近代文言作品略易于明清古文，明清古文又易于唐宋古文，唐宋古文易于先秦两汉古文（叶帮义，2020）。这种阅读顺序比较适合文言基础有限的现代学生，笔者深以为然。

“经史子集”在外语专业研究生培养中的零化，直接带来的后果有二：一是外语专业研究生的国学根基薄弱，思想西化倾向严重；二是母语表述能力有限，甚至到了捉襟见肘的程度，在课程论文、项目申报书和结题书、毕业论文等学术写作中暴露出种种问题。外语专业研究生能够知晓西方哲学史中“形而上学”的发端，能掌握赫拉克利特的“逻各斯”和柏拉图“理念”之说，了解为“形而上学”继续寻找出路的康德的“三大批判”，却未必能回答老子在《道德经》中对世界的本源做了怎样的探索。学生可能对T.S.艾略特（T. S. Eliot）的《诗与剧》（*Poetry and Drama*）、《诗人与诗歌》（*On Poets and Poetry*）等文学批评作品颇有印象，却未必能准确点评王国维《人间词话》中的文学境界论。学生能从乔治·查普曼（George Chapman）的英译《荷马史诗》中领略古希腊英雄时代的恢宏壮阔，但是未必能通过对朱熹的《楚辞集注》的阅览，深切体会中国浪漫主义诗风之典丽优雅。

如何在外语专业研究生教育中填补“经史子集”阅读的空白，本书将在第四章从教学大纲与课程设计、教材建设、考核与评价机制等方面给出具体建议。鉴于研究生专业课程已经很密集这一现状，在现行课程设置中补充“经史子集”导读课程或专题研讨，都涉及外语专业研究生培养方案的修订，以及外国语学院与本校文学院的合作问题，工程颇为庞大。各高校外语学院开设外国语言文学研究生教育的基础也有明显的强弱之分，具体执行起来，难度是可想而知的。但是，在这个文化和语言空前碰撞与交融的新时代，要坚守并提振中华民族的文化自觉与文化自信，国学教育融入研究生教学就是大势所趋。无论这项工作多么艰难，历时多么漫长，为学生增补以“经史子集”为代表的国学典籍常识，帮助他们克服对“经史子集”的畏难情绪，纠正部分学生认识中存在的谬见，都是必需的。在现阶段而言，可以立即着手的至少有两步：第一，统一认识。高校外语界专业人士（决策者、培养计划制定者、外语专业教师等）要牢固树立对国学之重要性的认识。国学对于外语专业研究生来说，在夯实与拓宽人文功底、增强语言素质和提升思辨能力等方面具有不可替代的作用。第二，线上推广。除了在专业培养计划（包括课程设置、学分修订等）中引进以“经史子集”为代表的国学课程之外，充分利用各种线上平台和渠道，如慕课、微视频、微博、公众号、电子书等，全方位传播和推广国学常识，以当代青年学生喜闻乐见的形式，由浅入深、以小窥大，激发他们认知和探究国学的热情，培养他们阅读、记诵、引用国学典籍的习惯，推动他们延展视野、提升格局，有意识地、积极主动地展开中西传统与现当代文化的比较研究，从而进一步认同自己的文化身份和民族精神。

第三节 习作演练中的问题分析和课程融入

外文学科中的国学经典教育,不可能具有中文学科的系统性、全面性、专业性和职业性。从全面性来看,理论、历史、评论等在一定程度上缩减,重心放在经典阅读、思想以及语言营养的吸收方面,从而培养相应的思想、阅读、写作和表达能力(罗益民,2021)。如前文所述,提倡熟读、熟记国学典籍中的名篇名段,是帮助学生实现中西融通的关键。除此之外,国学阅读对于外语专业研究生而言,在语言表达和输出上最明显的效果便是汉语写作水平的切实提高。本节着重讨论汉语写作水平对于外语专业研究生的重要性,通过选取、展示和分析研究生习作(特别是硕士研究生学位论文)的样本,梳理其中较有代表性的问题,分析加强汉语习作演练在研究生日常教学中的紧要性和实操性,以及在研究生培养计划修订和培养实践中,习作演练与学位挂钩的必要性。

一、习作演练之于外语专业研究生的意义

关于研究生在读期间发表论文的水平和数量,以及毕业论文的预答辩、盲审、答辩和教育部抽查等环节的程序和要求,国内设有外国语言文学专业一级学科的高校都有明确规定。尽管"论文至上和SCI至上"的单一评价模式将逐渐被更多元、更客观的成果认定方案替代,但是,研究生的写作水平仍然需要在课程论文、发表论文、开题报告、毕业论文等学术创作中受到层层检验,不合格者仍然面临延迟毕业甚至被清退的可能。有调查报告显示,以习作演练为代表的实践教学的不足,已经影响到了学生的学术写作。

受访学生表示，应该在研究生二年级指导学生参加真正的实践，哪怕这个学期就写一篇1万字左右的论文也可以，但从开题、选题到最后结束应该有老师具体的指导，这样对研究生三年级的论文写作也会很有帮助（常俊跃，于欣慧，2015）。这就意味着，在提倡科技创新和评估体系革新的大背景下，研究生培养要把关注的重心从科研成果的盲目堆砌转移到成果的真实质量上。同时，应更加重视长期存在的研究生写作水平欠缺的问题，通过强化常规教学（尤其是研究生一、二年级）中的习作演练，大幅度提升学生的写作和表达能力，使他们做到下笔有神、言之有物，无论是一万字的小论文，还是十几万字的学位论文，都能在遵守学术写作规范的前提下，写得结构清晰、层次分明、逻辑严密、条分缕析且能自圆其说。

有调查者发现，英语专业研究生的写作焦虑与写作自我效能感之间呈显著的负相关关系；他们的写作焦虑处于高水平，写作自我效能感处于中等水平，而导致写作焦虑的主要原因之一即是薄弱的写作能力（向雪娇，2020）。笔者认为，外语专业研究生在写作能力上的欠缺主要表现在三个方面：汉语句法知识欠牢固，论文中频现西式“圆周句”[①]；汉语词汇选择和搭配错漏百出；对口语表达和书面表达（以学术写作为例）的差别认知不清晰，颇多浅白、随意和冗赘叙述。如此一来，就出现了读者在阅读外语专业研究生的中文论文时，要么觉得佶屈聱牙、不知所云，要么觉得结构松散、用词粗浅，时常会发出“不堪卒读”的感叹。事实证明，国学经典阅读的回归，特别是名篇的精读和记诵，对于解决以上问题是大有裨益的，我们逐一举例分析。

首先，关于汉语写作中的句式西化倾向问题。

英语专业尤其是文学方向研究生，因为长期浸淫于英文文本

① 英语“圆周句”的主要成分往往在句末或接近句末时才出现，以烘托整句的要点和主旨，因此，“圆周句”中有较多先行成分，构成句式上比较华丽而雕琢的展示和铺陈（孙生茂，1994）。

之中，难免在书面表达中受英语句式风格的影响。英语本属于日耳曼语族，在漫长的发展过程中又深受拉丁文法影响。在16世纪，随着英语散文写作的日益兴盛，英式散文中的拉丁文风也愈加凸显，犹以西塞罗式和塞内加式为典型代表。其中，西塞罗式文风讲究修辞术，用大量的明喻、暗喻、拟人、夸张等手段铺陈一事，句子是长的、丰满的，音调是铿锵的（王佐良，2018：13），影响了自文艺复兴以来一大批英语散文家的写作风格。我们经常能在英语文学研究生的论文中发现长句式中文，迂回拗口，颇有冗赘之感。下面我们将列举几篇硕士学位论文，鉴于大多数高校在外国语言文学硕士研究生培养方案中，都明确规定“硕士学位论文原则上用外文撰写”，我们将考察重点放在这些论文中用中文写成的“摘要”和“致谢”上，可从一斑得窥全豹。

如在一篇主题为“《项狄传》”[①]的硕士学位论文中，在篇幅不长的“摘要”里，作者使用长句的风格就有所体现：“具体表现在小说叙事情节组织所依托的时间模型即‘时间叙述模式’主要以物理客观时间的线性特点为基础”；“通过简要追溯自《荷马史诗》至《项狄传》西方叙事文学的发展脉络予以在直观上明确时间叙述模式转变的具体表现形态”；“而且随着18世纪后半叶发展出一个完全领先于其他国家并且影响文学创作直到如今的重要的叙事技巧变化——即时间叙述模式从模仿外部行动的线性物理时间叙述模式过渡到模仿人类心理活动非线性特征的心理时间叙述模式”；“使得我们得以以其作品及相关文学批评史料为纲暂时假定出一个结论即斯特恩为了揭示人心灵中的所思所想，尤其是要展现任何个性化思想从产生到发展的整个历程，进而选择分野客观时间观念与文中的时间观念并采用了脱离客观时间束缚的叙事策略”；“仅仅将目

① 本节所举外语专业硕博学位论文，均引自中国知网的学位论文库，字、词、句未作任何改动。为保护作者隐私，略去论文标题、作者和学校等信息。

光集中于《项狄传》中具体的叙事策略的话就会忽略掉一种重要的维度即这种策略却都需要以将情节组织所依据的时间模型转变为心理时间模式才能得以进行”。结构如此繁复的“圆周句”，显然不属于典型且规范的汉语句式。它在论文中频现，即便是颇具语言素养的读者，读来也会有如堕云雾之感，为了尽量捕捉其主旨，需反复审读才能大致领会，阅读体验想必是极不理想的。

其实，即便在西塞罗式文风盛行的16世纪，也有以培根（Francis Bacon）为代表的英国文人喜用简短凝练的句式。还有部分文人奉行更接近口语表达的塞内加式，注重论点的鲜明与表达的有力，句子是短的，不求堂皇的韵律而接近口语的节奏（王佐良，2018：14）。在断句果决、叙事明快、结构精练方面，汉语句式其实更接近培根体或塞内加式。而有的英语专业研究生在接触了大量古典和现代英语文本之后，未能很好地识辨、消化英语和汉语的句式差异，导致自己的汉语写作逐渐变异为“英式中文”①，句式建构不中不西、不伦不类，不仅在很大程度上缺乏汉语叙述应有的通透流畅，而且严重影响了传情达意的准确性和有效性。时至今日，英语行文中的西塞罗式和塞内加式之争早已成为过去，作为高阶英语学习者和研究者的英语专业研究生，相比其他专业的研究生应具备对语言差异性的高度敏感和科学认识。在专业学习过程中，英语专业研究生深刻领略了英语语言之美，充分感受了从古英语、中世纪英语再到现代英语的行文风格演进，以此为基础，更应该自觉增强英语和汉语的界限意识，在语法、语用、语义、思维和审美等五个问题上厘清两种语言的差异（王建国，2019），避免本族语和目的语输出时的无意识混用。

① “英式中文”或“英式汉语”，是指以汉语为本族语、英语为目的语的语言使用者以及以英语为本族语、汉语为目的语的语言使用者，由于受各自的目的语及本族语的影响和干扰，将英语特征和使用规则引入汉语，从而产生的一种带有浓郁英语风格的似是而非的汉语（范宏雅，2016）。

外语专业研究生在语言文学方面的博学应成为他们的专业优势，帮助他们打通中西语言界限，熟练运用汉语和外语进行学术写作。然而，从引用的例文中，我们遗憾地发现，相当一部分研究生不仅外语写作水平堪忧，甚至篇幅有限的中文“摘要”和“致谢”，也是章法混乱、病句频出，委实令人为外语专业研究生教育的现状感到担忧。

其次，关于词汇选择和搭配不当的问题。

外语专业研究生的论文中，时常出现词汇层面上的错漏，主要体现在“增词”“造词”“赘词”等几方面（范宏雅，2019）。以一篇主题为“哥特小说研究”的论文为例，文中有多处语法问题：“我们有必要廓清笼罩在‘科学怪人’在传播过程中的迷雾”；“塑造了‘科学怪人’对世界的认知宛如一个新生儿的形象”；“降低了小说的内涵和深度”；“但当时接受者们对‘科学怪人’却出现了另一种误读，认为‘科学怪人’是指‘怪物’，并误将弗兰肯斯坦当作是怪物的名字，且这种看法占了大多数，是主流的一种解读”。先不论文章本身的立意、分析、论证，单说语言质量，就可能会在第一时间让读者产生负面印象。再如一篇以“《堂吉诃德》在英国”为研究主题的论文，摘要中写道：“因为每位作家因为身处不同环境不同时代对《堂吉诃德》的理解就各不相同。”“因为”一词在同一句话中重复使用，明显是不合理的。外语专业研究生的汉语写作中频频出现语法问题，一方面可能是所谓“英式中文”的影响；另一方面，也暴露出母语表达能力薄弱的问题。如果我们培养出来的外语人才对于汉语缺乏精深的理解，对自己的文化一无所知，甚至在不知不觉中让目的语入侵自己的本族语而浑然不觉，那他们也很难承担文化使者的使命（范宏雅，2016）。这个判断是研究人员基于外语专业研究生的汉语写作现状得出的，也是在重振文化自觉的教育大背景下，在人才培养的素质和方向上,外语界应该达成的共识。

最后,关于口语表达和书面表达的差异问题。

前文提到了朱光潜对口头表达和书面表达之差异所给出的意见。他认为,写作时因时间充裕,完全能做到思量周详、遣词精心,思想和语文都比较缜密。遗憾的是,“语文缜密”这个标准,不少外语专业研究生的论文都没有达到。以一篇主题为“哥特小说”的硕士学位论文为例,作者在“致谢”中一一感谢导师、其他任课老师、家人及朋友,这本是再正常不过的致谢内容。只是作者在字数有限的“致谢”中,“向……表示(表达)感谢”这一句式就重复了数次:“向我的导师表示衷心感谢!”;“向各位老师表示感谢”;“再次向我的导师、任课老师、家人和朋友表达我的感谢”……虽然学位论文的“致谢”并没有明确的规范,可以长短不一、风格各异,但如此措辞,不禁让读者质疑这究竟是书面行文还是口头表达?除了句式重复之外,选词也显得贫乏单一,是否可以使用“师恩如山”等更为郑重的词语?

学术写作中的口语表达倾向,还表现在因选词不够具体明确而造成的语焉不详的状况。一篇以“英国文学中的疯女人”为主题的硕士学位论文,其摘要中有这样的陈述:“在文学作品中,人们看到很多女疯子……为什么会出现这种现象?这几年,对疯女人形象研究越来越多”;“笔者通过对解读后殖民视角下的女疯癫者形象,为人们反观现实,反观历史,反观人类文明做出了特殊的贡献,也为和谐社会的构建提供了一定的启示。”前一句结构松散,选词无特定意义;后一句中,论文作者认为自己的研究做出了特殊的贡献,也是选词不当造成的语义笼统。读者不禁要发问,此句是否有夸大其词之嫌?再举一例。在一篇探讨康纳德《黑暗的心》的硕士学位论文中,摘要里有几处“的”字的使用值得商榷:“贪婪的拿走他们的象牙和财富”;“毫无愧色的对非洲黑人进行虐待与屠杀”。“的”“地”“得”三个字的发音在汉语口语中几乎没有区别,但在书面语中,现代汉语强调了三个字的分工,目的是使书面表达更精准,避免歧义。如上两个例句中,都出现了“的”和“地”不分的情况。尽管这篇论文在汉语表达的总体质量上还算可圈可点,“的”“地”不分的瑕疵可能还是会让严谨的读者皱眉。

如上所列问题,均来自笔者随机选取的近10年来国内外语专业研究生的硕士学位论文,来源学校包括国内“985”或“211”大学、普通大学等。由此可见,外语专业研究生写作能力薄弱问题在国内开设有外国语言文学专业的高校中普遍存在。

在随机阅览外语专业研究生的学位论文时,我们也发现了不少优秀的写作范例。在一篇研究汉译《简·爱》的博士学位论文中,无论是致谢辞、摘要还是正文,作者都运笔精当、行文流畅、表达明晰,就汉语写作质量而言,堪称上乘之作。论文的致谢辞以半文半白的语言风格写成,既简练雅正,又情真意切。如作者在感谢博士导师、硕士导师、授课老师及友人时,措辞因人因事而异,庄重典雅,感激之情流露于字里行间:“吾师××先生,苦心孤诣研究译论,毫无保留传授知识,更兼育人教书并重,言传身教,诲人不倦。学子每每自省,便觉惴惴不安,唯有不断自勉以期不负师恩”;“硕士恩师×××先生、××先生,于某关心爱护,时常勉励、督促,师德高尚,师恩汤汤,余刻骨难忘”;“文学名师×××先生,了无门户之见,欣然接受求教,令某茅塞顿开。其渊博的知识、对学术的执著、对后辈的宽厚,令人敬佩不已”;“亦师亦友×××、×××,待人以诚,屡屡指点迷津,所获教益,余必将铭刻在心”;“其他诸多亲戚、友人、同门,或殷殷关切,或勉力相帮,实难悉数。唯借此不言,以志铭记”。这篇论文的摘要则多用白话文,但仍然遵循了传统汉语遣词造句的规范,断句自然、选词精准、表意练达,几无雕琢痕迹。试举其中两段为例:“取得笔译资格的译者的良心道德问题固然是个棘手的问题,但其译作的优劣可以由中国译协组织评论家进行评判,则译者是兢兢业业还是草率了事便见分晓……因此可以说,译协在监督译者工作、提高翻译质量、净化翻译市场等方面能够起到举足轻重的作用”;“在商业化的社会,人们尤其需要经典作品来抚平浮躁、涤荡心灵,提高审美能力,培养勤于思考的习惯。外国文学经典作品则需要高质量的翻译来帮助实现它在译入语国家中的经典建构。因此,译者、评论家、广大读者都应为之不懈努力,才能共享经典盛宴”。

上一段所举文白并用的致谢辞,思想周密,表达简明扼要,行文风格颇有几分王佐良所译培根《谈读书》的气质风韵,如:“读书足以怡情,足以傅彩,足以长才。其怡情也,最见于独处幽居之时;其傅彩也,最见于高谈阔论之中;其长才也,最见于处世判事之际。……有一技之长者鄙读书,无知者羡读书,唯明智之士用读书。然书并不以用处告人,用书之智不在书中,而在书外,全凭观察得之”(王佐良,2018:29)。王佐良对文言词汇、结构以及修辞的妙用,极为传神地译出了培根原文的纯净锐利,是脍炙人口的散文经典译作,也是译界文体对等的典范(周琳,2006)。但凡研读过王佐良先生在英国文学、文学史、比较文学方面的专著以及经典译著的读者,一定对先生深厚的中英文功底印象深刻。先生之行文运笔,犹如他对文艺复兴时期英国散文风格的描述:诸家竞起,但仍然朝一个主导方向在演进:“壮健而又敏锐”;“于平易中见思想,见艺术”(王佐良,2018:46-47)。众所周知,王佐良先生不仅是英国文学研究大家,也精通国学,外语教学与研究出版社出版的《王佐良全集》就收入了他撰写的与中国学相关的作品十多篇,其中《论中国文学史的新开端》一文，钩沉与回顾中国文学史的写作传统，从公元1世纪班固的《艺文志》到6世纪钟嵘的《诗品》，再到刘勰的《文心雕龙》，一直谈到通常被认为是中国文学史在近现代时期的开山之作的林传甲的《中国文学史》（秋叶，2016）。深厚的国学功底、扎实的外语素养是学贯中西的学者的共性，梁启超、陈寅恪、王国维、赵元任、吴宓、冯友兰、季羡林、钱锺书、王力、王佐良等一大批国人耳熟能详的学人，无一不是在国学界和外语界都有精深造诣的名家。

鉴于外语专业研究生学位论文在语法、语用、语义、思维和审美等方面都存在疏漏，因此，在修订外语专业研究生培养方案时，应当考虑将习作演练与学位挂钩。依照国内高校现行的外语专业研究生培养方案，硕士学位论文完成后，由导师和学院组织预答辩；通过预答辩后，利用教育部学位与研究生教育发展中心的学位论文质量监测服务平台进行盲审，根据盲审结果确定是否组织论文答辩。一般来说，多数高校的政策是：若2名或以上评阅人对论文质量持否定意见，则不能组织论文答辩；若有1名评阅人持否定态度，学位申请人应根据评阅意见认真修改论文，然后由学院增聘1～2名校外评阅人进行再次评审，通过后方可组织答辩。从预答辩到盲审再到答辩，学生的学位论文要经过导师、评阅人和答辩委员们的层层审阅和检查，哪一个环节没能通过，都会影响学生的如期毕业。所以，一份1.5万～3万字的学位论文，实际上就是每一位研究生在毕业前交出的证明其专业素养和学术创见的答卷，对于获得学位的重要性不言自明。即便多数高校要求外语类硕士学位论文原则上用外文撰写，但如前所述，中文"摘要"和"致谢"仍是论文的必要组成部分，会让各方评阅人对论文作者的学问深浅和笔力强弱产生第一印象，进而或多或少地影响他们对论文质量的整体判断。

习作演练与学位挂钩的策略,或许在部分专家看来,属于追求狭义的研究生教育质量。如果广义的教育质量指的是研究生德、智、体的全面发展,那么狭义的教育质量则指的是研究生的学位论文质量(孙淑芳,2010)。这种认识自然是有全局性和前瞻性的,笔者本人也深为认同;但是,当研究生通过了课程学习、中期考核、开题报告、发表论文等毕业所要求的"规定动作"之后,学位论文质量便成为研究生顺利毕业的必要条件,且有各级各类政策和规定来约束。无论师生乐意与否,狭义的标准此刻就成了唯一的标准。鉴于各高校外语专业研究生参差不齐的汉语写作水平,仅靠本科阶段开设的现代汉语、古代汉语和汉语写作等课程,显然已经不能满足以论文写作与发表为学业成绩和学术能力的主要标准的研究生培养模式了,高级汉语习作、研究生学术写作等进阶课程应以必修课或选修课的形式纳入研究生培养方案,规定相应学分,以完成学分的硬性规定来促成习作演练与学位挂钩。在当前外语专业研究生汉语写作水平普遍低下的情势之下,这是修订研究生培养方案时不得不考虑的举措。

二、习作演练在外语类文学研究生课程中的融入

韩愈《进学解》有云:"沉浸酡郁,含英咀华,作为文章,其书满家。"这是昌黎先生终成"百代文宗"的切身体会和经验之谈,也是这位"文章巨公"对立志著述的后学们的殷殷劝诫,其意为:沉浸在古代典籍的书香里,仔细品味咀嚼其中精华;写起文章来,书卷堆满了房舍。阅读是创新的基础。创作的灵感和才思皆来自对典籍反复而精心的研读,所谓"读书百遍,其义自见",在参透文献内蕴且充分赏析文笔文风之美的基础上,酝酿、架构、组织行文,才能做到"下笔如有神"。如前文所述,外文学科在系统性、全面性、专业

性和职业性方面与中文学科区别明显,重心应该放在思想和语言营养的养成和吸收方面,从而培养相应的思想、阅读、写作、表达能力(罗益民,2021)。这是我们在全境教育实践中,将经典阅读基础上的习作演练融入外语类文学研究生课程的具体构想,其思路和原理同韩愈所述"读与写"之关联异曲同工。书读得足够多,思考的深度自然无限延展,自然而然会对所读文献产生对比、品评的愿望和冲动,"治学"之举便应时而生。正如在《进学解》中,韩愈对夏、周以来的经典如数家珍、侃侃而谈,仅寥寥数语,却说尽个中精妙或瑕疵:"上规姚姒,浑浑无涯;周诰殷盘,佶屈聱牙;《春秋》谨严,《左氏》浮夸;《易》奇而法,《诗》正而葩;下逮《庄》《骚》,太史所录;子云相如,同工异曲。"这短短几句,纵论典籍、点评名家,格局壮阔、气度非凡。韩愈思想深邃、用词精当,令人不禁感叹他不愧为唐宋八大家之首,文章自有"开千古文风之滥觞"的盛誉。对于外语类文学研究生而言,重读和熟读此类古文,一方面能熟记和积累文言句词,结合日常白话文写作,逐渐拥有雅正而精准的笔力;另一方面,也能在潜移默化之中领会名家行文立意的谨严思辨,在自己的学术写作实践中加以融会贯通。

汉语的特点,如吕叔湘所述,因为汉语单音节占优势,但缺乏形态变化,所以语素和词的界限不清,词和词组的界限不清,语法单位处处难以一刀切,呈现明显的连续性(吕叔湘,1979:11)。经过本科四年、研究生三年连续的外语专业学习,不少外语专业研究生在不自觉中逐渐模糊了汉语和外语的区分。以汉语和英语的区分为例,前者如吕叔湘所言,属于连续性语言,界限性弱,过程性强,少使用界限标记;而后者属于离散性语言,界限性强,接续性强,多使用界限标记(王建国,2019)。如果学习者不能洞悉本族语和目的语在语法、语用、语义、思维和审美等诸多方面的不同,会出现双语转换时表达混乱，如“中式英语”或者“英式中文”的产生。在写作课程论文、发表论文、开题报告和学位论文时，会出现句式过于冗长或过于零碎，选词和搭配散乱无章，语焉不详而不自知等现象。这些都是未能把握汉语语言特质所导致的种种问题。

文学类研究生的专业必修课，多与文本选读与欣赏、文学史、西方文论、文学批评等相关，像普通语言学、语言学概论这类语言学普及课程，往往只开设一学期，至于语义学、语用学、英语语体学与文体学、语篇分析等语言学专业课程，多数文学类研究生不会再修习。课程选修的偏向是正常现象，因为术业有专攻，在完成了研究生培养方案规定的学分之后，学生们自然愿意将有限的修学时间用在文学方向的阅读拓展和学术创作上。但是，母语写作功底薄弱的问题会在接下来的论文写作中逐渐显现。上一节我们列举的存在语法问题的学位论文，都是学生在导师的指导下，经过反复修改打磨、层层审核之后，提交至学位论文库的“成品”，但是在谋篇布局、构句选词、文体文风等方面仍然存在不少的错漏和缺陷。可想而知，学生在课程论文、开题报告中一定存在类似或更严重的错漏。相对于语言学类和翻译类的研究生，文学类研究生的双语界限意识模糊似乎是常态。究其原因，语言学知识欠缺是其根本。这种现象如果不在研究生课程设置中加以改善，文学类研究生的汉语写作水平有限这一短板就始终不能得以补齐。有鉴于此，我们有针对性地提出两项对策，希望能对文学类研究生常规教学的改进有所助益。

第一，增设中国古典文学选读、中国文学史、《文心雕龙》的学理结构及选读、《古文观止》选读、《诗经》注疏与选读、《论语》今译与选读、唐诗宋词选读、四大名著导读等专业选修课，在系统增进研究生国学常识的基础上，以讲促练、讲练结合，将习作演练自然而频繁地融入课堂报告、读书笔记、课程论文的写作中，使学生的汉语写作实践拥有不亚于外语写作的强度。

强化汉语写作能力，很大程度上需要以课程设置的变动为引领和导向。如此一来，在面对国学课程种类更加丰富、选择更加多样化的选课表时，外语专业研究生会很自然地刷新“外国语言文学学习为大”的观念，开始自觉思考“中西贯通”对于高级外语人才塑造的重要性。在选课任务和教学实践的推动下，他们会主动查补自身汉语写作水平的不足，从短小篇幅的习作入手，逐渐提升中文功底和写作能力。上述课程其实已在国内部分高校的外语专业研究生课程中列出，但由于外语界普遍对国学的重要性认知不足，以及国学课程师资力量有限，学生选课和学习的实际效果并不理想。

选修国学课程、强化习作演练，对于学生而言，需要快速打消对国学经典阅读的畏难情绪，帮助他们树立借此提升汉语写作水平的信心。“读写不分家”的理念对于任何一门语言的学习都是行之有效的，经历了四年本科外语专业学习的研究生们自有切身体会，汉语言文学的习得自然也是遵循这个惯例。无数学者、文人用实践证明，在有限的学习时间内熟读几本国学典籍，对于打开洋洋大观的文言文世界之门，领略文言之美并流连其间，在潜移默化中突破汉语写作的瓶颈，达到运笔自如、风格鲜明的境界，着实是一条行之有效的路径。巴金(2009)在回顾儿时的读书经历时说道：“我背得较熟的几部书中间有一部《古文观止》……里面一部分我背得出却讲不清楚；有一部分我不但懂而且喜欢，像《桃花源记》《祭十二郎文》《赤壁赋》《报刘一丈书》等等。读多了，读熟了，常常可以顺口背出来，也就能慢慢地体会到它们的好处，也就能慢慢地摸到文章的调子。”《古文观止》作为“杂选古文”的范本，自1694年初印至今，300多年间一直盛行不衰，“其选简而该，评注详而不繁”，真正做到了“正蒙养而裨后学”，启发和滋养了数代中国读书人。直至今日，其灼灼光辉仍旧令我中华学子仰视，开卷有益，常读常新。

巴金所谓“摸到文章的调子”，意为渐渐领悟了文言文行文运笔之规律。这样的认知定能滋养自身的汉语写作。尽管当今学生的汉语写作都使用现代汉语，而纯粹的文言文几乎已退出汉语书面表达的舞台，但对于需要从事大量正式、规范、严谨的学术写作的研究生而言，从文言文中获取典丽、精当的词句，自觉防范汉语写作中过分西化的语法和文风，有百利而无一害。国学功底对于汉语习作的重要性，其实在高考作文中已有突出显现。历数多年来各省高考优秀作文，多有来自经史子集的名句、诗词、典故入题，如：“庄子说：‘物物而不为物所物’……荀子说：‘君子役物，小人役于物’”；“孔夫子曾云‘己所不欲，勿施于人’，反之‘己所欲’就果真能‘施于人’？其实不然，自然的生长规律早已在宇宙洪荒时便已定下，随着亘古流传下的规则前行”；“大学的门，请尽管用力去推开，就像李白那样‘仰天大笑出门去，我辈岂是蓬蒿人’；大学的路，请尽管全力去闯荡去探索，就像屈原所说‘路漫漫其修远兮，吾将上下而求索’”（罗雅文，2016）。正如刘勰在《文心雕龙》之《神思》篇中所说的“积学以储宝，酌理以富才，研阅以穷照”，好文章须“积学博见”，然也。

当然，我们在给外语专业研究生开设《古文观止》选读这类课程时，老师也可向学生推荐导读书籍供课外阅读，如鲍善淳的《读古文入门》、许嘉璐的《古代文体常识》、瞿蜕园和周紫宜的《文言浅说》等，以帮助学生克服畏难情绪，降低古文阅读的难度。除《古文观止》之外，文言小说也是为外语专业研究生巩固和增补文言文常识的趣味读本。从创作时间上讲，可按照由晚及早、由今及古的顺序，渐次从白话转入文言。

第二，充分利用网络时代的各种线上教学和文化普及平台，以及微博和微信公众号等宣传渠道，将汉语习作演练全方位渗透到外语专业研究生的课后线上自修中。同时，有规律地组织国学文化阅读讲座、翻译比赛、专题论文征集评选等活动，以赛促练，帮助学生在良性而公平的竞争中逐渐确立汉语写作尤其是学术写作的规范与标准。

在网络全覆盖学习、工作与生活的今天，以国学阅读和记诵为根基的习作演练绝不能局限于课堂教学和线下互动。如若不设法开辟和占领多个在线平台，以更快捷便利的传播方式向最大数量的学生群体推送国学常识，和最大数量的受众建立频繁的日常互动，恐怕难以适应当代青年学生的求学模式和需求。线上练习、评阅及反馈不受空间限制，允许师生灵活利用时间；评阅方式可采用老师评阅或者学生互评的方式，利用统计软件、语料库技术等进行后台数据采集和监控，为进一步的效度检查提供数据支撑。

在对英语专业硕士研究生的专业学习构成与自我认同之间的关系进行实证研究之后，研究者们发现：英语专业硕士研究生的专业课程教学评估体系亟待完善。评估体系包括专业课程设置、课程论文写作和教学评估。在专业课程教学评估中，我们不仅应该关注专业课程设置的内容，还应该进一步考察学习者课程论文写作能力的发展情况是否达到了专业课程设置的目的（吴红云，2014）。依据本章的例证和分析，大量外语专业研究生的论文写作能力是不太理想的。如果以此作为一个重要的专业评估标准，那么国内不少高校都不同程度地存在着专业课程设置的短板和缺失。另外，研究生的自我认同的建构，是伴随着能动的、反思性的、批判性的思维活动进行的。他们的自主学习能力和批判思维能力越强，专业学习动机越明确，对所学专业课程的教学质量越认可，就越可能拥有更积极的自我认同状况(吴红云,2014)。能动的、反思性的、批判性的思维活动的显性表现,首先就是学术创作,即各种学术论文的写作。英语专业研究生在写作中暴露出来的语言质量问题,除前文列举的中文语病外,英语表达方面也是错误频出。有研究者指出,毕业论文中出现最多的错误依次是遗漏或衍出的冠词、分裂句、连写句和介系词上的错误,普通学校、211学校和985学校论文中各种错误的分布情况大体一致,三组间并无显著差异(李喆,2013)。换言之,相当一部分外语专业研究生进入学位论文写作阶段,在双语写作水平上仍然没有达到专业培养计划的标准。如此一来,何谈踊跃而积极的"能动的、反思性的、批判性的思维活动"?研究生对本专业的认可度和自我认同感又何来根基和底气?

薛涌(2009:28)回顾他在北京大学中文系的求学经历时,说道:"除了毕业论文外,总共就有过两次写作经历。一次是上古代诗歌课,教授要求用古文写篇千字文……另一次写作,则是当代文学课的一篇四五页的评论,大概就2000字。……而后来到耶鲁读研究生,从硕士到博士都是一样:一学期选三门课。有的课要求期末写一篇20页左右的长篇读书报告,有的课要求在学期中写三篇读书报告,一篇10页,加起来也30页了。还有几门课,则要求学期中写四篇三四页的短篇读书报告,外加期末一篇20页左右的长篇读书报告或研究论文。这样,三门课加起来,一学期至少要写60页。仅两年的硕士读下来,就要写快300页。那就是一本书的篇幅了。"这是20世纪80年代初,国内顶级高校的习作演练情形。薛涌所述中美高校学生的写作数量和强度的差距,乍闻之颇为骇然:大约一本书的差别!30多年过去了,这个差距如今已有缩短,但如薛涌(2009:31)所言:"现在北大中文系也许不同了,但估计写作还是很轻的","说北大学生不写,大致还是准确的。"

近20年来，国内一大批高校的大学英语课程已经普及了自动作文评阅系统，如批改网、句酷批改网、冰果、iWrite等，一定程度上引导和督促了学生勤写多写，也能通过反复修改，帮助学生提升英文作文水平，同时适度减轻了英语教师的批阅压力，使教师能更全面地把握学生的习作水平。经过研究者的调查，自动评分系统的推广也产生了一些问题，包括批改网自动评分结果仅能有效反映学生作文的词汇复杂度和流畅度；评分与富有经验的评分员给出的评分之间的一致性较低，主要与名词短语密度、词汇复杂度和总词数相关，不能全面反映文本语言特征（高健民，2021）。自动评阅系统的开发者需要与一线教师合作研究开发，解决自动评阅系统长期以来面临的无法真正读懂文章内容的老大难问题（王建，2021）。外语专业研究生的汉语习作演练如果要启动自动评阅系统，系统研发上就有相当大的难度，适用于英语作文评分的自动评阅系统如何适应现代汉语写作，尤其是部分文白夹杂的文章？另外，近20年来逐渐推开的自动评阅系统毕竟拥有全国高校大学生这个庞大群体为基础用户，而面对基数小很多的外语专业研究生，开发成本就存在不小的问题。

作为最受互联网用户欢迎的自媒体工具，微信公众号具有高效而及时的信息传播性能。随着“国学热”在全国大范围涌现，一大批国学微信公众号也应运而生，如“国学智慧”“国学时代”“国学天空”“听闻国学堂”“四库国学”等，知识内容丰富、信息类型多样，起到了推广国学阅读的良好作用，但不少公众号在信息建设与服务功能上还存在诸多不足，如信息推送频率随意、信息推送量不足、国学知识比例低、伪国学信息泛滥、互动功能不足、栏目名不符实等（罗雪英，2019）。如果要针对研究生层次的高阶汉语习作演练建设公众号，可以考虑以“双语国学”的名称吸引广大学生关注，而目前的形势是“微信+双语国学”的公众号固然存在，但推广内容老套、形式缺乏新意（周谨平，2016）。因此，在以双语形式建设公众号时，除了自媒体运营者须具备高度的责任感和自律意识之外，还要求编辑自身就拥有过硬的国学功底和出色的双语水平。同时，自媒体需要在专业性和分级阅读方面有明确定位，分类建设相应服务号和订阅号，加强互动功能建设，促进编读互动交流。

无论是将习作演练融入外语专业研究生的常规课程教学，还是利用和发动各种在线平台和渠道，将“读与写”的实践延伸至课堂之外，宗旨都是将显性教育和隐性教育相统一，形成协同效应，构建全员全程全方位育人大格局（罗益民，2021）。这是全境教育理念在塑造和培养外语高级人才的过程、方式和目的中的体现和落实。孟子曰：“羿之教人射，必志于彀；学者亦必志于彀。大匠诲人必以规矩，学者亦必以规矩。”中华优秀传统文化的常识和底蕴理应成为外语专业研究生知识储备中非常重要的部分，所谓“学者亦必志于彀”，汉语言文学所激发的归属感和求知欲，是他们求学治学的精神根基。唯其如此，才不至于在直面中西文化冲突时陷入迷失的境地。因其学科方向的特点，外语专业研究生应志在成长为熟谙双语文化、文学和语言的高级外语人才，在国力空前强劲、民族自信空前高涨的新时代，当中国与世界频繁对话时，凭借扎实的多语表达功力，成为挺立前沿、从容发声的青年才俊，做新时期“讲好中国故事，传播好中国声音”的傲人先锋。

参考文献

巴赫金,1998.巴赫金全集(第六卷)[M].李兆林,夏忠宪,等,译.石家庄:河北教育出版社.

巴金,2009.巴金:谈我的散文[J].作文升级(8):34-35.

鲍善淳,2004.读古文入门[M].上海:上海古籍出版社.

鲍宗豪,2001.网络与当代社会文化[M].上海:上海三联书店.

常俊跃,于欣慧,2015.高等学校英语专业研究生课程问题研究[J].当代外语研究(11):40-43,78.

陈芳,胡喆,2021.用好"指挥棒",破除"唯论文"和"SCI至上":科技部部长王志刚谈《关于完善科技成果评价机制的指导意见》看点[N].新华每日电讯 08-04 (2).

范宏雅,韩冰,2016."英式汉语"在词汇层面的体现[J].长春理工大学学报(社会科学版)(2):120-123.

方开瑞,2014.外语专业研究生的原创力与学术生态[J].广东外语外贸大学学报(1):97-101.

菲茨杰拉德,2005.了不起的盖茨比[M].巫宁坤,译.南京:译林出版社.

高健民,2021.批改网英语作文自动评分系统评分质量研究[J].哈尔滨学院学报(7):102-105.

高琳薇,2021.汉语教学中网络语言的应用与思考[J].文教资料(12):211-212.

谷春蕊,赵美岚,2017.文化自信语境中研究生传统文化教育的现实困境与路径选择[J].新疆社科论坛(4):95-100.

顾青,2012.唐诗三百首[M].北京:中华书局.

克利斯朵夫·马洛,1956.浮士德博士的悲剧[M].戴镏龄,译.北京:作家出版社.

李静,2020.从边缘游荡到上热搜:网络亚文化中的青年表达[N].中国青年报09-25(2).

李心洁,2021.网络“凡尔赛”:语言游戏、自嘲戏谑与虚伪认同[J].东南传播(5):12-15.

李哲峰,2020.网络段子、段子化社交、“段友”——“内涵段子”的网络亚文化景观[J].视听(4):144-145.

李喆,2013.基于语料库的英语专业研究生毕业论文语言错误状况分析[J].河北工业大学学报(社会科学版)(4):53-58.

刘斌,宛小平,2020.“文白之争”中的朱光潜白话语言观[J].齐齐哈尔大学学报(哲学社会科学版)(12):11-15.

刘璐,2020.当代英文网络流行语的翻译研究初探[J].英语教师(12):108-109,114.

鲁迅,1979.呐喊[M].北京:人民文学出版社.

鲁迅,2010.中国小说史略[M].桂林:广西师范大学出版社.

陆谷孙,2007.英汉大词典[M].上海:上海译文出版社.

罗雪英,汪全莉,2019.国学微信公众号内容建设调研分析——以60个国学微信公众号为例[J].图书馆学研究(18):82-88.

罗雅文,2016.基于《文心雕龙》写作理论例谈高考优秀作文素材引用[J].池州学院学报(1):103-106.

罗益民,2017.全境教育:外语类文学研究生国学功底教育与培养研究[A].重庆:重庆市研究生教育教学改革研究项目.

罗益民,朱法蓉,2021.文化自觉与文化自信:国学与外语研究生教学[A].重庆:重庆市研究生教育教学改革研究项目.

吕叔湘,1979.汉语语法分析问题[M].北京:商务印书馆.

秋叶,2016.王佐良先生与中国学[J].国际汉学(4):12.

瞿蜕园,周紫宜,2016.文言浅说[M].北京:当代中国出版社.

时晓红，苗永泉，2015. 儒家“修齐治平”纲领的现代辨析与传统文化资源的发掘利用[J]. 山东师范大学学报（人文社会科学版）(2)：65-74.

孙生茂，1994. 英语“圆周句”的运用及其效果[J]. 外语研究(2)：5-8.

王红雨，闫广芬，2020. 如何提升研究生学术写作素养？——台湾大学写作教学中心研究生学术写作训练的经验与启示[J]. 学位与研究生教育(1)：53-58.

王建，张藤耀，2021. 国内自动作文评阅系统实证研究：述评与展望[J]. 河南理工大学学报（社会科学版）(5)：59-66，81.

王建国，2019. 重读《中式英语之鉴》[J]. 华东理工大学学报（社会科学版）(6)：104-113.

王宁，2020. 国学教育与中国特色新学科的创建[J]. 国学学刊(4)：7-8.

王守仁，2021. 论“明明德”于外语课程——兼谈《新时代明德大学英语》教材编写[J]. 中国外语(2)：4-9.

王雪梅，2013. 我国外语学科研究生学术能力发展：问题与对策[M]. 上海：华东师范大学出版社.

王雪梅，2009. 英语专业研究生课程设置与学术能力发展[J]. 外语界(1)：44-50.

王子健，李凌凌，2021. 网络“梗”文化的意蕴内涵与传播逻辑[J]. 青年记者(14)：109-110.

王佐良，2011. 英国散文的流变[M]. 北京：商务印书馆.

文旭，司卫国，2018. 外国语言文学研究生“全人”培养模式改革与探索[J]. 当代外语研究(2)：55-59，91.

吴红云，2014. 英语专业硕士研究生的专业学习构成与自我认同关系的实证研究[J].解放军外国语学院学报(6):66-73.

吴奇隆,2021.隐性教育视域下动漫文化载体的构建——基于涵化理论研究[J].传播与版权(6):70-72.

吴琼,安维复,2016.波修斯:将古希腊科学思想传至欧洲中世纪的文化英雄——以其在“七艺”中的作用为研究角度[J].上海理工大学学报(社会科学版)(3):254-259.

向雪娇,2020.英语专业研究生写作焦虑与写作自我效能感的研究[D].武汉:华中师范大学.

新浪科技.报告:全球网民数量达46.6亿 中国人每天上网5小时22分[EB/OL].(2021-01-27)[2021-08-10].https://baijiahao.baidu.com/s?id=1690048817617486454&wfr=spider&for=pc.

许嘉璐,2013.古代文体常识[M].北京:中华书局.

薛涌,2009.北大批判——中国高等教育有病[M].南京:江苏文艺出版社.

杨金才,2020.新时代外语教育课程思政建设的几点思考[J].外语教学(6):11-14.

叶帮义,2020.如何指导研究生的国学阅读[J].中国大学教学(5):16-21.

张芳玲,2017.网络文化对大学生传统文化认同的影响及对策探析[J].高教学刊(23):12-14.

赵宜杨,2021.网络语言对汉语言文学发展的影响探究[J].汉字文化(12):46-47.

郑欣,孙天梦,2021.软性话语抗争:青少年公共参与中的网络语言使用研究[J].湖南大学学报(社会科学版)(3):140-147.

教育部关于印发《高等学校课程思政建设指导纲要》的通知[EB/OL].(2020-05-28)[2021-08-10].https://www.gov.cn/zhengce/

zhengceku/2020-06/06/content_5517606.htm

周谨平,汪少文,2016.基于大学校园微信平台的国学双语传播推广研究[J].湖北成人教育学院学报(3):77-80.

周琳,2006.翻译家王佐良研究[D].成都:四川大学.

周振甫,1986.文心雕龙今译[M].北京:中华书局.

朱光潜,1987.朱光潜全集[M].合肥:安徽教育出版社.

朱汉民,2017.古典学知识与民族精神的双重建构——当代中国国学学科建设的思考[J].中山大学学报(社会科学版)(5):135-140.

第四章 解决办法:国学阅读与国学培养

在实际的外语研究生教学中,部分教师和学生具有专业至上的思想倾向,存在着对母语重视不够,对中华优秀传统文化认知程度较低、习得途径单一等问题,由此导致外语学科职业性西化、去经典化与表达能力低,研究生涉及中外文学比较研究的成果较少,翻译中国文化典籍的数量有限等现象。

为有效解决这些问题,文旭提倡推广全人教育。全人教育理论由日本教育家小原国芳1921年8月在“八大教育主张”演讲会上首次提出。1929年玉川学园创立后,全人教育理论在该校付诸实践,包括学问、道德、艺术、宗教、身体和生活六个方面,具体分为“十二教育信条”[①]。全人教育理论已经为广大学者和教育家所重视,截至2021年8月27日,中国知网上以“全人教育”为关键词的中文论文已有997篇。文旭以他主持的国家重大课题为契机,将全人教育理念运用于人才培养实践、教材编写与研究中,取得了全面的进展和实际的收获。他于2016年在《东北师大学报》(哲学社会科学版)上,以“全人教育与英语专业人才培养”为题,发表课题阶段性成果。该文指出,我国的英语专业教育主要是重视基本知识的传授和基本技能的训练,这种教育显然是把学生当作“工具人”来

① 即(1)全人教育;(2)尊重个性的教育;(3)自学自律;(4)高效率的教育;(5)建立在学理根据上的教育;(6)尊重自然;(7)师生亲密无间;(8)劳作教育;(9)将两种对立的品质融于一身;(10)吃苦耐劳,开拓人生;(11)书塾教育;(12)国际教育。参见:杨汉麟,2010.外国教育名家思想[M].武汉:华中师范大学出版社.

培养的，忽视了学生的整体发展。他认为，应该基于综合、立于专业、归于个性，把学生培养成既懂专业知识，又熟悉基本技能，同时人格健全而完整的人。

那么，怎样把全人教育的理论投入实践的土壤，让其生根、发芽、开花、结果呢？本书提出的全境教育的理论模式，以外语专业研究生为主要对象，考察国学教育对外语专业研究生培养的迁移效应，期望为我国外语专业研究生教育提供新的思路与路径。

全境教育适用于所有的学习者，尤其有助于我国研究生的研究性学习与学术研究。本书以外语专业研究生为对象，探讨实行国学与西学融合的措施和策略，坚守不忘传统、不忘本体、不忘自身文化的教育初心，在此前提下学习它山之石，做到体用结合，全境发展，全面推进研究生的人格塑造、专业培养与学术潜能开发。

国学是中国固有之学术。19世纪末20世纪初的西风东渐，将中国带进了一个可称之为“西方中心主义”的漩涡，传统文化经受着生死攸关的考验。面对来势汹汹的西方文化，大批有识之士开始用新工具、新方法和新材料来研究中国传统文化，如“整理国故”(整理本国文献)、“保存国粹”(保存本国精华)、“讲习国学”(研究中国学术)等。国外汉学家称相关研究为“中国哲学史”“中国文学史”或“中国史”(曹伯韩，2014：2-3)。因此，国学研究伊始，就具有抵制西方文化侵略、维护国家独立和树立文化自信的重大意义。

纵观中国近现代文化史，能成一家之言、为世界学术界所瞩目者，往往既精通外语，也有深厚的国学根基，如钱锺书、吴宓等。众所周知，钱锺书乃“打通古今、打通中西、打通中文各学科”之典范，习英、法、德等六门外语，常年执教外文系，同时心系国学，精研不辍，一部《管锥编》纵论十部典籍，囊括文史哲三大领域，征引西方学者达千人，运用英、法、意等七种文字，致力探讨中西作者普遍的诗心文心。钱先生童蒙时代即诵读经、史及《唐诗三百首》等，中学期间阅读《古文辞类纂》《骈体文钞》《十八家诗抄》等,大学闲暇时自择经典文集与名家笺释比对检阅,推源溯流,形成了自己的通学之法。从诗文到文选到笺注,从赏到评,知来路去路,贯通中西(赵一凡,2008)。

吴宓先生则是在外语系成立国学研究院的创始人。在清华大学任教期间,他两次撰写《清华大学外国语文学系概况》(1934年和1936年),从创造中国新文学和中外文化交流的高度,强调外文系培养学生深厚的中国文学功力的重要性:“本系对学生选修他系之学科,特重中国文学系。……而若个人目的在于:(1)创造中国之新文学,以西洋文学为源泉为圭臬;或(2)编译书籍,以西洋之文明精神及其文艺思想介绍传布于中国;又或(3)以西文著述,而传布中国之文明精神及文艺于西洋,则中国文学史学之知识修养均不可不丰厚。故本系注重与中国文学系联络共济。”(吴宓,2020:449)“本系课程编制的目的为使学生:(甲)成为博雅之士;(乙)了解西洋文明之精神;(丙)熟读西方文学之名著,谙悉西方思想之潮流,因而在国内教授英、德、法各国语言文字及文学,足以胜任愉快;(丁)创造今日之中国文学;(戊)汇通东西方之精神而互为介绍传布。”(吕敏宏,刘世生,2011)

后来,吴宓先生任职西南师范大学(今西南大学的前身之一)。直到今日,西南大学外国语学院一直坚持国学研究的优良传统。2017年,罗益民教授申报立项了重庆市研究生教育教学改革研究项目“全境教育:外语类文学研究生国学教育与培育研究”。他提出,全境教育是全人教育的细化和引申,通过平衡中学与西学,来解决外语专业研究生的职业性西化、国学减弱、表达能力不足等问题,并拟定了具体解决方案。下面将结合课题研究,从课程设计、教材建设和评价机制三个方面展开讨论和分析。

第一节　外语专业国学教育课程建设

研究生教育作为国民教育的顶端和国家创新体系的生力军，承担着高端人才供给和科学技术创新双重使命。我国分别于2013年、2014年和2017年出台了《关于深化研究生教育改革的意见》《关于改进和加强研究生课程建设的意见》《学位与研究生教育发展“十三五”规划》三个文件，要求研究生培养单位加强研究生课程建设，并在管理和教学中落实相关要求。其中，《关于改进和加强研究生课程建设的意见》明确强调要改进研究生课程教学，促进学生与教师之间的良性互动；尊重研究生的主体地位，鼓励研究生参与教学设计、教学改革和教学评价；优化课程内容，注重前沿引领和方法传授，加强方法论学习和训练，着力培养研究生的知识获取能力、学术鉴别能力、独立研究能力和解决实际问题能力；结合课程教学加强学术规范和学术诚信教育。

针对长期以来工具论指导之下的外语教育固化问题，罗益民曾撰文探讨外语教育工具论的危害及对策，指出经典著作是创新的基础，阅读经典有助于外国语言文学的教学。他反对重知识轻人文，主张贯通中西，培养通才，从根本上解决我国外语专业研究生论文难创新的问题。

全境教育作为全人教育在研究生阶段的实践，就是要以学生为主体，平衡中学和西学，吸收一切有效的治学方法，以能力培养和价值引领为目标，摈弃功利性读书，用中国经史子集来涵养文心文气。2014年，教育部颁布的《完善中华优秀传统文化教育指导纲要》也特别提出，大学阶段要以提高学生对中华优秀传统文化的自主学习和探究能力为重点,深入学习中国古代思想文化的重要典籍,引导学生完善人格修养,关心国家命运。

研究西学可以强大自我,治国学则可以正心立品。以中国眼光来审视世界各民族文化,王国维、冯友兰等学者堪称典范。王国维被誉为"近代中国第一个向国人介绍西方哲学和美学思想的学者"(李岫,秦林芳,2001:34)。他自1901年起开始研习叔本华、尼采、席勒与康德等人的哲学与美学著作,翻译了日本学者桑木严翼的《哲学概论》一书,自信"异日昌大吾国固有之哲学者,必在深通西洋哲学之人无疑也"。借用康德和叔本华的先验综合论、唯意志论与绝对道德律令,王国维反向格义,对中国哲学的核心概念"性""理""命"进行提纯与重构,剔除传统中国哲学中的功利主义和教化论色彩。创作于1904年的《〈红楼梦〉评论》,首次用西方美学理论进行红学研究,开创了红学研究新方法。此后,《人间词话》进一步贯通中西哲学思想。1913年完成的《宋元戏曲考》更是西学浸染的结晶,因为在过去的中国文人中,没有把戏曲史或小说史的研究当作一种专门的学问的,王先生此书,取材不易,整理尤难(赵婷婷,2019)。该书上至上古五代,下至20世纪初,研究方法采用历史法、比较法、形式与内容二分法,全部运用中国文化概念,"究其渊源,明其变化之迹"(王国维,2001:57),垂范后世。王国维先生以西学研究始,终以国学成为一代大家,畅行于文、史、哲三个核心领域,无不触手成春,震古烁今。"若说起王先生在学问上的贡献,那是不为中国所有而是全世界的。"(梁启超,1997:96)集成世界文明之优长,兼具跨文化对话之视野,为传播中华文化、促进人文交流贡献力量,正是新时代对外语专业研究生培养的要求。

一、新时期国内高校国学课程建设概况

2014年，教育部印发的《完善中华优秀传统文化教育指导纲要》强调，要深入学习中国古代思想文化的重要典籍，理解中华优秀传统文化的精髓，强化学生文化主体意识和文化创新意识，深刻认识中华优秀传统文化是中国特色社会主义植根的沃土，辩证看待中华优秀传统文化的当代价值，正确把握中华优秀传统文化与中国化马克思主义、社会主义核心价值观的关系。教育部鼓励有条件的高校开设中华优秀传统文化必修课，加强有机融入中华优秀传统文化教育、社会主义核心价值观教育的相关课程建设，并纳入学分管理，重点建设中国传统文化、中华民族精神概论、国学经典导论等国家级精品课，以及《中国文化概论》《中华文明史》《中国思想史》等重点教材。建设中国传统文化纵论、中国传统法律文化、戏曲文化漫谈等国家级精品视频公开课，向高校和社会免费开放。以课堂教学为基础，将中华优秀传统文化内容充分融入课程与教材体系，在课标修订、教材编写和课程开发中全面体现中华优秀传统文化内容。

各高校根据自身条件和学科优势，在学科建设、理论创新、特色构建、实践育人等环节推陈出新，形成了百花齐放之势。多所高校设立国学院，开设国学班。中国人民大学是中华人民共和国成立后最早设立国学研究院的高校。2005年，中国人民大学提出"大国学"发展思路，整合国文、国史、经学、子学、国艺、国术等诸多分支，成立了跨院系的国学研究院，把先期建立的孔子研究院也挂靠在国学院，构建了比较完整的国学学科体系，以传统的经史子集文化知识传承为基础，立足于现代社会的发展，进行开拓性、前沿性的扩展。在实行六年制本硕连读的同时，中国人民大学国学院制定了完整、系统的国学教学方案，开设学科基础课、专业必修课、专

业选修课三大模块数十门课程，努力改变人文学术领域普遍存在的学科专业划分过细、学科壁垒森严、知识结构单一的现象，恢复中国人文学术融会贯通的传统。

其他高校如北京大学、清华大学、南京大学、武汉大学、厦门大学、西南大学、首都师范大学、南昌大学等，也陆续设立了国学研究院、国学传播研究院或国学班。南开大学实施“经典研习”育人工程，开设了国学经典导读、中国民歌鉴赏与演唱、古典诗词格律与创作等传统文化公选课。山东大学于2012年设立古典学术人才培养实验班，作为古典学术人才培养的校级基地，并命名为“尼山学堂”，由儒学高等研究院负责教学及学生管理工作，每年招生规模为20人左右，实行小班授课，主要在全校各专业大二学生中选拔，采用“1+3+3”本硕贯通培养模式，本科阶段不分专业，毕业时可以根据自己的兴趣爱好和未来的发展方向，在哲学、文学、历史学三个专业中任选一个专业毕业，学校授予相应的学士学位。硕士毕业时，根据主修方向颁发相应的硕士学位，同时颁发“尼山学堂”荣誉学员证书。东北师范大学也面向本科生开设中华文明史、哲学与人生等十门通识教育选修课程，全校40%以上的学生选修了中华优秀传统文化相关课程。四川大学设置中华文化为全校必修课，由名师名家、学术带头人授课。课程团队近三年开课近130门次，选课人数达到3万余人次。

目前国学分散于文、史、哲三个学科，国内高校中的国学研究院也多设在中文、历史或哲学学院。以2016年版武汉大学哲学学院国学专业硕士研究生培养方案为例，该学科的培养目标包括：要全面系统地掌握国学的基础知识和基本文献，以及国学研究的基本方法，力求知行体认，能以人文学科的知识整合意识深入研究中国古典学，初步具有独立从事科学研究和教学的能力，能在全球视野下同情地理解并阐释本民族的文化传统;要掌握一门外国语,能较熟练地阅读本专业的外文资料,具有一定的写译能力、基本的听说能力,能够进行对外学术交流与沟通。该专业的研究方向有经学研究、诸子学研究、史学研究、集部研究等。必修课程有国学概论、国学经典导读、中国哲学通论、国学与现代化、专业英语、国学基本问题研究和国学研究方法论。经典阅读书目有《四书》《五经正义》《十三经注疏》《荀子集解》《老子》《庄子》《金刚经》《坛经》《史记》《汉书》《后汉书》《三国志》《资治通鉴》《楚辞》和《古文观止》。

在本科层面,2016年版武汉大学哲学学院国学试验班本科人才培养方案的培养目标是:从我国固有文明中吸取营养,造就一批学习和研究国学,继承和发扬中华优秀传统文化的高级专门人才。在教学模式上参考中国古代书院和牛津大学、剑桥大学导师指导阅读及讨论的方法,在教材选用上直接采用原典原著,在考核方法上采用闭卷与课程论文写作相结合的形式,在师资来源上尽量扩大范围,邀请校内外、国内外名家作专题演讲。专业主干课程为马克思主义哲学原理、国学通论、四书、诗经(附楚辞)、史记、汉书、老子、庄子、左传、文字学、音韵学、训诂学、文献学及目录学、中国哲学、西方哲学、中国通史、世界通史和中国古代文学史。

二、外语学科国学培养目标与价值引领

美国现代课程理论之父泰勒在《课程与教学的基本原理》一书中,从学习者角度出发,将课程与教学分解为四个问题:(1)学校应力求达到何种教育目标?(2)要为学生提供怎样的教育经验才能达到这些教育目标?(3)如何有效地组织这些教育经验?(4)我们如何才能确定这些教育目标正在实现?教育目标是选择教学材料、确定教学内容、形成教学步骤以及准备教学测验和考试的标准,它的

设定需考虑到五个方面:对学习者本身的研究;对当代校外生活的研究;学科专家对目标的建议;利用教育哲学和价值观选择目标;利用学习心理学选择目标。

教育目标的陈述有三个“不”:不应该站在教师角度陈述要从事哪些教学活动,而应该站在学习者的角度,描述让学生的行为模式发生哪些显著的改变;不应该只是主题、概念或内容要素的罗列,而应该具体指出期望学生如何处理这些内容要素;不要采用概括化的行为训练模式,而应该将迁移训练具体化、情境化。课程内容的组织应该具有连续性、顺序性和整合性,以概念、价值、技能和习惯的培养为课程组织要素。根据泰勒的课程建设理论,结合外语学科自身特点与教育部国学教育要求,我们必须确定全境教育理念下外语专业研究生学习国学的目标,从而制定适合外语专业研究生学习特点和需要的国学课程。

我国目前正大力推进文化强国建设。实现文化强国的远景目标,需要加强文化建设的价值引领,因为价值观是文化的核心,核心价值观是决定文化性质和发展方向的最深层要素。全人教育的一个重要维度就是价值教育。文旭(2018)提出,新时期全人教育就是强调以立德树人为根本任务,落实以学生为本的教育理念,着力培养信念坚定、勇于担当、德才兼备的优秀人才;注重全员全过程全方位育人。全人教育重视育人过程,育人要始终贯穿到教育教学全过程,注重人文精神和人文素养的培养,关注个人能力的全面挖掘,倡导跨学科互动与知识整合,打破学科壁垒,促进学生跨学科思维能力、批判性思维能力和创新思维能力的提高。

事实上,教育本身就是价值性或精神性的实践活动,教育的历史就是价值教育史。价值教育就是教育者按一定社会或阶级的要求,有目的、有计划、有组织地把一定的社会思想、价值观念以及道德规范转化为个体的思想意识和道德品质的过程。价值教育所关注的是学生价值观念和价值态度的形成、价值理性的提升、价值信念的建立以及基于正确价值原则的生活方式的形成(石中英,2009)。价值教育是对教育功利化、教育资本化与教育工具化的反拨,也是对现代社会价值多元主义和价值相对主义所引发的价值取向危机的反思和回应。价值教育的逻辑在于:(1)以行为为对象的意义赋予;(2)以个体为载体的理性建构;(3)以历史文化为基础的价值判断。价值教育与素质教育、思想政治教育和价值观教育有着密切联系。价值教育的主要任务就是确定合适的价值,并把这些价值传递给学习者。

1988年,美国课程发展监督协会邀请11位德育专家起草了《学校生活中的道德教育》,呼吁学校积极帮助学生养成6种品德:公正、无私、勤奋、尊重、民主、诚实。英国也在20世纪80年代提出了价值教育,其主要倡导者霍克斯博士带领团队总结出了22种积极的品质[①]。1996年,新加坡博思大学推动制定的"生活价值教育计划"得到了联合国教科文组织的支持,在80多个国家展开,致力于12项核心价值的教育,即合作、自由、快乐、诚实、谦虚、爱心、和平、尊重、责任、简朴、包容、团结。

中国自古以来就十分重视品德与价值教育。西周时期的教育分国学与乡学。乡学的教育内容包括六德(知、仁、圣、义、忠、和)、六行(孝、友、睦、姻、任、恤)、六艺(礼、乐、射、御、书、数)。乡学实行定期考察和推荐,把贤能者选送司徒,司徒再择优送至国学。六德、六行和六艺既重视思想道德,也重视文化知识;既注意传统文化,也注意实用技能;既重视文事,也重视武备;既符合礼仪规范,

① 英国霍克斯博士团队总结的22种品质为:感恩、关怀、合作、勇气、自由、友谊、幸福、诚实、信心、谦逊、友爱、耐心、平和、品质、尊重、责任、简朴、体贴、宽容、信任、理解、团结。详见:胡萨,2011. 西方"价值教育"兴起、原因及启示[J]. 中国教育学刊(12):27-30.

也要求内心情感修养。六艺教育是我国全人教育和价值教育的起点,与当下新国标所提倡的知识传授、能力培养和价值引领三个人才培养目标有异曲同工之处。

三、外语类学科国学教育的课程设计

1925年1月4日,《京报副刊》征求“青年必读书十部”的广告,收到文艺名家回复的书单78份,其中很多答复为空白,声称太难选择。据徐阳(2020)统计,大致列表如下:

书单开列者	书名(限国学内容)
施蛰存	《庄子》《文选》
胡 适	《老子》《墨子》《论语》《崔东壁遗书》
周作人	《诗经》《史记》《西游记》
梁启超	《孟子》《荀子》《传习录》《左传》《汉书》《资治通鉴》《通志二十略》《唐宋词醇》《词综》
鲁迅	《唐诗纪事》《唐才子传》《全上古……隋文》《全上古……隋诗》《历代名人年谱》《少室山房笔丛》《四库全书简明目录》《世说新语》《抱朴子外篇》《唐摭言》《论衡》《今世说》

上表中以历史和文学典籍居多,属于“四书五经”者有三(《论语》《诗经》《孟子》),而培养识字功夫的《说文》《尔雅》等训诂、音韵类书籍均未获选。2020年,德国汉学家柯马丁在《国学与经典》一文中提出,必须使国学经典与21世纪我们自身的生命经验联系起来。国学典籍的受众,首先应该是新一代的中国年轻读者,同时必须面向世界各地的人,而不仅仅面向中国人。据此,外语专业研究生国学教育可以考虑开设核心课程、文献阅读与研究方法等课程。

1.核心课程

在理论方面,可以考虑开设“外语学科国学课程原理”,讲授与讨论相结合展开教学。内容可以选取最具代表性的四书五经、《文心雕龙》《唐诗三百首》以及四大名著等,把国学的经典价值投入到外语学科中去。也可以开设国学文献选读与导引等方面的课程,比如:(1)中国哲学思想史;(2)《诗经》注疏选读;(3)《文心雕龙》的学理结构与选读;(4)《古文观止》选读;(5)《论语》集释与今译选读;(6)唐诗宋词选读;(7)经史子集阅读研究导引。

以上课程包括对国学经典基本脉络的介绍和深入讨论(第1项和第7项),其他则是对代表性著作的深入阅读。这样不仅有对国学整体概貌的了解,也有对具体著作的学习。

在编写国学教育所需要的教材和开列相关的参考书目时,应包括历史背景、作者简介、版本以及注疏、校正、勘释等,但文本的阅读和理解始终是重中之重。教学方法既要重视对基础的把握,也要重视理解与创造性思考。在这个原则下,讲授和预习、复习相结合,教师传授与学生实践相结合,借助新媒体的优势,坚持诵读,做到讲、读、诵相互配合。还可以根据学生的兴趣和教师的特长,开设代表性著作研读课程,保证课程的高阶性、创新性与挑战度。

2. 文献阅读与研究方法课程

教育部印发的《完善中华优秀传统文化教育指导纲要》指出,中华优秀传统文化教育重知识讲授、轻内涵阐释的现象还比较普遍,课程和教材体系有待完善。2017年,中共中央办公厅、国务院办公厅印发的《关于实施中华优秀传统文化传承发展工程的意见》明确提出要深入阐发文化精髓,加强中华文化研究阐释工作。上述两个文件都强调了阐发和阐释的重要性与紧迫性。张绍杰、杨忠(2019)指出,大多数院校没有开设有利于科研能力和创新能力培养的跨方向的方法论课程,也很少有学校开设有利于扩大知识面、拓宽学科视野的跨学科课程。缺少跨学科或跨方向的交叉与融合,不利于创新思维的形成和创新能力的培养。韩佶颖、于书林

(2012)也提出,研究生期间应突出研究方法的训练,开设一定数量的研究方法课,培养研究生的实际科研能力。

在研究方法上,赵一凡(2008)认为,钱锺书所著《管锥编》中,采用的皆为国学方法,如亦扫亦包法、儒家辩证法、鸟之两翼法、通观圆览法、脱胎换骨法、半庄半谐法、春秋笔法、搭天桥法、阶进法、花开两朵法、水中着盐法与捉至一处法。钱锺书每每以一字入手,沿波讨源,取譬明理,历历如贯珠,同时又从异域殊方纠集众多例证,并辔而出,附其骥尾,往来通梭,织成灿烂云锦。《管锥编》正因为这种求真耽美,曲高仍自有知音。

第二节　外语专业研究生国学教育教材建设

教材是教学大纲的具体体现,是实现教学大纲所确定的教学目标的重要保证,应为课堂教学提供最佳的语言样本,和有系统性、针对性的语言实践活动材料。教材也是课堂教学的主要内容,提供符合外语学习规律的语言素材和学习方法。

从语言学习的角度来看,教材包括任何有助于语言学习的材料,可以是语言的、视觉的、听觉的或动觉的。教材既包括课本、练习册、活动册、辅导材料、自学手册等纸质材料,也包括录音带、录像带、幻灯片、教学实物、计算机软件等其他材料。总之,凡是有利于增长知识、加大语言输入、培养语言能力的材料都可称为教材。

一、研究生教材建设与国学教材概况

加强研究生教材建设,是提高研究生培养质量的一项基础性工作。要避免将教材同科研论著相混淆,避免用专著和论文代替教材。教材编写者既要站在学科前沿,又要综合本学科共同的学术研究成果;既要强调知识的完整性,又要突出重点。从内容、体例到语言文字,从案例选择和运用到逻辑结构和论证,从篇章划分到每章小结,从阅读参考书目到思考题的罗列等,均要满足提升研究生培养质量的要求。

王雪梅(2012)认为,英语专业研究生教材建设需要在以下三方面进一步加强:第一,加大原著、工具书、音像资料等的引介力度,突出权威教材的导向作用;第二,立足国情,编辑出版具有本土性、体系性、层次性的英语专业研究生教材,扩大我国外国语言文

学等学术研究领域的国际影响力;第三,进一步丰富教材形式,将网络教材资源与纸质教材资源相结合,培养学生的信息素养。可以将静态、平面的纸质教学资源与动态、立体的电子教学资源相结合,注重中西结合、古今结合。就英语专业研究生而言,教师可以和学生互动合作,搜集整理网络资源,开发相关的电子教材,建构网络课程平台,为学生提供丰富的学习资源,培养他们检索、评价、有效利用信息的能力。

目前国内许多高校发挥自身优势,推出了一批高水平的传统文化教材。中国人民大学国学院围绕国学经典研读课程,组织编写了《唐诗解读》《宋词解读》《〈文心雕龙〉解读》等一系列教材。复旦大学组织编撰了《中国古代哲学史》《〈孟子〉精读》《〈老子〉十日谈》等教材,还陆续推出了"复旦先哲丛书""复旦文史丛刊"等国学研究成果。武汉大学依托教育部重点研究基地中国传统文化中心和国学院,开展了一系列传统文化研究项目。冯天瑜所著《明清文化史散论》《中华文化史》《中华元典精神》《"封建"考论》诸书,是探讨中国文化的重要贡献。首都师范大学依托国学传播研究院,积极推动"国学宝典"数据库开发和国学网建设。"国学宝典"数据库在整理与传播传统文化、推动中华文化走向国际舞台方面做出了突出贡献。国学网年访问量近2亿页次,为传统文化走向现代化架起了一座跨地域、超时空的桥梁。

教材应以研究生的自学为主,让他们通过系统阅读和独立思考掌握教材内容,同时学习编者思考问题的方式。教师的角色应是高级顾问和答疑者。教材的难点是教师备课时要完成的主要任务,这对教师的要求更高,促使教师在更高层次上钻研业务,博览群书,广泛查阅资料,积极参加学术讨论和学术交流。只有这样才能使教师的作用得以真正发挥,帮助学生真正掌握教材。

我们在课题研究过程中，为国学核心课程“外语学科国学课程原理”编撰了《外语研究生国学读本》。读本共分八章，选文均来自认可度较高的中国古典文学普及读物。

二、《外语研究生国学读本》章节导读

1. 导引：中国哲学思想文化史

黄庭坚说：“读书如禹之治水，知天下之脉络。”我国的国学经典，记录了中华民族在与自然相处的过程中形成的对世界、对自我、对天地、对家国的认识。中国哲学致力于“究天人之际”“通古今之变”，在先秦时期就形成了朴素的自然辩证法思想，出现了百家争鸣的局面。孔子的仁学、孟子的仁政学说、荀子的“制天命而用之”等，为后世儒家思想与伦理道德的发展奠定了基础。道家重虚尚无、阴阳转化的辩证发展思想，是中华优秀传统文化的重要组成部分。墨家重实践倡科学的经验论哲学，名家“合同异”“别同异”的名实之辩，法家“以理释道”“世异则事异，事异则备变”的历史进化论等，均成为中国哲学思想之源。

《关于实施中华优秀传统文化传承发展工程的意见》指出，中华民族和中国人民在修齐治平、尊时守位、知常达变、开物成务、建功立业过程中培育和形成的基本思想理念，如革故鼎新、与时俱进的思想，脚踏实地、实事求是的思想，惠民利民、安民富民的思想，道法自然、天人合一的思想等，可以为人们认识和改造世界提供有益启迪，为治国理政提供有益借鉴。传承发展中华优秀传统文化，就要大力弘扬讲仁爱、重民本、守诚信、崇正义、尚和合、求大同等核心思想理念。本读本积极响应国家传承发展中华优秀传统文化的号召，在外语专业研究生中推广国学经典阅读，系统梳理我国优秀传统文化的发展脉络以及贯穿其中的哲学思想。

(1)先秦时期的天道、仁礼与逍遥观[①]

《诗经·大雅·文王》中已经出现“命”和“天命”,如“周虽旧邦,其命维新”;“侯服于周,天命靡常”;“无念尔祖,聿修厥德;永言配命,自求多福”等。《国语·越语》记载了越国大夫范蠡的天道观:“日困而还,月盈而匡”;“时不至,不可强生;事不究,不可强成”;“夫人事必将与天地相参,然后乃可以成功”。天道以变化为恒常,抓住变化的时机很重要。人事须与天时相协同才能功成名就,否则“强索者不祥”,“天予不取,反为之灾”。春秋末期郑国子产进一步提出了“天道远,人道迩,非所及也”,而“夫小人之性,衅于勇,啬于祸,以足其性而求名焉者”。社会变革非天道之命,乃人事所为,但是也应提防某些小人,逞血性之勇,惹出祸端。因此,《易经》将自然界和人类社会的各种变化归结为阴阳两种势力的此消彼长,相克相生,相互转化。《易传·系辞》提出,“仰则观象于天,俯则观法于地”,“近取诸身,远取诸物”。天、地、神、人,物极必反,相济相成。

孔子极力推崇“允执其中”的思想方法,并且提出“君子和而不同,小人同而不和”。孔子的中庸之道是为了达成他的道义原则,“君子之于天下也,无适也,无莫也,义之与比”(《论语·里仁》)。而孔子所说的道义就是礼,“礼之用,和为贵,先王之道斯为美”(《论语·学而》)。治国应该“导之以德,齐之以礼”,为学亦应“博学于文,约之以礼”,否则“恭而无礼则劳,慎而无礼则葸,勇而无礼则乱,直而无礼则绞”(《论语·泰伯》)。

“克己复礼为仁。一日克己复礼,天下归仁焉”(《论语·颜渊》)。约束自己的行为,使其符合礼的规范,就是仁了。恢复礼制,巩固礼制的政治秩序,就可以称为仁政。而“为仁”的具体标准,从个人来说,“非礼勿视,非礼勿听;非礼勿言,非礼勿动”;从政

① 本小节及以下三节主要参考:①冯友兰,2005.中国哲学简史[M].赵复三,译.天津:天津社会科学院出版社.②傅永聚,任怀国,2000.中国传统文化精要[M].西安:西安出版社.③周谷城,1957.中国通史[M].上海:上海人民出版社.④北京大学哲学系中国哲学教研室,2004.中国哲学史[M].2版.北京:北京大学出版社.

治的角度，则是能做到恭、宽、信、敏、惠。周礼建立在宗法制的基础上，因此非常重视孝悌之道："孝弟也者，其为仁之本与"(《论语·学而》)；"君子笃于亲，则民兴于仁"(《论语·泰伯》)；"仁远乎哉，我欲仁，斯仁至矣"(《论语·述而》)。可见，仁是内在的道德修养，礼是外在的约束，中庸之道则是连通内外的思想方法。在仁、礼、中庸三者之中，孔子更重视仁。君子不但不能违背仁，必要时还应该用生命来实现和捍卫仁，"志士仁人，无求生以害仁，有杀身以成仁"(《论语·卫灵公》)；"朝闻道，夕死可矣"(《论语·里仁》)。

然而，孔子偶尔也与众弟子"浴乎沂，风乎舞雩，咏而归"(《论语·先进》)。此番悠游，类似于庄周与惠施畅游濠水："鲦鱼出游从容，是鱼之乐也"(《庄子·秋水》)。庄子不但能与鲦鱼共情，还愿意做在泥水里玩耍的猪，拥抱不中绳墨的大樗，甚至梦而为蝶。"天地与我并生，万物与我齐一。"因为庄子的出现，中国古代哲学中的天道与人道融合为一。

先秦诸子，百家争鸣，挑花结本，通经断纬，织就我国古代哲学的灿烂云锦。先秦哲学与文学是中华文明之源，值得我们追本溯源，与古为新。

(2)秦汉至魏晋南北朝时期的天人合一与魏晋风流

公元前221年，秦统一六国，"普天之下，抟心揖志。器械一量，同书文字"(《史记·秦始皇本纪》)，开始了"车同轨，书同文，行同伦"的封建大一统时期。

贾谊认为人民的力量是巨大的，治民以礼，则民和亲；治民以刑罚，则民怨背。《过秦论》提出，"与民为敌者，民必胜之"，民是国家的根本，"故夫灾与福也，非降在天也，必在士民也"；"故自古至于今，与民为仇者，有迟有速，而民必胜之"；"故夫民者，至贱而不可简也，至愚而不可欺也"。董仲舒进一步认为大一统是古今社会的共同要求，为巩固一统，必须"尊君"，建立君主的权威，"唯天子受命于天,天下受命于天子”,“天地人主一也”。为了统一思想,他提出“罢黜百家,独尊儒术”,“诸不在六艺之科、孔子之术者,皆绝其道,勿使并进”,“邪辟之说灭息,然后统纪可一,而法度可明,民知所从矣”。为了方便思想的统一,董仲舒首倡太学,“养士之大者,莫大乎太学。太学者,贤士之所关也,教化之本原也”,然后设置“五经”博士,主要从贵族和地主阶层选拔俊秀作为博士弟子,研读五经,以厉贤材。为使君权和儒术合理化,董仲舒构建了一套“天人合一”的宇宙观:“天者,群物之祖也,故遍覆包函而无所殊,建日月风雨以和之,经阴阳寒暑以成之。”自然万物及其变化,都是天的意志的体现。具体说来,天意的表现体现在阴阳五行的变化中,阳乃天恩,阴乃天罚,木火土金水,乃天次之序,五行相生相克。“天地之精所以生物者,莫贵于人”,“观人之体,一何高物之甚,而类于天也”。人的五脏、四肢与喜怒哀乐,对应着天的五行、四时与寒暑。因此,天人可以交感。圣人法天以施政教,而王者承天意以从事。如果统治失道,上天就会出现灾异加以警告。“道之大原出于天,天不变,道亦不变。”至此,天道与王道合一。

天人合一宇宙观类似于西方哲学中的天人对应观。古希腊的毕达哥拉斯认为,人是大宇宙的缩影,是一个小宇宙。人生活于其中的社会也是一个小宇宙,文艺复兴时期,君主常被比喻为社会小宇宙中的原动天。他认为正义和仁慈是推动力,推动着整个社会的正常运转。

当然,在汉朝时期,人们还无从知晓地球另一边也有类似的宇宙观。随着丝绸之路的开辟,佛教开始传入中国,汉朝也为西域来的僧人设立了寺院。许多佛教高僧博通六经,对儒、道经典都有很深的研究。他们著书立说,论证佛教教义与中国传统思想的一致性。东晋时期的高僧道安对佛教“空”的理解,与魏晋玄学创始人王弼的“贵无”思想,就具有很高的一致性。慧远认为万物的生成、变化都根源于精神活动,“有灵则有情于化……有情于化,感物而动,动必以情,故其生不绝”(《沙门不敬王者论》)。这与钟嵘《诗品序》之“气之动物,物之感人,故摇荡性情,形诸舞咏”相应,前者是无性之无,谓之法性;后者是摇荡性情,谓之诗性。

魏晋以来,清谈之风大盛。清谈以哲理、经义、佛学为主要内容,尤以哲理最为重要。哲理中又以《庄子》《老子》《周易》为主,名之曰“三玄”。可以说,魏晋南北朝时期是重新发现先秦哲学和文学的文艺复兴时期。

(3)隋唐五代时期的三教融合与盛唐气象

隋唐时期的疆域,在最盛时东至朝鲜半岛,西达中亚咸海,南到越南顺化,北包贝加尔湖。唐太宗李世民采用儒道佛三教并用的政策,广建寺庙,设置译馆专事翻译,派遣僧侣取经交流。印度、越南、柬埔寨、印度尼西亚、缅甸和斯里兰卡等国仰慕唐代高度发达的文明,也派人远渡重洋来学习。

周谷城指出了当时中国直接或间接受佛教影响的八个领域:(1)文字方面的新成分,单是翻译佛经所新创的词汇与成语,便达数万之多,如众生、因缘、涅槃、刹那等;(2)文章方面的新成分,唐代义疏之学,或是从佛典的疏钞学来的。佛典经论、科判非常严密,诸经皆分三部分:序分、正宗分和流通分,条理剖析十分精细,影响了唐宋学界之重视义理阐释;(3)文学上的新成分,唐传奇的主题、叙事方式等明显受到佛经俗讲与变文的影响;(4)思想上的新成分,唐宋新儒学的兴起,有援佛入儒的痕迹,尤其是禅学的影响;(5)建筑上的新成分,最重要的是浮屠、石窟和佛寺等;(6)雕刻上的新成分,主要指佛像的雕刻;(7)印刷术上的新成分,为推广佛教教义,雕版印刷代替石刻并传至欧洲;(8)绘画上的新成分,佛教绘画从此进入画界。

经济的繁荣、商业的发达、万国来朝的盛况,引发时人的豪迈之情、凌云之志,盛唐气象浑然天成。盛唐气象不仅是诗歌史上的一种现象,更是一种时代性格,一种思想方式,一种生活态度。气足而不怒张,言有尽而意无穷,王维的《少年行》、高适的《营州歌》、李白的《望天门山》和《将进酒》都是极具代表性的作品。

盛唐气象是饱满的、蓬勃的,正因其在生活的每个角落都是充沛的。它夸大到"白发三千丈"时不觉得夸大,它细小到"一片冰心在玉壶"时不觉得细小;正如一朵小小的蒲公英,也耀眼地说明了整个春天的世界。它玲珑透彻而仍然浑厚,千愁万绪而仍然开朗。它带来的如太阳一般丰富而健康的美学造诣,就是历代向往的属于人民的盛唐气象(佘冠英,王水照,1999)。

(4)宋元明清时期的新儒学:民胞物与、格物穷理与致良知

宋元明清时期,佛教哲学渐趋衰落,儒家哲学继承了韩愈、李翱、柳宗元等人的道统、复性和元气说,再次成为主流,被称为理学(两宋时期又称道学)。傅永聚、任怀国(2000:79)指出,宋明理学是以儒家孔孟学说和《周易》哲学为基础,以四书为主要经典,吸取道家和佛家思想,建立的比较完整的理论体系。理学内部又分为三大学派:

①以张载为代表的气本论或气一元论:"太虚无形,气之本体;其聚其散,变化之客形尔。""客形"就是暂时的形态,太虚即气,气聚有形,气散则重回太虚。气是世界的物质实体,犹如水凝为冰,冰释则为水,是理学中的唯物主义学派。气之所以能动静变化,是因为内部含有正反两个方面:阴与阳。统一之气就是"太和"。气的变化规律就是"理","万物皆有理,理不在人,皆在物,人但物中之一物耳"(《语录》)。人的生死变化是自然现象,气聚而生,气散而死。人死之后,其气归于太虚。既然一切人、一切物的本性相

同,“是故立必俱立,知必周知,爱必兼爱,成不独成”,“乾称父,坤称母;予兹藐焉,乃混然中处。故天地之塞,吾其体;天地之帅,吾其性。民,吾同胞;物,吾与也。”(《西铭》)“民胞物与”思想被后世看作孟子之后论仁求仁的思想精华。

②以程朱为代表的理本论或理一元论,属于理学中的客观唯心主义学派,是宋元明清的正统官方哲学。程颐、程颢首先提出天理论,认为“天者理也”,有理才有气,理是自然界的最高原则,也是社会的最高原则,存在于人身上的理表现为心。心与理,其实一也。而人性分为天命之性与气秉之性,天性即天理,是绝对的善;气秉之性有善有恶。修炼之道就是要“存天理,灭人欲”。朱熹继承并发展了二程的理一元论,认为人应该“即物穷理”,研究具体事物的规律与抽象的道理,对事物的大小精粗进行周密的考察,以达到“豁然贯通”之境,而穷理的方法就在于多读圣贤之书,用圣贤的思想去观察客观世界,“持敬为穷理之本”。

③以陆九渊、王阳明为代表的心本论。陆九渊从程朱学说的格物穷理返回人心小宇宙,将“天即理也”改为“心即理也”,“四方上下曰宇,往古来今曰宙。宇宙便是吾心,吾心即是宇宙。千万世之前,有圣人出焉,同此心,同此理也;千万世之后,有圣人出焉,同此心,同此理也;东南西北海有圣人出焉,同此心,同此理也”(《杂说》)。阳明先生发展了陆氏心学,提出“心外无理”与“心外无物”,认为“天下之物本无可格者,其格物之功只在身心上做”(《传习录》)。阳明心学特别强调人的主观能动性,强调人的自觉,在明朝后期产生了很大影响。

总之,宋元明清理学推崇天理,修养良知,在哲学思想的深度和社会影响的广度方面,都超过了以往任何时期,在人类认识史上做出了重要的理论贡献,也极大地推动了宋元明清时期的文学艺术创作。

冯友兰(2007:9)曾说,根据中国哲学的传统,哲学的功能不是为了增进正面的知识,而是为了提高人的心灵,超越现实世界,体验高于道德的价值。基于这种精神,中国的哲学既是理想主义的,又是现实主义的。内圣外王,外圆内方,天人合一,是历代中华儿女追求的人生目标。

2.《诗经》注疏与阐释[①]

《诗经》是中国最早的诗歌总集,是春秋时期士大夫赋诗言志的结晶,也是君子立言、立行的标准,承载着礼乐教化的功能,担负着整个社会的价值导向,形成了我国特有的诗教传统和风雅精神。

具体说来,《诗经》包括《风》《雅》《颂》三部分,是周王朝由盛而衰五百年间中国社会生活面貌的反映。《风》又称《国风》,按地区划分,包括《周南》《召南》《邶风》《鄘风》《卫风》《王风》《郑风》《桧风》《齐风》《魏风》《唐风》《秦风》《豳风》《陈风》和《曹风》,共160篇,又称为"十五国风",是带有地方色彩的乐调。《国风》被普遍视为《诗经》中的文学精华,后人将其与屈原的《离骚》并称为"风骚"。从内容上讲,《国风》大多数是民间诗歌,作者除少数是贵族外,大多是民间歌手。《雅》是周人的正声雅乐,即天子之乐,共105篇,包括《大雅》31篇和《小雅》74篇。《小雅》为宴请宾客之音乐,《大雅》则是国君接受臣下朝拜、陈述和劝诫的音乐,多数是官吏、公卿的作品,有一小部分是民间诗歌。《风》《雅》只清唱,歌词有韵,声音短促,多叠章复唱。《颂》是朝廷和贵族宗庙祭祀之乐,多数无韵,不分章节,声音缓慢,配合乐器与舞步。《颂》分《周颂》31篇、《鲁颂》4篇和《商颂》

① 参见:程俊英,蒋见元,1990.诗经选译[M].成都:巴蜀书社.

5篇。总之,《诗经》内容丰富,反映了当时的劳动、爱情、战争、徭役、风俗等,是周代社会生活的一面镜子。

赋、比、兴是《诗经》的重要表现手法。据明代谢榛考证,《诗经》305篇中,用"赋"者720处,用"兴"者370处,用"比"者110处。"赋"是指直陈其事,描述一件事情的经过,一般多见于《颂》和《大雅》。"比"是打比方,用一件事物比喻另一件事物,如《魏风·硕鼠》用老鼠来比喻统治者的贪婪。"兴"是指从一件事物联想到另外一件事物,如《周南·桃夭》以"桃之夭夭,灼灼其华"联想到新娘出嫁时的美貌有如桃花盛放。

除上述三种表现手法外,《诗经》中也有大量的复叠、对偶、夸张、示现、呼告、设问、顶真、排比、拟人和借代等修辞手法。《诗经》的风雅精神、美刺理想以及独特的句式结构,都为后世中国诗歌的创作创立了法则,历代诗歌都以回归《诗经》作为正统。

3.《文心雕龙》的学理结构①

罗益民、罗峰(2010)认为,历史上有三种主要的文论体裁,第一种是会话体,如柏拉图的诸篇对话,约翰·德莱顿的《论戏剧诗》,孔子的《论语》;第二种是论证体,如雪莱的《诗辩》和亚里士多德的《诗学》;第三种是诗文体,如贺拉斯的《诗艺》、蒲柏的《批评论》以及刘勰的《文心雕龙》。《文心雕龙》作为我国第一部系统的文艺理论著作,作者刘勰提出的"文之枢纽"和"原道"命题,对当时文风具有救弊作用。

《文心雕龙》共50篇。第一部分共5篇,为"文之枢纽",即总纲。第二部分共20篇,是"论文叙笔",以"原始以表末,释名以章义,选文以定篇,敷理以举统"四大内容,分别论述了文体的起源与流变、文体的功能与意义、文体的代表作家作品、文体的基本规格

① 本书所参考的版本为:①刘勰,1958.文心雕龙[M].范文澜,注.北京:人民文学出版社.②周振甫,1991.文心雕龙选译[M].成都:巴蜀书社.

要求,涉及文体达33种之多。第三部分共19篇,是"剖情析采",属于文学创作论。第四部分共6篇,讨论文学史演变、文学反映社会生活、作家之才略、文学鉴赏以及文人从政与为文之选择。《序志》讲全书的内容和特色,是全书的总结。

4.《古文观止》与古文传承①

在我国古典文学领域,各个时代都有各自的突出成就,如唐诗、宋词、元曲、明清小说等,但散文却分布在每个时代的文学中,以不同的风格贯穿在历代作家的笔下。《古文观止》是清代康熙年间浙江乡间塾师吴楚材、吴调侯叔侄二人选编的一部经典散文选本,体现了中国散文所取得的最高成就,与《唐诗三百首》并称清代诗文选集"双璧"。

《古文观止》编定于康熙三十三年(1694),共12卷,以年代为经,作者为纬,按照从古到今的顺序排列,选录自先秦至明末的散文名作222篇,每篇都有注释和评论。选本打破了当时按文体分类的编排传统,而是按作家年代先后编排,既脉络清楚,又兼顾文体多样性,能让人掌握古文的发展历程。体裁有传记、论说、抒情散文、应用杂文以及游记、寓言小说等,充分反映了我国古代散文的丰富多彩。

黄子房(2009)认为,自唐宋以来,"古文"二字有特定的内涵。"愈之为古文,本志乎古道也。"韩愈等人提倡的古文运动反对六朝以来盛行的浮艳文辞,主张恢复先秦两汉浑厚质朴的文风,推行儒家的古道。北宋时期,欧阳修推崇韩愈文风,苏轼等人继之,古文运动掀起第二个高潮。由此,"古文"成为一个特殊的文体概念,被视为散文中的正宗。古代的笔记、语录、杂记、杂文、小品文之类,同样是古人的文章,却不属于已成为专门概念的"古文"。

① 参见:袁梅,等,1983.古文观止今译[M].济南:齐鲁书社.

唐宋所推崇的“古文”,从语言形式上看,是单句散行,比较接近人们通常使用的语言,直接表情达意,便于叙事说理,抒发感情也明白畅达。从修辞的角度看,古文注重在文从字顺的语言组合中蕴含力量和气势。韩愈曾说:“气,水也;言,浮物也。水大而物之浮者大小毕浮。气之与言犹是也,气盛则言之短长与声之高下者皆宜。”(《答李翊书》)这是韩愈关于古文的重要论述。

《古文观止》的选录体现了古文的上述特点。先秦两汉散文几占选本的三分之一,比重最大,充分体现了古文上溯远源、追摩先贤的宗旨。选文有三四千字的长篇,也有一二百字的小品,但大多是千字左右的文章,便于诵读和记忆。

5.《论语》集释与今译[①]

《论语》是“五经之錧辖,六艺之喉衿”,是儒学要典、中国传统文化之根。古往今来,致力于为《论语》作注的书籍可谓汗牛充栋。历代《论语》注释一般分为两种:(1)以解释语言文字为出发点,重在以训诂学的方法对字词、字意进行解读;(2)专注于疏通文义,阐发思想。按时代顺序来说,影响较大的有东汉郑玄的《论语注》,首次融合不同版本,成为晋唐之前人们修习《论语》的主要文本;三国时期何晏的《论语集解》聚集诸家义理以解《论语》;南朝皇侃《论语义疏》疏通原书和旧注文义,阐述原书思想,对旧注进行考核,补充辨证;南宋朱熹《论语集注》承袭、增易汉唐古注,既注重探求经文之本义,又注重义理阐发,将训诂学与义理学熔于一炉,是《论语》学史上最有影响的一部著作。此外,还有明代张居正《四书直解》、清代刘宝楠《论语正义》、近代程树德《论语集释》、杨伯峻《论语译注》、李泽厚《论语今读》和钱穆《论语新解》等。

按现今通行的版本,《论语》全书 20 篇,492 章,约 16000 字,

① 参见:孙钦善,1990. 论语注译[M]. 成都:巴蜀书社.

以语录体为主、叙事体为辅,集中体现了孔子及儒家学派的政治主张、伦理道德及教育原则等,是孔子思想的集大成者。其中,记录孔子与弟子及时人谈话的有444章,记录孔门弟子相互谈论的有48章。以此而论,《论语》既以孔子为中心,同时也是孔门师生集体智慧的结晶。张奇伟(1985)将《论语》的编排规律总结为:第一,谈话主体相同或言谈涉及的人物相同、相近的章节前后连属排列,如《子张》就集中记载了子张、子夏、子游、曾子、子贡的言谈;第二,言谈或行事内容相同、相近的章节前后连属排列,如《微子》第五、六、七章分别记录孔子与弟子周游列国时,与隐者楚狂接舆、长沮等相遇之事,内容相近,章节相接;第三,语气相互连贯、相互承接或时间连续的章节前后连属排列;第四,文体或体例相同的章节前后连属排列,如《季氏》第四、五、六、七、八章,文字整齐,分别是三友、三乐、三衍、三戒、三畏,风格一致,文多徘偶。这样排列有助于章节之间互为补充,读者可从各章的联系着眼,更好地理解《论语》本义。

《论语》的核心思想是“仁”。据清代阮元统计,《论语》20篇,论“仁”有58章,“仁”字出现105次,是孔子思想体系的核心。据陈来(2011)考证,仁的概念在春秋时代已经出现,但在孔子以前,还不是一个重要的道德概念。它在孔子思想中,第一次成为最重要的道德概念。孔子继承了礼乐文化传统对仁的理解,强调对礼的践行是仁的基础,使“仁”获得了伦理意义。

孔子思想在世界范围内也产生了重要影响。朝鲜、日本、新加坡、越南等国家的文化传统和现实生活中,孔子思想都有着相当的影响。《论语》西传始于1594年,传教士利玛窦将其译成拉丁文,成为最早的西传儒学经典。1688年,首部法文版《论语导读》出版,曾给予孟德斯鸠和伏尔泰的哲学思想一定启发。1691年,首部英文版《论语》由法译版转译而成。19世纪末至今，汉学家逐渐成为《论语》英译的主力，如翟林奈（Lionel Giles）、威利（Arthur Waley）、庞德（Ezra Poun）、安乐哲（Roger Ames）等。从译者角度看，自19世纪末以来，华人开始涉足《论语》英译，如辜鸿铭（1898）、林语堂（1938）、刘殿爵（1979）、李天辰（1991）、黄继忠（1997）、李祥甫（1999）、丁往道（1999）、许渊冲（2005）等（周新凯，许钧，2015）。《论语》研究也经由史学、经学、哲学，逐渐进入了文学研究时代。

6. 唐诗宋词[①]

诗言志，词缘情。唐诗宋词不仅传承和发展了我国古典诗词的文字美与音乐美，也忠实地记录了我国社会的发展史、思想史与心灵史，被誉为我国最光彩夺目的诗学文化遗产。

唐诗宋词之所以盛况空前，离不开唐宋时期经济、政治、文化等因素的养成，同时也是诗歌自身发展的结果。正如英国维多利亚时代批评家马修·阿诺德所说，文学天才的伟大工作是一种综合与展示，文学杰作的创作过程中有两种力量必须同时出现：天才的力量和时代的力量。

初唐时期，南朝纤巧秾丽的诗风仍在影响着诗坛，讲究声律、雕琢辞藻的宫廷诗与"上官体"占据主流。初唐诗人的贡献就在于结合南北诗风之长，以六朝声辞方面的成果来表现盛大气象，使五言、七言律诗和绝句等诗体最终定型，同时也积极探索古体诗，继承诗歌的美刺功能，开始形成一种清壮开远之气象。

经过近百年发展，唐代社会积累了丰厚的物质基础，各民族密切融合，国际文化广泛交流，儒、佛、道思想同时并存，这为唐代诗人从事创作提供了丰富的文化积累和艺术营养。随着科举取士比例的不断加大，一批富有创造力的诗人渐次登场，才士型的诗人群

① 参见：①中国社会科学院文学研究所，2003. 唐诗选[M]. 北京：人民文学出版社. ②唐圭璋，潘君昭，曹济平，1982. 唐宋词选注[M]. 北京：北京出版社. ③张宝坤，1999. 名家解读唐诗[M]. 济南：山东人民出版社.

代替了宫廷词人,成为诗坛主体。这些才俊之士以豪迈的进取心,昂扬奔放的感情,清新明快的语言,书写着盛唐气象。

中唐时期,社会动乱,民生凋敝,反映民间疾苦的诗人如张籍、元稹、白居易等用浅显简括的语言写出人民内心的怨愤,并提出诗的任务是讽喻时政,诗的创作方法要大众化。

晚唐诗歌又重新走上绮靡藻绘的途径,杜牧、李商隐、温庭筠等人的作品,正如一抹回光返照的斜阳,给人留下了深刻的凄艳印象。

唐朝灭亡后,历经五代十国的离乱之世后,北宋王朝再次一统江山,百业复兴,经济繁荣,商业发达。民间娱乐方式多种多样,勾栏瓦肆,竞唱新声。词原本是音乐文学,是为配合乐曲而填写的歌词,所以称为"曲子词",又因为要按曲的节奏填词,就很难采用整齐的五言、七言来填,故词又称"长短句"。每首词都有词调,叫作"词牌",它表明作词时所依据的曲调乐谱。

从中晚唐到北宋初,词基本上都是抒情的小令。北宋柳永创作了不少慢词,增加了词的篇幅,提高了词的表现能力,扩大了词的题材领域,被广为传唱。北宋词以花间派、婉约派为主,协音律、重典雅。至周邦彦,讲四声,创新声,加强了音乐性,为宋词集大成者。

7.《红楼梦》诗文欣赏①

《红楼梦》博观圆照,集中国文脉之大成。甲戌本第一回写到贾雨村中秋夜对月有怀而口占五言律诗,侧批称:"这是第一首诗,后文香奁闺情,皆不落空。余谓雪芹撰此书中,亦为传诗之意。""传诗之意",即传承我国优秀传统诗歌。据蔡义江(2007:77-79)解释,贾雨村的口占五律,首句用典,直指唐朝袁郊《甘泽谣》与李白

① 参见:曹雪芹,著;无名氏,续,2008.红楼梦[M].3版.中国艺术研究院红楼梦研究所,校注.北京:人民文学出版社.

《长门怨》,文字技巧上也相当工稳,起、承、转、合,皆合法度;对仗多用流水对,气脉流畅,特别是首联,用对偶起而令人不觉。除此之外,据李振中统计(2010),《红楼梦》中直接引用前人诗句多集中于第二十八回、第六十二回和第六十三回,前八十回引用前人诗词约40处,所引诗句的时间跨度从《诗经》一直到明代,化用诗句则更多,其中仅引用或化用晚唐五代诗词就达63首,诗人31位。

《红楼梦》也传承了我国古典风雅精神和诗意人生。《世说新语·咏雪》曾描绘了东晋太傅谢安一家的雪天日常:"寒雪日内集,与儿女讲论文义。俄而雪骤,公欣然曰:'白雪纷纷何所似?'兄子胡儿曰:'撒盐空中差可拟。'兄女曰:'未若柳絮因风起。'公大笑乐。"《红楼梦》第五十回"芦雪庵争联即景诗,暖香坞雅制春灯谜"与此种风雅精神完全一脉相承。

《红楼梦》还传承了我国诗教传统。诗教是我国传统文人修身立人之本,诗品即人品。《红楼梦》第四十八回林黛玉告诫香菱:"我这里有《王摩诘全集》,你且把他的五言律读一百首,细心揣摩透熟了,然后再读一二百首老杜的七言律,次再李青莲的七言绝句读一二百首。肚子里先有了这三个人作了底子,然后再把陶渊明、应玚,谢、阮、庾、鲍等人的一看。"诗佛之静虚、诗圣之沉郁、诗仙之飘逸,是我国诗教传统的重要组成部分。

据刘耕路(2005:4)统计,《红楼梦》所作诗词、曲赋、灯谜、酒令、匾额等多达225篇,大致可归纳为六类:(1)注明撰书来由,陈述立意本旨;(2) 深化主题思想,表达作者观点;(3)塑造典型形象,隐寓人物命运;(4)描绘典型环境,烘托故事氛围;(5) 展开故事情节,贯穿艺术结构;(6)交代历史背景,反映社会风尚。曹雪芹不仅将诗歌贯穿整个小说,而且将诗歌与叙事融为一体,成就了一部巨著。

8.经史子集阅读研究导引

(1)国学与经史子集

曾国藩把学术分为“义理”“考据”“词章”三个部分,类似于章太炎所提的国学三派别:哲学、经学和文学。哲学就是国学中的先秦诸子学说、宋明理学、佛学与近代西方哲学。经学强调“六经皆史”,《春秋》是显明的史,《易经》也蕴含着史的精华。文学以经史子集中的集部为主,但不限于集部,经、史、子各部中有文采者均可称为文学,比如子部中的庄子《齐物论》,史部中《史记》的列传等。

我国不同时代有不同的学术体系划分。汉代刘歆著《七略》,将学术划分为辑略、六艺略、诸子略、诗赋略、兵书略、数术略、方技略七部分。汉武帝后,集部文献得到很大发展。南朝齐梁时期,目录学家阮孝绪著《七录》,改诗赋略为文集录。东汉末年,私修的史书大量涌现,因此,史部文献在东汉以后得到了很大的发展。三国时期,郑默将宫中所藏经籍整理编目,称为《中经》。晋代秘书监荀勖著《晋中经簿》,将《六艺略·春秋》中的史部文献独立分类,将兵书略、数术略、方技略、诸子略合并为“诸子类”。经史子集四部分类法开始成型。《隋书·经籍志》是我国历史上第一部以“经史子集”四部命名的史志目录,也是现存最早的四分法目录(王云鹏,2021)。由此可见,经史子集四部的地位经历了此消彼长的过程,体现了各个朝代的学术思想及文化状况。李建中(2021)认为,经史子集不仅是中国传统文献的分类方法,还是中国学术研究的思维方式和批评方式,更是汉语学术的知识学谱系和理论范式。中国古代文论与经史子集的范式生成基本上同向同行,同体同构。事实上,无论中西,回归古典学问之路,悉心研读经典大作,借古典智慧来养育心性,已成为当代学术研究的必然选择。

(2)经学阅读研究导引

总体来说,“经”是古代社会的政教、纲常伦理、道德规范,主要是儒家典籍。《说文解字》曰:“经,织也。”经字的最初意义是指织物的经线。《易经·屯卦》有云:“君子以经纶。”《周礼·天官·太宰》云:“以经邦国。”王逸注《离骚》曰:“经,径也;如径路无所不通,可常用也。”班固《白虎通·五经论》说:“经,所以有五何?经,常也;有五常之道,故曰五经。《乐》仁,《书》义,《礼》礼,《易》智,《诗》信也。”经书的体制包罗万象,开后世一切文体之先河,为后世一切学术之所宗。《文心雕龙·宗经》曰:“故论说辞序,则《易》统其首;诏策章奏,则《书》发其源;赋颂歌赞,则《诗》立其本;铭诔箴祝,则《礼》总其端;纪传铭檄,则《春秋》为根:并穷高以树表,极远以启疆,所以百家腾跃,终入环内者也。若禀经以制式,酌《雅》以富言,是仰山而铸铜,煮海而为盐也。故文能宗经,体有六义:一则情深而不诡,二则风清而不杂,三则事信而不诞,四则义直而不回,五则体约而不芜,六则文丽而不淫。”《周易》《尚书》《诗经》《礼记》《春秋》都为文章树立了很好的榜样,为文章的发展开辟了广阔的领域。

经书不但文备众体,且范围极为广大,我国古来一切天地、人文、学术、政教均包括在内。经书不但为周秦诸子学术的根源,便是后世著名文学家,如唐代韩愈、柳宗元诸人,其文章也莫不取法于经书。后人评柳文雄深雅健,柳子厚自称其得力于经书者居多,《答韦中立论师道书》有言:“此吾所以羽翼夫道也。本之《书》以求其质,本之《诗》以求其恒,本之《礼》以求其宜,本之《春秋》以求其断,本之《易》以求其动。此吾所以取道之原也。参之《谷梁氏》以厉其气,参之《孟》《荀》以畅其支,参之《庄》《老》以肆其端,参之《国语》以博其趣,参之《离骚》以致其幽,参之《太史公》以著其洁:此吾所以旁推交通,而以为之文也。”

(3)史学阅读研究导引

“史”是记载历代兴衰治乱和各种人物以及制度沿革等的历史书,分为编年体、国别体、纪事体等。许氏《说文解字》云:“史,记事者也。从又,持中;中,正也。”由此可知,所谓“史”者,乃古代为帝王掌书、记事之人。但“史”之为职,当处处以中正公平为本,故其字从又,持中。又,是右手之“右”,人用之以“书记事物”。“书记事物”而能不失其“中”,此之谓“良史”。

顾荩臣(2008:101—111)认为,我国的史学可分前后两派:《国语》《战国策》等属于《左传》派;《前汉书》《后汉书》《三国志》以下诸史书,属于《史记》派。《左传》的文章,其气缓,其旨远,其言短;《史记》的文章,其气郁抑,其旨深曲,其言参差磊落而不齐。后世一般史家莫能越出二者范围。《四库全书·史部总叙》云:“史之为道,撰述欲其简,考证则欲其详。莫简于《春秋》,莫详于《左传》。”前者属于经部,后者属于史部。史传长于记事,无事实记载难定是非善恶;而经书过于简练,需借史传来充实,二者互为表里。

《史记》是中国正史的开始,此后几乎每朝一史,至清代《明史》完成,共计二十四史。“所重乎正史者,在于叙兴亡、明劝戒、核典章耳。”《史记》的出现,标志着中国史学进入成熟阶段。司马迁师承“春秋之学”,“究天人之际,通古今之变,成一家之言”,不仅记载了大量历史事实,而且要“考其行事,综其终始,稽其成败兴坏之纪”,首创性地指出了研究历史的方法。同时,在编纂手法上,主要吸收了《左传》中丰富生动的记事特点,又采取了《世本》中以人物为中心脉络的方法。本纪纪年,世家传代,表以正历,书以类事,传以著人。故司马迁作《史记》,遂有纪传一体。这是司马迁对中国史学的一大贡献,也是对中国文学的重大贡献。《史记》中标举“发愤著书”的《太史公自序》,以及诸多文学家列传,就是很好的文学批评实践。事实上,《汉书》里面也有大量的文学批评,因此两汉文学批评与史学相通。

“史部”的书籍,既随时代而增加,其种类也因之增多。唐人刘知几在《史通》一书中,将史籍的体例分为六家二体:一曰“《尚书》家”,二曰“《春秋》家”,三曰“《左传》家”,四曰“《国语》家”,五曰“《史记》家”,六曰“《汉书》家”;二体即编年体和纪传体。史书例目可概括为五种:本纪(记皇家帝王),世家(王侯诸国),年表(列侯、将相、三公、九卿之功名表著者),书志(纪“朝章”“国典”等),列传(专记一人者)。此外还有古史、野史、法典、地志、职官、政书、时令等,凡纪事的书籍均归入史部。清朝《四库全书·史部总叙》认为“诏令奏议”是“政事之枢机”,将其由集部归入史部,体现了清朝史学重视经世致用的思想。唐人刘知几提出的史实、史论和史识之史学三要素,深受后世的尊崇。史学研究也一直标举以史存史、知往鉴来、经世致用和以史畜德四大传统,同时,也提倡比较研究法,重视史学流派及著述宗旨,反对以史拘例。

(4)子学阅读研究导引

子学原是记录诸子百家及其学说的书籍。“子”最初指“人类”,后引申为男子的美称。唐人颜师古说:“子者,人之嘉称,故凡成德,谓之君子。”古时士大夫通称子。王肃又谓:“子者,有德有爵之通称。”因此,凡有道德、有学问、有爵位的人,都可被称为“子”。

春秋战国之际,学者辈出,子书最为兴盛。至班固撰《汉书·艺文志》,仿效刘歆的七略体例,总括各类诸子学说,凡得一百八十九家,其可观者,则仅九家而已,亦称“九流”。后来宋明理学、清朝考据学等也都归入子部。清《四库全书》将子部分为儒家、兵家、法家、农家、医家、天文算法、术数、艺术、谱录、杂家、类书、小说家、释家、道家等十四家。子学之顺序,盖始以儒家,终以释、道,而中国文人之治学术,宗以儒学,豁达于佛道。

子学包括整个儒释道文化。《四库全书·总目》卷九一《子部总叙》:“自六经以外,立说者皆子书也。……夫学者研理于经,可以正天下之是非;征事于史,可以明古今之成败,余皆杂学也。……然凡能自名一家者,必有一节之足以自立。”李建中(2021)认为,不仅“经”外皆“子”,而且“经”内亦有“子”;子学不仅能证经史,而且能广见闻;子学不仅有思想之争鸣,而且有资料之纂集。子学的博通与庞杂,在知识学谱系之中具有兼性阐释的意味和特色。

研究诸子之书,首当注重其学术,既观其同,又观其异。诸子之书不仅探究微言大义,其文亦各有面貌和性情,实为中国之文学经典。爱好文学者于此加以钻研,胜徒读集部之书者远矣。便是非专治文学之人,如能循览讽诵也足以祛除陋俗,涵养性灵。顾荩臣(2008:204—228)认为,子学研读是有顺序可遵循的。儒家的《荀子》,墨家的《墨子》,法家的《管子》《韩非子》,道家的《老子》《庄子》,杂家的《吕览》《淮南》,实在是诸子中最精要的。苟能先熟读此八书,则其余子部之书,都可以迎刃而解;而判别它的是非真伪,也昭昭然黑白分明了。冯友兰(2005:151—171)也指出,《老子》在战国时代已为显学,其学说体现出楚人精神和处世之道,探究了纯粹经验的世界。

(5)集学阅读研究导引

集部于四部中最为卷帙浩繁,除经、史、子三种专家之学外,凡是著书立说卓然可以名世者,都可列入集部。集的出现标志着个人作品地位的提升和文学的繁荣。总体而言,集部分为楚辞、别集、总集、诗文评、词曲五类。凡历代作家的散文、骈文、诗、词、曲等集子和文学评论著作,均归入此部。其中属于一人所有的为别集,汇选若干人的作品为总集,有关诗的集子为诗集。《四库全书·

集部》总序称："集部之目，楚辞最古，别集次之，总集次之，诗文评又晚出，词曲则其闰馀也。"

细而论之，《隋志》集部以《楚辞》别为一门，历代因之。盖汉、魏以下，赋体既变，无全集皆作此体者。他集不与《楚辞》类，《楚辞》亦不与他集类。个人文集始于东汉，体例备于齐梁，唐宋以后，名目益繁。明代以后，篇章弥富。四部之书，别集最杂，然典册高文，清词丽句，亦未尝不高标独秀，挺出邓林。诗文评出之甚晚，以曹丕《典论》为其首，后有刘勰究文体之源流，而评其工拙。集部之末是词曲，词曲二体在文章、技艺之间。集部对曲的刻意忽略影响了文献的保存整理，也严重地影响了我国古代对戏曲的研究。直到20世纪初，王国维以一己之力，辑成《宋元戏曲考》，填补空白。"一代有一代之文学……而后世莫能继焉者也。独元人之曲为时既近，托体稍卑，故两朝史志与《四库》集部，均不著于录；后世儒硕，皆鄙弃不复道。而为此学者，大率不学之徒。即有一二学子，以余力及此，亦未有能观其会通，窥其奥窔者。遂使一代文献，郁堙沉晦者且数百年。"（王国维，2001：57）

近些年，古代文学研究领域出现了以集部为研究对象的趋势。从国家社科基金重大项目"汉魏六朝集部文献集成"的立项，到"集部文献整理之经验与问题学术研讨会"的召开，再到以"集部"为主题的文献丛刊、古籍整理、学术专著及研究论文的涌现，都显示出对集部的研究日益引起学界重视（刘明，2021）。翻检古代学者的读书日录，可注意到这样一个现象：他们于集部所批读的别集、总集，皆是文学史上最重要的几部书，且熟知文献原貌，辨明义例流别，激活传统著述体式，承守传统集部之学。

第三节　外语专业研究生国学教育考核与评价机制

效度检测是对经验的总结,也是对未来的蠡测、规划和准备。考核与评价是课程建设的一项重要内容。信息技术的发展为效度检测提供了多种多样的手段和方法。比如课程教学采用的考试,就测试本身的形式来说,可以是考试、考查或课程论文;就考试的媒介形式来说,除传统的纸质材料以外,也可以是在线操作。无论是在线的,还是现场的,都有多种形式。比如本章提出的课程,就可以根据不同的授课内容,进行不同形式的检测:可以写论文;可以对文言文进行翻译;可以将英文翻译为汉语,等等。对这些检测结果,还可以采用统计软件(如语料库技术等)进行效度检测,观察所做工作的效率、效度以及价值等,由此来确定项目的有效性,为今后的工作提供指南。

2014年发布的《关于改进和加强研究生课程建设的意见》,明确要求完善课程考核制度:(1)创新考核方式,严格课程考核。根据课程内容、教学要求、教学方式等确定考核方式,注重考核形式的多样化、有效性和可操作性,加强对研究生基础知识、创新性思维和发现问题、解决问题能力的考查。重视教学过程考核,加强考核过程与教学过程的紧密结合,通过考核促进研究生积极学习和教师课程教学的提高;(2)探索建立课程学习综合考核制度。根据学校、学科、博士和硕士层次的实际情况,结合研究生中期考核,或者设立单独考核环节,对研究生在课程学习后的知识结构、能力素质等是否达到要求进行考核。

在教学中,要明确研究生的主体地位,鼓励他们参与教学和评价，重视过程考核和综合考核。但现实中，有的课堂教学依然是教师主导的“一言堂”；有的课堂则变成了学生的“展示汇报”；有的课堂即使采用了研讨式教学或者案例教学等方法，也往往流于形式，师生学术思想的碰撞较少。教学内容注重理论知识的讲授，忽视对学生实践能力的培养。丁宇、王誉榕、姚林群（2021）的调查显示，研究生关于课程评价方式适切性和规范性的满意度均值分别为3.7和3.73。在关于考核主体的问题中，有51.2%的研究生指出，目前大部分课程的考核主体还是教师。在学生所期望的课程考核主体选项中，教师与学生共同考核占很高比例，达到76%。学生认为，以教师为主体的课程评价，不仅难以发挥学生的主体性和参与性，还难以真正实现评价结果的公平与公正。在考核方式方面，调查结果显示，目前研究生大部分课程采取的考核方式是课程论文（占93.74%）、课堂展示汇报（占65.03%）以及书面考试（占58.33%），而其他的考核形式如作品设计、调查报告等则较少采用。

外语专业设立国学课程的初衷，就是将价值塑造、知识传授和能力培养三者融为一体，将显性教育和隐性教育相统一，形成协同效应，构建全员全程全方位育人大格局，提高研究生的文化自觉与文化自信，在中华优秀传统文化之中涵泳性情，发展个性，恢复灵性，将社会主义核心价值观内化为精神追求、外化为自觉行动。因此，国学学习可以通过文学地图学的方式，实地游学，走出书本课堂，回归社会，还原历史，创新价值。也可通过文学创作、翻译实践、影视音像等多种方式来呈现和完成。

课程评价既是诊断教学效果、纠正课程实施过程中问题与偏差的重要手段，也是调整教学内容和教学进度的主要依据，还是影响研究生教育教学质量的关键因素。现代课程评价理论强调评价主体多元化、内容多维化和方法多样化，从而有效地发挥评价的诊断、改进、激励等功能。作为效果检测,本项目将课堂检测、课后检测与跟踪监测相结合,使学生能够真正学到手,入乎心。

一、课堂的细读与远读,以学生为主体进行考核

研究生国学课程要注重考察研究生对经典著作的掌握程度,不能因追求有趣而降低教学的水准,致使研究生了解不够深入。研究生培养单位应当制定相应的制度,确保扩大研究生的阅读量。国内外已有许多高校在这方面的制度建设中获得了成功的经验。譬如,耶鲁大学英语系规定,博士研究生在入学三个月后进行资格考试,考试的内容是150本著作,不能通过者将被勒令退学。北京大学也实行了类似的制度:不能通过博士生资格考试者,可以补考一次;补考仍然不能通过者,则勒令退学。实施这一制度,旨在拓宽研究生的学术视野,提高研究生的学术水平和原创力。

1. 细读与背诵,传统的治学功夫必须继承

文本细读是20世纪四五十年代流行于欧美各大高校的文学研究方法,关注诗歌与小说中的语义、语气、语法、意象、比喻、象征、音步、格律、态度以及情绪等细节,帮助读者辨认文本中蕴含的含混、张力、悖论与反讽,从而以小见大,揭示作品的内在结构和含义。文本细读源于20世纪20年代英国文学评论家瑞恰兹(I.A. Richards)在剑桥大学任教时所做的一次教学实验(乔国强,薛春霞,2011)。瑞恰兹在课堂上将一些诗歌隐去作者姓名后分发给学生,让学生基于文本进行分析和评论,结果学生的评论一片混乱,完全分辨不出名家作品与平常之作的差别。于是瑞恰兹决定建立一套以语义分析为主、注重作品内在结构的文学批评方法,使文学批评从主观印象化走向客观科学化。

韦勒克认为应该从八个层面来研究文学作品:(1)声音层面,

包括谐音、节奏和格律;(2)意义单元,它决定文学作品形式上的语言结构、风格与文体的规则;(3)意象和隐喻,这是所有文体中最核心的部分;(4)存在于象征和象征体系中的特殊世界;(5)由叙述性小说投射出的特殊世界;(6)文学类型的性质问题;(7)文学作品的评价问题;(8)文学史的性质问题。

中国学术的特点是综合性,是"潜心积虑,优游涵泳,使之自得"(朱熹,吕祖谦,2014:257)。国学教育必须扎扎实实练好背诵"硬功夫",解决许多人提笔忘字、腹中空、根底浅的病根。背诵是一种识记能力,对一个人的思维能力的训练、词语的积累、语感的形成,以及表达能力、写作能力等方面的培养都起着举足轻重的作用。背诵能把语言材料牢固地保持在记忆中,促进由了解到吸收的转化。背诵的过程又是感受作品的特色、风格、文采、韵味等的过程,背得多了,就自然而然地领悟到一些写作的技能和诀窍,在思考问题时就容易产生联想,写作论文时就能意到笔随。古往今来文学建树很高的大家,无不是熟读成诵的高手。巴金对《古文观止》倒背如流。他曾深有感触地说:"这二百多篇'古文'可以说是我真正的启蒙先生,我后来写了二十多篇散文,跟这个启蒙先生很有关系。"(王勇善,2006)

2011年,上海外国语大学英语学院翻译教研室为翻译专业三年级的学生开设了国学典籍翻译专课,教学内容包括中华文化的精神风貌、中华文化的对外传播和中华文化的英语翻译,具体内容分为十三讲,其中要求背诵的部分就有八讲。

2.远读:数字人文时代资料搜索功夫与文献处理能力

"远读"一词由美国斯坦福大学英语系教授Franco Moretti在他的同名专著《远读》(*Distant Reading*)一书中首次提出,据向帆、何依朗(2018)统计,2016年以来,该书被中国学者引用了13次,而

Moretti的其他相关论文被引205次,可见远读策略已经受到国内学者的关注。为了激发人文研究的理论想象,提升人文学科的智力挑战,Moretti教授在斯坦福大学成立了文学实验室,通过与程序员和图书管理员合作,将计量方法引入文学研究,利用大数据和海量文本爬梳来实现全景化人文研究。

在他看来,我们现在所阅读的经典文本只是被历代读者评判后的少数幸存者,只占出版物的0.5%左右,另外的99.5%已经被遗忘在历史的长河中。随着全球数字化文学作品库的逐步建立,网络的强大功能可以打捞被遗忘的作品。运用新媒体技术构建全景化的世界文学、重写文学史已经势在必行。远读策略就是在传统文本细读的基础上,通过对海量文本进行抽样、统计、编码、建立索引,从而发现某种文学样式或风格的变化组合,寻找纵聚与群聚关系,探讨文学发展变化的脉络(朱法荣,2018)。

通过电脑制图,Moretti教授发现中西小说在结构上存在差异,比如《红楼梦》的结构呈现出主次情节不对称的现象,次要情节随时都可能反客为主,从而保证了众多人物的流动性;而英国小说往往呈现出对称性与封闭性。Moretti教授运用网络统计了18世纪英国小说与中国小说的发行数量,推断出决定世界文学的走向从中国转到欧洲的原因,是西方社会消费文化的兴起和中国传统小说美学的制约。

可见,远读策略不仅保证了研究者的全景化视角,也能帮助研究者宏观地看待一个学科甚至多个学科脉络中的焦点问题。这有利于研究者发挥个人所长,探究复杂信息交汇处的内在机理与症结,创新人文学科研究方法,改善研究内容,丰富研究成果。因此,文献爬梳能力、信息处理能力和学术生长点的探寻能力,应该是外语专业研究生能力考核的重要内容。

二、在做中测：以原创能力提升为目的的考核

众所周知，学术科研能力是我国研究生教育的主要目标之一，也是衡量研究生培养质量的重要指标。2014年11月召开的全国研究生教育质量工作会议暨国务院学位委员会第三十一次会议强调，研究生教育的战略地位日益凸显，质量提升的紧迫性更加突出，并指出我国博士学位论文选题的前沿性、创新性不足，缺乏时代性和国际视野。博士生在开辟新研究领域、运用新视角新方法、提出独创性见解等原始创新方面存在明显不足。

韩佶颖、于书林（2012）使用《外语专业研究生科研能力发展情况调查表》，以英语、俄语、日语等多个语种的外语专业研究生为研究对象，以问卷调查结果为依据，对外语专业研究生学术科研能力发展的现状进行研究。研究结果显示，在科研兴趣方面，外语专业研究生整体上对科研的兴趣度不高，学习目标不明确，继续进行科研工作的动机不高，动力不足。在科研成果及评价方面，外语专业研究生对自己科研成果的学术价值和质量认可度不高。科研能力的评价主要从科研意识、科研能力和科研潜力三个方面考察。调查发现，对科研能力和科研意识的主观评价，均没有研究生选择“非常强”，大多数研究生认为自己的科研能力（72.4%）和科研意识（59.1%）一般，只有少数研究生认为自己的科研能力（6%）和科研意识（10.3%）“比较强”，还有一部分研究生认为自己的科研能力（16.3%）和科研意识（25.4%）“比较差”，少数人认为自己的科研能力（4.7%）和科研意识（4.8%）“很差”。科研潜力的自我评价方面，只有1.6%的研究生认为自己非常有潜力，26.8%认为自己有潜力，57.5%认为自己潜力一般，10.2%认为自己潜力较差，3.9%认为自己毫无潜力可言。可见，无论科研能力、科研意识还是科研潜力，外语专业研究生对自己的评价不高。

关于英语专业博士生教育,王雪梅(2015)的调查发现,博士生读博期间,随着年级的增长,学术论文发表量逐步提升。就研究方向而言,发表2篇论文的学生中,翻译学方向的比例较高,达到32%,高出外语教学方向14.35%。发表3篇论文的学生中,文学方向的比例相对较高,达到20%,高出外语教学方向8.24%。发表4篇论文的学生中,外语教学方向的比例较高,达到23.53%,高出文学方向19.89%。发表5篇论文的学生中,语言学方向和文学方向的比例均在16%左右。可见,在英语类博士研究生中,翻译方向和文学方向的学生发文相对较少。

综上所述,目前我国外语专业研究生的科研现状普遍表现为:科研动力不足,因而科研兴趣不高;客观上科研成果数量有限且质量不高,因此对自身科研成果的质量和价值不认可;主观上,从整体上对自身科研能力、科研意识和科研潜力评价不高,学生科研能力不强、创新能力偏低(张绍杰,杨忠,2009)。

为解决上述问题,王雪梅提出,教师在课堂上可以运用案例教学法、情境教学法等,引导学生对学术研究领域的发展趋势、核心期刊论文、知名学者的专著等进行评述,切实培养博士生的问题意识和学术探究精神。同时,教师应注重"做中学",将课堂教学与科研实践、学术沙龙、研讨会等相结合,指导博士生进行课题申报、论文撰写、学术报告等,鼓励他们与国际同行交流,参与国际学术会议,加入国际学术共同体,同时尝试向国际期刊投稿,或者自己组织小型学术研讨,提升科研的国际化意识,参与国际合作项目,产出高水平的国际合作成果。

方开瑞(2014)也认为,应该改善外语专业研究生的学术生态,唤醒学生的原创力。他解释说,原创力与创造力既有共性,也有差异。英语中的"creativity"(创造力)包含人的"创造性的"(original)

和“创新的”(innovating)能力。中国当下非常重视原创力,在全球化背景下,中国学者应当率先为解决国家及全球所面临的问题做出贡献,产出的终端产品应在全球具有竞争力。创造力存在于每一个个体身上。要想激发研究生自身的创造力,外语研究生培养单位就要建设良好的学术生态。在科学制定学科发展规划的同时,必须合理制定教学计划和考核标准,改革评价制度,改变以往重论文和项目的数量、忽视成果质量的做法;建立综合评价机制,重创新,并且宽容失败。研究生不一定非得写学术论文,翻译和创作作品也可以成为获得学位的重要条件。

三、旧诗创作:以价值引领为目标的考核

1935年,吴宓曾言:“予久拟编《中国近世诗选》及《中国近世诗史》二书”,“我正要看彼辈近今之诗人如何用新材料熔入旧格律,然后我由之直接模仿而完成我之创造事业。此所以近今人之诗,必须多多阅读,必须精细研究,非止为社会史料之资而已也。”吴宓先生曾着意搜求近贤之旧体诗,然著录旧诗、刊布旧诗的只有《国闻周报》。他对旧诗的衰落痛心不已,“吾侪将如何而兴国,如何而救亡,如何而全生,如何以自慰?吾侪欲为杜工部,欲为顾亭林,欲为但丁,欲为雪莱,等等,其可得乎?”(吴宓,2017:253—255)所幸的是,新时期以来,旧体诗又强势回归,有中华诗词学会和中华诗词研究院,刊物有《中华诗词》等。

白居易说:“诗者,根情,苗言,华声,实义。”诗歌植根于人的感情。感情的善恶深浅,又是基于人的胸襟。沈德潜《说诗晬语》说:“有第一等襟抱,第一等学识,斯有第一等真诗。”传承中华优秀传统文化,势必要利用旧体诗,所以学写旧体诗,也是检验国学教育的有效手段。

不少国学大家都是写作旧诗的高手。清华大学国学院的首倡者吴宓自不待言，“所赖以为宓个人之鼓舞、策励、支持、慰藉者，维我一生爱读爱作之旧体文言诗”。其他如陈寅恪、钱锺书等，亦有不少。潘建伟（2015）谈到，旧诗所包蕴的时代内涵，并非意味着撫拾一些新名词，借用几个新意象，以装点诗体的时代风貌，一首诗完全可以是传统的比兴、意象与典故，但通过这些修辞手法，却能了解到潜藏于时代深处的历史，以及那些极为幽微的情感、思想与心态。胡文辉著《陈寅恪诗笺释》所收录陈寅恪抗战时期的旧诗，几乎每首都与时局有密切关联。如《蒙自南湖》《残春》《七月七日蒙自作》《昆明翠湖书所见》《夜读〈简斋集〉潭州诸诗感赋》《庚辰暮春重庆夜宴归作》等，都表达了对时局的担忧。这些诗也往往借古讽今，含蓄蕴藉，感情厚重。解志熙（2014）也谈到了钱锺书的爱国之志和文人风骨。因此，旧体诗的创作是国学学习者唱响时代精神、提升思想境界的途径。

全境教育理念所提倡的在外语专业研究生中进行国学教育，不是一时兴起的问题，而是值得长期注意的事情。从小处看，可以提高研究生教育质量；从大处看，对保护民族文化具有长期的效应和重大的价值。

目前，我国在教育方面推进与国际接轨，加快“走出去”的步伐，在国外建立孔子学院；在宣传与文化交流方面，积极推进汉译外的工作。2018年3月的博洛尼亚书展英文新书发布会上，我国推出了《中国年》《我的大英雄》以及“给孩子讲莎士比亚”系列丛书等24种英文图书。商务印书馆等出版社与国外出版机构的合作也正大力推进。

我们需要考虑的是，应该如何把握母语文化与外来文化的关系？我们只有以体为主，以用为辅，体用结合，二者相辅相成，一方面可以保存和继承中华优秀传统文化，另一方面将别国优秀文化为我所用，既保持了民族身份和地位，又与世界达成了相通。这也是提高外语专业研究生教育质量，提高人才培养水平，走在世界前列的可靠保障。

笔者担任博士教研室主任多年，带领硕士、博士、博士后中外研究生学习、研究近二十年，除翻译研究、词典学研究、美学史与美学理论研究、英美诗歌与戏剧研究外，主攻莎士比亚研究。笔者主编的"给孩子讲莎士比亚"和"让孩子读莎士比亚"系列有声绘本丛书，已经获得广泛的认可，理由就在于母语文化的精神和气质融入西方文化当中，让读者有浓厚的亲切感。该丛书被总部位于加拿大的皇家柯林斯出版集团看重，又翻译为英语推广到西方国家。这一事实充分说明，树立文化自信的一种重要做法，就是继承、消化中国传统文化中的优秀品质，使其从精神实质上与西方文化互为表里，这样也可以在真正意义上把西方文化中的优秀营养成分"请"进来。

参考文献

曹伯韩，2014. 国学常识[M]. 北京：北京联合出版公司.

曹雪芹，著；无名氏，续，2008. 红楼梦[M].3版. 中国艺术研究院红楼梦研究所，校注. 北京：人民文学出版社.

蔡义江，2007.《红楼梦》诗词曲赋全解[M]. 上海：复旦大学出版社.

陈来，2011.《论语》的德行伦理体系[J]. 清华大学学报(1)：127-145。

程俊英,蒋见元,1990.诗经选译[M].成都:巴蜀社店.

丁宇,王誉榕,姚林群,2021.我国研究生课程建设状况的实证研究[J].黑龙江高教研究(2):69-74.

方开瑞,2014.外语专业研究生的原创力与学术生态[J].广东外语外贸大学学报(1):97-101.

冯友兰,2005.中国哲学简史[M].赵复三,译.天津:天津社会科学院出版社.

傅永聚,任怀国,2000.中国传统文化精要[M].西安:西安出版社.

顾荩臣,2008.经史子集概要[M].上海:华东师范大学出版社.

韩佶颖,于书林,2012.外语专业研究生科研能力发展现状分析及培养建议[J].大学英语教学与研究(3):7-10.

黄子房,2009.《古文观止》述评[J].湖北师范学院学报(哲学社会科学版)(1):145-147.

柯马丁,刘瑜,2020.国学与经典[J].国学学刊(4):9-11.

拉尔夫·泰勒,2014.课程与教学的基本原理[M].罗康,张阅,译.北京:中国轻工业出版社.

李振中,2010.《红楼梦》中的晚唐五代诗词情蕴[J].红楼梦学刊(2):107-121.

李建中,2021.经史子集与中国文论的兼性阐释[J].社会科学(3):172-183.

李岫,秦林芳,2001.20世纪中外文学交流史 [M].石家庄:河北教育出版社.

梁启超,1996.王静安先生墓前悼辞[A]//陈平原,王枫.追忆王国维[C].北京:中国广播电视出版社.

刘耕路，1986.《红楼梦》诗词解析[M]. 长春：吉林文史出版社.

刘勰，2006. 文心雕龙[M]. 范文澜，注. 北京：人民文学出版社.

刘明，2021. 集部研究的范围及对文学史研究的意义[N]. 中国社会科学报，2021-01-25(4).

罗益民，罗峰，2010.《诗学》和《文心雕龙》对比论[J]. 重庆交通大学学报(社会科学版)(2)：50-54.

吕敏宏，刘世生，2011. 会通中西之学 培育博雅之士——吴宓先生人文主义外语教育思想研究[J]. 外语教学与研究(3)：283-290，321.

潘建伟，2015. 时代与抒情：中国现代新旧诗体功能之争及其诗学意义[J]. 文艺理论研究(3)：202-209.

乔国强，薛春霞，2011. 什么是新批评[M]. 上海：上海外语教育出版社.

石中英，2009. 价值教育的时代使命[J]. 中国民族教育(1)：18-20.

孙钦善，1990. 论语选译[M]. 成都：巴蜀书社.

唐圭璋，潘君昭，曹济平，1982. 唐宋词选注[M]. 北京：北京出版社.

王国维，2001. 王国维文学论著三种[M]. 北京：商务印书馆.

文旭，2018. 全人教育视域下的外语人才培养[J]. 当代外语教育 (第三辑)：1-5.

王勇善，2006. 名人的背功[J]. 语文教学与研究(8)：55.

王雪梅，2015. 我国英语专业博士研究生的研究能力现状调研[J]. 中国外语(3)：64-72.

王雪梅，2012. 英语专业研究生教材的内涵、分类与应用[J]. 外语界(4)：88-96.

王云鹏，2021.“经史子集”四部称谓新探[J]. 中国典籍与文化(2)：130-136.

向帆，何依朗，2018.《远读》的原意：基于《远读》的引文和原文的观察[J]. 图书馆论坛(11)：44-48,43.

吴宓，2017. 吴宓诗话[M]. 北京：商务印书馆.

吴宓，2020. 世界文学史大纲[M]. 北京：商务印书馆.

解志熙，2014.“默存”仍自有风骨——钱钟书在上海沦陷时期的旧体诗考释[J]. 文学评论(3)：92-102.

徐阳，2020. 从书单看民国时期文艺名家对国学的态度——以鲁迅书单为例[J]. 湖北社会科学(11)：115-120.

杨汉麟，2010. 外国教育名家思想[M]. 武汉：华中师范大学出版社.

余冠英，王水照，1999. 唐诗发展的几个问题[A]. 张宝坤. 名家解读唐诗[M]. 济南：山东人民出版社.

袁梅，等，1984. 古文观止今译[M]. 济南：齐鲁书社.

张宝坤，1999. 名家解读唐诗 [M]. 济南：山东人民出版社.

张奇伟，1985. 谈《论语》的编纂及其研究意义[J]. 齐鲁学刊(5)：91-95.

张绍杰，杨忠，2009. 外语学科博士研究生教育：问题与对策[J]. 中国外语(1)：4-8.

赵婷婷，2019. 有根的中国戏剧：王国维戏曲研究的世界视野与文化自信[J]. 戏曲研究(1)：5-27.

赵一凡，2008. 钱锺书的通学方法[J]. 中国图书评论(8)：22-32.

周谷城，1957. 中国通史[M]. 上海：上海人民出版社.

周振甫，1991. 文心雕龙选译[M]. 成都：巴蜀书社.

周新凯，许钧，2015. 中国文化价值观与中华文化典籍外译[J]. 外语与外语教学(5):70-74.

朱熹，吕祖谦，2016. 近思录[M]. 北京：光明日报出版社.

朱法荣，2018. 数字人文时代的文本细读与远读[J]. 山东农业教育(3):52-53.

跋

关于全境教育,我们在本书的代序里明确过,它重在使国学与西学平衡而不偏废,尤其是改变盲目崇外的失衡现象,以期以良好的学术生态建设教育之路。全人教育关注的是受教育的对象,全境教育关注的是教育实践中要把握的内容。

中西文明各有特色,互相借鉴是一种良性现象。具有五千年文明史的中华教育,应首先聚焦于悠久的文化传统,再考虑对西方文明和文化的借鉴。然而到了新时代,"中学为体,西学为用"的倾向却逐渐变为对西方文明的大量借鉴甚至照搬。这种现象在研究生教育中尤其明显,不仅学术研究中存在,教学中也存在。

本书是在对该问题进行挖掘、寻求解决办法的过程中,逐步积淀起来的研究成果。笔者主张对教育内容进行辩证思考和平衡处理,以合理解决国学与西学的关系问题。对于外语学科而言,不论是传统语言文学结构模式下的学科精神,还是正在兴起的区域国别学知识体系,都存在国学与西学之间的平衡问题。从学风与学术的角度来看,这个问题集中体现在以下几个方面:第一,职业性西化导致国学水平降低;第二,方法论上的盲目跟风;第三,去经典化导致学术表达能力的降低。鉴于此,本书提出了国学教育与国学素质培养这一途径,以期解决国学与西学的关系问题。

虽然本书着重研究外语学科研究生教育的现状,但也适用于对其他学科的观照,除非是性质差异极大的或基于西方知识体系的新兴学科。即便如此,它们的精神内涵往往仍然是与国学相关的。学问不仅仅是一种形式的载体,也是一种精神的容器。孔子提倡"君子不器",道理就在这里。创新型人才的养成,依靠的往往是一种精神,而非亦步亦趋的知识积累或守于一业、一技。

对于以上问题,承担研究生教育与培养的相关人员应该有清醒的认识。虽然在推进现代化的进程中,西方科学、技术、文化的引入是必要的,全球化是客观现实和历史潮流,但是,守住和好好利用中华优秀传统文化仍然是根本。几千年以来形成的包含经史子集等在内的中华文化宝库,在推进我国的文化建设中起着中流砥柱的作用,也是发展和创新的基础。盲目地接受西方文化,忽视甚至忘记本民族文化的精髓,既不利于建设中国特色社会主义文化,也不利于对西方文化的借鉴。

本书主要从理论上对研究生的国学教育进行调查和论证。如何将国学教育融入研究生的课程设计和学术写作中?对此,国家应设立相关课题展开调查,进行研究。学界虽然就此展开了一些研究,但具体实施步骤和方案,还需要进一步探讨。比如典籍的外译,作为外语专业硕士和博士研究生培养工作的一部分,可以融合在课程设计之中,但如何与国学经典联系起来,还需要在理论上进行大规模的论证,争取获得政策上的支持。近年来,我国大力推行的“冷门绝学”研究、“中华学术外译项目”等,都有利于研究生国学素质的培养。

实践既是国学教育的重要环节,又是最终的目标。只有落到实处,国学教育才算是生了根、发了芽,才有可能结出喜人的果实。因此,笔者既做了理论上的论证和推导,也进行了实际情况的调查。

有几点需要特别说明:

第一,全境教育并非异想天开,而是基于实践得出的一种理论构建,是可以落实到具体的教学过程当中的。

第二,全境教育实质上是一种关于知识体系的理论。从哲学角度看,它是基于整体论与可知论的,与怀疑论相对。格式塔理论与跨学科拓扑学,也是其理论来源。全人教育的重点是教育对象,而全境教育更重视教育过程,涉及教材、学习内容、教学方法等。

第三,国学是文化的一种表现形式,是中华文化的瑰宝,是教育的基石。基于历史和文化的逻辑,全境教育把国学经典作为教学内容。

第四,国学经典融入研究生教育,应该作为一种基础性、长效性的教育战略。

本书的撰写工作是尝试性的，但我们的尝试是有逻辑依据和事实依据的。虽然文化形式、传播媒介发生着日新月异的变化，但历史积累的文化遗产才是人类前行的基础。这就是我们要重视国学经典在教育中的作用的根本原因。

全境教育是开放性的，需要进一步探索和讨论。在调查研究的过程中，我们也遇到了一些尚待时日才能解决的问题。问题就是动力和起点。正如莎士比亚在《暴风雨》中所说的："一切过去皆为序曲，来者，是需得你我鼎力而行的。"我们只是奏响了一个序曲，希望有更多的人继续我们的工作，因为它的确是有益的。